行走在学科边缘的刑法学新图景

"斜阳侧帽·学者论道"青年学者讲座实录

第一季

王志远◎主编

詹奇玮　郭英明◎副主编

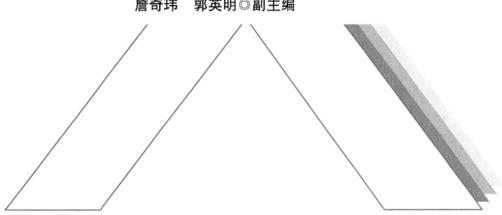

知识产权出版社

全国百佳图书出版单位

—北京—

图书在版编目（CIP）数据

行走在学科边缘的刑法学新图景："斜阳侧帽·学者论道"青年学者讲座实录．第一季／
王志远主编；詹奇玮，郭英明副主编．—北京：知识产权出版社，2025.5. —ISBN
978－7－5130－9943－1

Ⅰ. D914.04

中国国家版本馆 CIP 数据核字第 202518JL32 号

责任编辑：杨　帆　　　　　　　　　　责任校对：谷　洋
封面设计：乾达文化　　　　　　　　　责任印制：孙婷婷

行走在学科边缘的刑法学新图景
——"斜阳侧帽·学者论道"青年学者讲座实录（第一季）

王志远　主　编

詹奇玮　郭英明　副主编

出版发行：知识产权出版社 有限责任公司　　　网　　址：http://www.ipph.cn
社　　址：北京市海淀区气象路 50 号院　　　　邮　　编：100081
责编电话：010－82000860 转 8173　　　　　　责编邮箱：2632258269@qq.com
发行电话：010－82000860 转 8101/8102　　　 发行传真：010－82000893/82005070/82000270
印　　刷：北京九州迅驰传媒文化有限公司　　 经　　销：新华书店、各大网上书店及相关专业书店
开　　本：720mm×1000mm　1/16　　　　　　印　　张：15
版　　次：2025 年 5 月第 1 版　　　　　　　　印　　次：2025 年 5 月第 1 次印刷
字　　数：240 千字　　　　　　　　　　　　 定　　价：98.00 元
ISBN 978－7－5130－9943－1

序 言

　　"斜阳侧帽"是由我发起的，以本人指导的硕士生和博士生为参加主体的读书会系列活动。该词出自《北史·独孤信传》，讲的是北周的独孤信因为长得很帅，所以很多人都模仿他。独孤信出城打猎，回来时天色已晚，为了赶在宵禁之前回家，他骑马骑得很快，帽子被风吹歪了都没有察觉。第二天，满街都是模仿独孤信侧帽而行的人，该典故后来被引申为风流自赏。但"斜阳侧帽"读书会的初衷并非"孤芳自赏"，而是希望为青年学子们提供一个展现个人学术风采的平台；同时，也会定期邀请优秀的青年学者与参加读书会的同学展开交流，"斜阳侧帽·学者论道"青年学者系列讲座正是这种交流的产物。

　　刑法学是一门严谨而系统的部门法学科，但这种严谨性、系统性不应成为"闭门造车"式的阻碍因素。一方面，社会发展日新月异，科技进步突飞猛进，及时回应现实中各种危害行为的制裁需求，是刑法和刑法学义不容辞的责任；另一方面，坚守人本主义立场和谦抑性原则，加强与其他部门法的联动协作，也是刑法应当保持的合理姿态。所以，合理地运用刑事手段开展犯罪治理既要"埋头拉车"也要"抬头看天"，既要"入得刑法"也要"出得刑法"。试想，当初如果没有刑法学新派的勃兴，没有对社会学、心理学、生物学等学科的学习和借鉴，刑法学便无法提出富有洞察力和建设性的犯罪治理对策，亦无法实现对古典刑法理论的超越。保持开放的态度，是刑法学焕发活力的应然要求。因此，"斜阳侧帽·学者论道"青年学者系列讲座的第一季以"行走在学科边缘的刑法学新图景"为主题，以"学科之间的互动交叉"为主线，邀请了十位来自不同部门法领域的优秀青年学者举行讲座并交流。

第一讲是中国政法大学民商经济法学院吕梦醒副教授主讲的《环境刑法实施的法经济学分析——以〈刑法〉第三百三十八条为视角》。该讲借助法经济学的分析方法，探讨了在现有法律和政策的框架下，法律工具箱中有哪些工具有助于提升环境执法效果，以及如何评价不同工具在改善环境质量方面的实践效果，体现了刑法学与环境法学在现实层面的活跃互动。

第二讲是中国政法大学法学院汪雄副教授主讲的《从〈刑法〉第二十条第三款的适用范围反思刑法的立法价值》。该讲立足于刑法对个人权利的分类与排序，结合"于欢案"的争议及原因，对《中华人民共和国刑法》（以下简称《刑法》）第二十条进行了深入分析，探讨了刑法弱化人格性人身权之保护原因并提倡重视其应有的刑法立法价值，体现了刑法学与法理学在理论层面的深层关联。

第三讲是中共中央党校（国家行政学院）政治和法律教研部讲师张峰鸣博士主讲的《"一般违法性"的法理定位和教义学应用》。该讲立足于法秩序统一原理的观念和对既有理论的反思，深入探讨了"刑法是后置法"这一命题，主张法秩序统一性的根基既不是价值的统一（目的论统一），也不是规范的统一（存在论统一），而是法秩序内部正当化理由自由流通基础上的违法性判断的统一。

第四讲是北京航空航天大学法学院赵精武副教授主讲的《生成式人工智能技术风险治理的理论误区与路径转向》。该讲在介绍技术原理的基础上澄清了 ChatGPT 的有关治理误区，主张对生成式人工智能的治理需要转型至包含科技伦理、义务规范以及技术标准等内容的风险治理框架之下，从应用场景、系统环境、内部管理流程、技术可靠性等多个领域进行全面的风险评估。

第五讲是中国人民公安大学食品药品与环境犯罪研究中心张伟珂副教授主讲的《药品安全犯罪的刑法规制》。该讲对药品犯罪的规制现状及其在立法层面和司法层面的特点进行了系统阐释，对药品犯罪的规制难点和规制要点展开了深入探讨，具体展现了药品犯罪规制中刑法与其前置法的相互影响。

第六讲是北京师范大学法学院暨刑事法律科学研究院商浩文副教授主讲的《新型操纵证券市场犯罪的刑法规制》。该讲立足于《中华人民共和国刑法修正案（十一）》［以下简称《刑法修正案（十一）》］对证券犯罪所作的大幅修改，具体探讨了新型证券操纵行为入刑对证券犯罪法益侵害的影响、证券操纵犯罪的法益界定、证券操纵犯罪定量的标准审视、虚假申报操纵犯罪的新样态与司法挑战和虚假申报操纵刑事司法认定路径。

第七讲是中国社会科学院法学研究所张志钢副研究员主讲的《污染环境罪中的因果关系认定——兼评〈刑事审判参考〉第 1463 号判决》。该讲首先回顾了我国污染环境罪刑事规制的变迁过程，结合累积犯的专业理论，对第 1463 号判决涉及的因果关系判断问题进行了深入分析。

第八讲是中国社会科学院大学法学院程捷副教授主讲的《未成年人犯罪的罪责基础与制裁特殊性》。该讲以实体与程序相结合的视角，从理论、立法和司法三个方面围绕刑事责任年龄下调问题进行探讨，并立足于对罪责与罪责能力理论的系统梳理，主张将比例原则引入未成年人犯罪案件的审查判断中。

第九讲是北京理工大学法学院陈冉副教授主讲的《深度伪造涉性信息的刑法规制》。该讲深入探讨了深度伪造涉性信息的法律规制问题，分析了现有刑法规定的局限性以及规制范式的转变；提倡为了更好地保护女性权益，建立更加公正合理的法律保护机制；主张刑法需对隐私权开展专门化、场景化的保护。

第十讲是北京师范大学法学院劳佳琦副教授主讲的《罪刑关系的实然形态与犯罪治理的应然模式：以美国大规模监禁为镜鉴》。该讲从历史和理论的视角出发，以美国为样本探讨罪与刑之间的活跃互动，用生动形象的语言展现了美国犯罪率和监禁率的整体变化过程与各种相关因素，体现了对"刑事一体化"立场和思想的传承与深化。

在第一季的十期讲座中，十位优秀的青年学者立足于自身研究专长，从不同的视角对刑法学的前沿、热点问题各抒己见，每次讲座的与谈、提问环节亦精彩纷呈，既有对讲座主题的延续和深入，也有不同观点之间的切磋和交锋，相信读者朋友们在阅读过程中可以获得不少启发。

世间之事，贵在有恒。第一季的成功举办和本书的出版只是开始，"斜阳侧帽·学者论道"读书会后续将以"金融犯罪的现代化治理"为主题开启第二季的系列讲座，继续邀请优秀的青年学者们开展富有建设性的交流，为

"走向包容的刑事治理现代化"贡献有益的素材。

本书在整理和编著的过程中，得到来自法学理论界与实务界众多资深专家和青年才俊的支持与指导。本书的书稿整理工作也得到如下在校博士生、硕士生的帮助：陈伟彬、季琦琦、彭欣悦、徐卓燃、余鑫扬、钟敏杰、陈睿洋、杜浩成、郭家宁、罗米兰、孙艾妮、孙舒怡、杨可涵、陈悦敏、储进、王栢轩、王梓蕲、赵楷、赵新宇等，在此表示真挚的感谢。囿于精力有限、时间仓促，本书的内容难免有所疏漏，其中的观点未必完全妥当，在此表达歉意，我们将虚心接受批评和建议，并在后期作出改进。

王志远

2024 年 7 月谨识于中国政法大学海淀校区

目 录

序 言 …………………………………………………………………………… I

第一讲 环境刑法实施的法经济学分析
   ——以《刑法》第三百三十八条为视角 ………………………………… 1

第二讲 从《刑法》第二十条第三款的适用范围反思刑法的
   立法价值 ………………………………………………………………… 18

第三讲 "一般违法性"的法理定位和教义学应用 ……………………… 57

第四讲 生成式人工智能技术风险治理的理论误区与路径转向………… 74

第五讲 药品安全犯罪的刑法规制 ………………………………………… 94

第六讲 新型操纵证券市场犯罪的刑法规制 …………………………… 123

第七讲 污染环境罪中的因果关系认定
   ——兼评《刑事审判参考》第 1463 号判决 ………………………… 147

第八讲 未成年人犯罪的罪责基础与制裁特殊性 ……………………… 172

第九讲 深度伪造涉性信息的刑法规制 ………………………………… 201

第十讲 罪刑关系的实然形态与犯罪治理的应然模式：
   以美国大规模监禁为镜鉴 …………………………………………… 216

环境刑法实施的法经济学分析

——以《刑法》第三百三十八条为视角

主讲人：吕梦醒（中国政法大学民商经济法学院副教授）

致辞人：于文轩（中国政法大学民商经济法学院教授）

评议人：李　梁（中央民族大学法学院副教授）

　　　　徐永伟（中国政法大学刑事司法学院讲师）

主持人：时　方（中国政法大学刑事司法学院副教授）

主持人·时方

各位老师、各位同学，大家下午好！"斜阳侧帽·学者论道"青年学者系列讲座的第一期即将开始，本期讲座的题目是《环境刑法实施的法经济学分析——以〈刑法〉第三百三十八条为视角》。随着我国经济社会的飞速发展，环境污染问题日趋严重，环境资源保护日益受到国家和社会的关注。党的十八大以来，以习近平同志为核心的党中央始终坚定不移地推进生态文明建设。习近平总书记在全国生态环境保护大会上的讲话中指出："用最严格制度最严密法治保护生态环境，加快制度创新，强化制度执行，让制度成为刚性的约束和不可触碰的高压线。"《刑法》第六章第六节专门规定了破坏环境资源保护罪，其中最常适用的是第三百三十八条污染环境罪。

首先介绍参与本次讲座的各位老师。我们很荣幸地邀请到中国政法大学民商经济法学院副院长、经济环境法研究所的于文轩老师作为本次的讲座致辞人。于老师是中国政法大学钱端升讲座教授、博士生导师、中国法学会环境资源法学研究会副会长、北京市生态法治研究会副会长。目前在国内、国际核心权威期刊发表论文 150 余篇，出版专著、编著 20 余部，是我国生态法治、环境环保法领域公认的权威专家。

本次讲座的评议人是中央民族大学法学院的李梁老师和中国政法大学刑事司法学院的徐永伟老师。李梁老师在国内法学核心期刊，围绕环境犯罪等主题，发表了多篇学术论文，是知名的环境刑法专家。徐永伟老师是刑事司法学院的青年才俊，目前在核心期刊发表学术论文 10 余篇。

同在现场的还有中国政法大学刑事司法学院的王志远副院长，王老师是"斜阳侧帽·学者论道"青年学者系列讲座的主要发起人，让我们热烈欢迎！

致辞人·于文轩

欢迎各位来到首期"斜阳侧帽·学者论道"青年学者系列讲座！非常感谢主办方对我的邀请，我很荣幸有机会参与本次讲座，并深深感佩于王副院长与刑事法学院在学科交叉研究、学科互动和青年教师培养方面的远见卓识。

环境法和刑法这两门学科看似相离较远，但事实并非如此。从科学体系的发育史来看，科学体系中并未分出名目繁多的学科。随着经济、社会以及科学的发展，学科分类有时反而会对学术交流和学术研究产生负面影响。环境法具有很强的学科交叉性，涉及诸多科学技术问题，在研究法律责任时亦无法脱离刑法。近年来，刑法学界对于生态环境问题的关注，也体现出刑法的开放性、包容性，两者碰撞交融下便形成了现在的环境刑法。

看到刑事司法学院以王副院长为代表的学者对学科互动和学科教育的重视，我感到非常高兴。因为，这恰恰与环境法的生态城市主义理念相契合，即只有以整体主义视角推进学术研究，才能形成一个越来越适应社会发展的学术平台。吕梦醒老师是一位非常优秀的年轻学者。博士在读期间，她主攻法经济学，回国后先后在环境司法、环境刑法两个层面持续深耕，创造了丰硕的学术成果。我十分期待在接下来的互动交流中，看到年轻学者和与会同学们思想的交流碰撞。谢谢大家！

——主 讲 环 节——

主讲人·吕梦醒

各位老师、同学们下午好，非常感谢大家牺牲宝贵的休息时间来听我的讲座，也非常感谢王志远老师和于文轩老师对青年学者成长的关心。

今天我讲座的题目是《环境刑法实施的法经济学分析——以〈刑法〉第三百三十八条为视角》。传统的刑法学研究对第三百三十八条的关注可能并不多。同样，环境法的传统研究也更多地将研究重心放在环境侵权责任或环境行政法律责任上，专注于环境犯罪的研究相对较少。

本次讲座主要分为五个部分：在第一部分，我将简要介绍此次讲座题目的研究背景；在第二部分，我将具体介绍本研究主要应用的理论框架，此部分涉及一些基础的法经济学理论；在第三部分，我会简单梳理《中华人民共和国环境保护法》（以下简称《环境保护法》）实施的法律框架；第四部分是本次讲座的重点，我对根据《刑法》第三百三十八条作出的司法判决进行数据提取与分析，以反映目前我国污染环境罪的司法实践图景；在第五部分，我将运用前面构建的理论框架，对我国环境刑法的实施进行分析。

一、研究背景

这项研究实际上受到我的博士研究生导师麦克尔·福尔（Michael Faure）教授的影响，他于 2012 年发表的一篇论文启发了我，这篇论文讨论了西欧国家在应对环境违法行为时应当选择适用刑法还是行政法。① 这篇论文择取西欧四个国家或地区进行考察，分别是德国、荷兰、比利时的弗兰芒地区和英格兰地区。通过对上述国家和地区进行实证分析，会发现它们在选择用刑法还是行政法保护环境问题时存在很大差异。其中，英格兰地区和比利时的弗拉芒地区更多地依赖刑法，荷兰和德国则更多地依靠传统的行政处罚方式来打击环境违法行为。在这个问题上，欧盟的立法者也更倾向于使用刑法，其颁布了"通过刑法保护环境"的专门指令，希望能够通过使用刑法打击环境

---

① Faure, Michael G. & Svatikova, Katarina, *Criminal or Administrative Law to Protect the Environment? Evidence from Western Europe*, 24 Journal of Environmental Law 253（2012）.

违法行为，借以实现环境保护的整体目标。这项发现与我关于刑法"最后法"性质的认知相冲突，因而促使我去研究我国在打击环境违法行为的过程中，刑法与行政法的关系如何。福尔教授在论文中运用的理论框架也给我带来很大启发，这一理论框架来自传统法经济学理论的一个模型，为我们评价刑法与行政法的实践效果提供了客观标准。在这种背景之下，我和福尔教授合作完成了对这个问题第一阶段的研究，其中一部分成果已经发表。[①] 在这篇文章中，我们重点讨论了在我国目前的环境保护法律和政策框架之下，环境行政执法与环境刑事司法究竟是怎样的相互关系，以及在实践中呈现出何种状态。

近年来，党和国家高度重视生态文明建设，我国环境保护领域的法律和政策体系日趋完善，仅中央层面已有 35 部单行法和特别法，72 部行政法规和司法解释，地方层面的环境立法数量也非常庞大。尽管我国拥有庞大且细致的环境法律和政策，但在很长一段时间内，我国环境法因执法不力而被称为"纸老虎"。近年来国家为改善这一问题采取了诸多措施，提供了多种执法工具，逐步丰富和完善了我国环境执法的工具箱。所以，我们希望通过研究，可以回答两个层次的问题：第一，在现有法律和政策框架下提供的法律工具箱中有哪些工具可以帮助我们提升环境法实施的效果；第二，如何评价不同执法工具在改善环境质量方面的实践效果。

二、环境法最优实施机制的理论框架

众所周知，环境法具有非常强的学科交叉性，其法律实施机制也体现出明显的公私法交叉的特征。具言之，以执法者为标准进行区分，法律实施可以分为公共执法和私人执法两种类型。其中，公共执法主要是利用公权力对行为人的行为进行干预，即公权力机关通过各种工具和手段发现并惩处违法行为。而私人执法主要由私主体启动，环境侵权是典型的通过私主体（受害者）启动的法律实施机制，由于私主体特别是受害者往往自身利益受到损

---

① Lu, Mengxing & Faure, Michael, *Does the Tiger Have Teeth? A Critical Examination of the Toolbox Approach of Environmental Law Enforcement in China*, 31 Review of European, Comparative & International Environmental Law89（2022）.

害，因此有更强的动力去启动私人执法。

在《环境保护法》实施过程中，私人执法与公共执法呈现出不同特征。私人执法，特别是传统的环境侵权的制度设定目标在于为受害者谋求损害赔偿，对《环境保护法》实施起到的推动作用是侵权制度产生的附随效果，这使得环境侵权责任在推动《环境保护法》实施过程中带有非常明显的局限性：第一，在一些环境损害事件中并无明确的受害人；第二，面对高昂的诉讼成本，私主体通常缺少启动司法救济机制的充足动力；第三，在环境侵权案件中，个人损害的范围不足以覆盖环境本身受到的损害。而根据传统环境侵权的制度设计，侵权责任属于填平责任，因此个人只能基于自己实际受到的损害寻求损害赔偿，对于超出该范围的损害不具有请求损害赔偿的请求权基础；第四，环境侵权案件存在因果关系证明难、环境损害潜伏期长等特点，也为私人执法机制的启动创造了诸多困难；第五，私人执法是一种典型的事后救济机制，只有实际发生的环境损害才会为私人执法机制提供启动契机，但对于那些不可逆的、修复成本高昂的环境损害而言，仅靠环境侵权机制的救济是远远不够的。与私人执法相比，公共执法具有主动性，启动不依赖于受害人，进行环境监管执法是行政机关履行宪法规定的环境保护职责的体现。公共执法还具有稳定性，环境监管执法属于行政机关日常工作的范畴。相较于私主体而言，执法机关特别是环境保护机关更具专业性。执法机关还可以在环境损害实际发生前进行干预，因此公共执法还具有预防性。

我的研究运用的主要理论模型是由美国著名的经济学家加里·贝克（Gary Becker）提出的贝克模型（Becker Model）。贝克认为人类的行为受多种因素的影响，如主体会因受道德的约束而放弃实施犯罪。传统经济学理论还认为人的行为受经济因素的影响。由此可见，经济学以"理性经济人假设"为研究的逻辑起点。具言之，在经济学的理论模型中，所有人都被假设为理性地追求自身利益最大化的人，因此激情犯罪等特殊情形不在此讨论范围内。贝克认为，理性人在进行犯罪决策的过程中，一个非常重要的影响因素是违法行为收益与违法行为成本间的关系，如果违法收益高于违法成本，那么行为人就会产生实施违法行为的动机，反之则会放弃。因此，贝克模型可以用如下公式表示：

$$B \leqslant p \cdot S$$

其中，"B"代表 Benefit，指的是违法行为的收益；"p"代表 Probability，指的是违法行为被发现和被惩处的概率；"S"代表 Sanction，指的是违法行为可能带来的惩罚，即违法行为的成本。除了上述核心变量，当然行为人在进行成本－收益分析时可能会受自身主观因素的影响，如行为人对风险的偏好会影响他对违法行为被发现概率的认知。我主要基于两方面的考量引入这套模型：其一，立法者或政策决定者在制定规范体系时，目标就是要确保违法成本高于违法收益，只有这样才会对行为人产生足够的威慑效果；其二，行为人会对立法者制定的法律体系作出不同回应，因此对贝克模型会有不同的认知。由此延伸出的另一重要问题是，在环境法实施的过程中，我们应当优先使用法律工具箱中的哪种工具？从经济学视角出发，立法者不仅要确保违法成本高于违法收益，在确定处罚手段时，还需要考虑执法成本跟执法收益之间的关系。这意味着，立法者并非追求万无一失的执法，也并非试图把所有违法行为一网打尽，因为执法机关要负担非常高昂的执法成本。因此，立法者除了要确保违法成本高于违法收益，另一个目标是要以最低的成本实现最优的威慑效果。

刚才提到，行政执法和刑事司法是公共执法中常见的执法工具，那么二者在执法成本与执法收益的层面对比具有什么特点？与刑事司法相比，行政执法的成本相对较低，一方面，由于环境保护的执法机关专业性更强，因此在判断行为违法性，以及是否有惩处必要性时的信息成本较低；另一方面，由于刑事诉讼的程序要求远高于行政处罚，因此行政执法在执法成本上低于刑事司法。但行政执法亦有局限性。政府在执法过程中难以做到万无一失，因此，实践中违法行为被发现的概率并不高。为了确保违法成本高于违法收益，弥补违法行为被发现的低概率，行政机关需要提高处罚幅度。实证研究表明，很多国家违法行为被发现的概率低于 1%，假设违法收益为 1 万元，行政机关至少要科处 100 万元的罚款，但我国行政处罚的额度鲜少设定如此之高。随之而来的另一种风险是，面对高额罚款，行为人可能并不具有偿还能力，因此产生"破罐子破摔"的心理，导致处罚无法实现理想的威慑效果。此时，我们还需要附加采取限制人身自由的措施，借助刑法中的人身罚加强对环境违法行为的威慑力度。

通过对两种执法方式的比较，我认为出于对执法成本和执法收益的考量，行政执法应当附条件优先适用，具体的限制性条件包括：第一，行为人系初次违法；第二，违法成本和违法收益较低；第三，违法行为被发现的概率较大。满足上述条件，行政执法即为优先执法机制。但在下列情形中，刑事司法则效果更佳：首先，违法行为被发现的概率较小；其次，行为人为牟取经济利益故意违法；最后，刑事司法具有"污名化效应"，面对如企业等特殊违法主体时，具有更强的威慑效力。

需要提醒大家的是，我的研究聚焦于环境法的公共执法机制，主要是考虑到私人执法（环境侵权制度）的首要目的是为受害者寻求救济，而非促进环境法的实施。此外，在我国的环境治理体系中，公权力机关发挥主导性作用。但这并不意味着私人执法的作用可以忽略不计。如果大家关注环境法近些年的立法和政策发展，会发现国家越来越重视发挥私主体在环境治理中的积极作用。除了发挥环境执法机制的效力，国家还积极推动干部考核评价机制改革，推行"党政同责、一岗双责"，并建立中央生态环保督察，这些举措在环境治理中也发挥着重要作用。

三、我国环境法实施的法律框架

我国环境法实施的工具箱由行政执法和刑事司法组成，行政执法基于行政命令启动，并通过行政处罚或行政强制措施来保障执法效果。刑事司法有较强的行政依附性，原因在于：一方面，为了保障法律实施的统一性和稳定性，需要确保不同机关对同一行为作出的评价基本相同；另一方面，相对于司法机关，行政机关在环境保护领域更具专业性，适合作为首次作出判断的机关。所以在我国环境法实施的框架下行政执法具有优先地位。

检视我国的环境犯罪立法现状可知，《环境保护法》第六十九条规定，"违反本法规定，构成犯罪的，依法追究刑事责任"，但没有规定具体罪名和构成要件，因此第六十九条仅为指引性条款。我国环境犯罪的法律依据集中规定在《刑法》中。环境犯罪包括狭义的环境犯罪和广义的环境犯罪，前者指《刑法》第六章第六节第三百三十八条至第三百四十六条规定的犯罪，后者还将走私珍贵动物、珍贵动物制品罪、走私珍稀植物罪、走私废物罪、环境监管失职罪等犯罪纳入环境犯罪的范畴。此外，近年来接连颁布的《中华人民共和国刑法修正案》（以下简称《刑法修正案》）都对环境犯罪进行了修改调整。

根据现行法律法规的规定，我国环境公共执法的工具箱中，大概包含下列执法工具，如表1-1所示。

表1-1　公共执法工具箱

行政处罚		刑罚		
类型	行政处罚的种类	类型	刑罚种类	刑罚属性
财产性处罚	罚款	主刑	管制	人身罚
	按日计罚		拘役	人身罚
	没收非法所得、非法财物		有期徒刑	人身罚
非财产性处罚	警告		无期徒刑	人身罚
	责令停产整顿	附加刑	罚金	财产罚
	责令停产、停业、关闭		剥夺政治权利	人身罚
	暂扣、吊销许可证		没收财产	财产罚
	行政拘留			

四、我国环境刑法的司法实践图景

现行《刑法》第三百三十八条的污染环境罪在1997年修订的《刑法》中首次出现，初始罪名为"重大环境污染事故罪"，后经2011年出台的《刑法修正案（八）》修改为"污染环境罪"。除了罪名的变化，《刑法修正案（八）》删除了原构成要件对于危害结果的要求。新条文中使用的"严重污染环境"表述的定性在学界仍有争议，因此，污染环境罪是结果犯还是危险犯尚无定论。但与旧条文相比，本罪的入罪门槛已经大大降低，这构成了污染环境罪司法实践的重要前提背景。原污染环境罪规定了两档法定刑，《刑法修正案（十一）》颁布后调整为三档法定刑。

在介绍我国污染环境罪的司法实践现状前，先向大家简单介绍我进行污染环境罪实证分析的背景，便于大家了解下列数据是如何得出的。第一，研究中使用的全部数据均为中国裁判文书网和中华人民共和国生态环境部官方网站发布的公开数据；第二，数据选取的时间区间为 2012～2020 年，选取 2012 年为起点的原因是，该年为《刑法修正案（八）》实施后的第二年，2012 年前中国裁判文书网上可获取的关于《刑法》第三百三十八条的判决仅有一份，由于数量太少而缺少统计学意义；第三，检索结果均是以《刑法》第三百三十八条为裁判依据的一审判决书。最终，我共获取了 11 265 份有效样本，这构成了我对污染环境罪进行实证研究的基础。但我对于数据的检索与获取仍有局限性，一方面，部分法院没有及时或全面上传相关文书，导致两会上最高人民法院和最高人民检察院公布的环境犯罪数量远大于裁判文书的检索数据；另一方面，由于各地法院制作文书样式和内容的差异，存在一定数据检索缺失的状况。通过对收集数据的分析研判，可以得出我国环境刑法的司法实践具有以下特点：

第一，污染环境罪案件数量整体呈上升趋势。2013～2014 年，一审案件数量增幅最大，原因在于 2013 年《最高人民法院 最高人民检察院关于办理环境污染刑事案件适用法律若干问题的解释》的颁布为司法实践提供了指引。2012～2019 年，污染环境罪的一审案件数量持续攀升，直到 2020 年开始下降。

第二，污染环境罪案件胜诉率极高。不同年份的裁判文书胜诉率均接近100%，基本不存在败诉或撤诉的情况。

第三，从地域分布来看，经济发达地区的环境犯罪数量较高。浙江省、河北省、广东省的污染环境罪案件数量名列前茅，这一方面与各地的产业分布情况有关，重工业地区的环境犯罪数量通常更多；另一方面与地区的环境执法、环境治理水平有关，环境执法发达地区的环境犯罪裁判数量更多。

第四，从环境污染类型来看，污染类型日趋多样。单一污染类型中占比最大的是水污染和固体废物污染，二者相加占比 75%，其余多为复合型污染。

第五，从污染环境罪的刑罚配置情况来看，污染环境罪虽为《刑法》明文规定的"双罚制"，从实践来看，仅处罚自然人的情况占比 92%；在对自然人实施单罚时，同时判处财产罚和人身罚的情形占比 98%。

第六，从犯罪主体来看，自然人占绝大多数。在单位实施污染环境罪的情形下，相较于负有特殊监督职责的法定代表人、主管人员，直接责任人即企业的一线工人更容易被追诉，针对主管人员过低的追究率可能导致违法企业得不到威慑，这种打击倾向需要反思。

第七，从受教育水平来看，行为人受教育水平普遍较低。拥有小学和初中文凭的行为人占比85%。低受教育水平通常会导致低环保意识和环境法治意识。

第八，从刑罚适用来看，人身罚刑期较短，平均刑期为十二个月，大多数案件判处刑期在六个月至十二个月内；对自然人科处的财产罚金额较低，平均值不超过三万元，但考虑到处罚对象多为经济条件较差的一线工人，相对其偿还能力而言，科处金额已经较高；对单位科处的财产罚差异较大，由于个案情况与单位经济实力等方面存在差异，难以形成值得参考的结论。除财产罚和人身罚外，没收违法所得、没收犯罪工具、禁止从事相关活动和公开道歉的适用数量有所增长。

第九，近几年环境犯罪中出现了新兴的恢复性司法。恢复性司法并非新问题，但将其应用于生态环境保护领域的做法确实较为新颖。从时间点来看，早在2013年就有裁判文书中就明确记载要求行为人要承担相应的生态恢复责任。但从时间轴来看，生态恢复责任适用的高峰期出现在2018年以后，因为我国在2018年确立了在环境司法中要以生态环境修复这种体现恢复性司法理念的责任形式为主要导向。通过对包含生态修复责任的裁判文书进行收集分析，我们发现，生态修复责任的承担方式包括生态环境修复责任（行为给付）、损害赔偿责任、支付环境损害处置费用等。之所以向大家分享恢复性司法在环境犯罪中的适用，是因为这种做法在理论界和实务界都存在争议，即是否适合在环境犯罪的判决中作出生态环境修复的判项。在我国现行环境法体系下，行政机关可以通过提起生态环境损害赔偿，或者通过行政命令的方式，要求行为人承担生态环境修复的义务，在此过程中可能会出现行政权与司法权实施的重合甚至冲突，这一问题值得大家去思考和反思。

以上是我基于收集的数据对我国污染环境罪司法实践现状的介绍，接下来我将运用贝克模型对目前我国环境刑法实施现状进行基本分析。

五、我国环境刑法实施的法经济学分析

第一，污染环境罪案件数量显著增加，我国《刑法》对污染环境犯罪的惩处力度加大。

第二，污染环境罪的定罪率平均超过99%，这是否意味着环境刑法的实施效果非常好？对此需要结合环境行政执法情况去判断，这样做的原因在于我国环境犯罪首先必须是行政违法行为，只有满足这一前置条件，案件才会被移送至检察机关提起公诉。但通过对我国环境违法行为的行政执法情况的统计，在2019年被执法的企业的数量高达82万家，这个数字乍看之下非常大，但在中华人民共和国国家市场监督管理总局网站查询每年新登记注册的企业的数量后，会发现这一执法数据还是比较低的。根据我检索得到的数据，仅2019年我国新登记注册的企业就有1.2亿家，每家企业都是潜在的污染源，因此我国环境执法的范围实则非常有限。另外，我国行政违法行为被提起公诉的比例只有10%，也就是说10起环境违法案件中只有1起会被移送检察院提起公诉。所以，高定罪率并不意味着环境刑法实施的效果理想。

第三，尽管污染环境罪原则上实行"双罚制"，但在司法实践中主要以对自然人进行单罚为主。这些自然人往往是企业的主管人员，如法定代表人，占比更高的则是直接责任人员，如一线员工，他们通常具有如下特征：一是受教育水平较低，法律意识不强，因此对于自己从事行为的违法性缺少明确认识；二是经济水平差，因此能够负担的处罚上限也较低。在此需要思考的是，仅处罚自然人是否能够对违法企业产生足够的威慑作用。

第四，我国现行环境刑法能否对行为人产生足够的威慑？在此需要考虑贝克模型中影响违法成本的两个变量要素。第一个变量是违法行为被查处的概率。根据前述内容可知，违法行为被发现的概率较低。受人员及财政预算的限制，行政执法的范围非常有限，执法机关无法做到对所有潜在污染源进行24小时的全方位监测，因此会采取选择性执法策略。同时，违法行为被实际查处的概率也较低，实践中的行政违法行为很少被移送检察机关提起公诉。第二个变量是处罚幅度。近些年来，经过环境法规的频繁修订后，环境违法成本明显提升。行政罚款的平均金额在5万元左右，对自然人判处罚金的平均金额在2.5万元左右，自然人的人身罚的平均刑期为12个月，对单位判处

罚金的平均金额将近 39 万元，较 2012 年以前的处罚幅度有非常明显的提升。但污染环境罪仍然显露出明显的轻刑化特征。一方面，司法机关判处的刑期绝大多数都在 12 个月以下；另一方面，污染环境罪的缓刑适用率相对较高，经过统计适用率达 40% 以上，这意味着约有 40% 以上的犯罪嫌疑人实际上被免于牢狱之灾，这使刑罚的威慑力变得有限。

六、总结和展望

综上所述，我国已经在立法、执法和司法层面构建起环境法实施的工具箱，环境法的实施不能完全依赖某一机制，而是需要多重手段结合。我的研究聚焦于环境法实施的公法机制，但其他环境执法机制也十分重要。下一阶段，我们计划选取某几个省份进行深入的实证分析，考察影响环境刑法实施的因素；同时对环境刑法实施效果进行考察，特别是污染环境犯罪数量的增减与环境质量改善的相关性问题，这是未来的一个重要研究方向。

——与 谈 环 节——

与谈人·李梁

吕老师运用法经济学的思路对环境刑法进行了定性又定量的分析，研究视野与研究方法都十分新颖，我听了以后受益匪浅。

吕老师提到，党的十八大站在历史和全局的战略高度，对推进新时代"五位一体"的总布局作了全面部署，将构建人与自然和谐发展放在更为突出的位置。借着十八大的东风，《环境保护法》也迎来了时隔 25 年的一次修订，在这一次修订中，《环境保护法》将预防为主、综合治理、损害担责作为基本原则确定下来，以此和党中央的政策保持一致。与此同时，《刑法修正案（八）》对污染环境罪进行了修改，将重大环境污染事故罪修改为污染环境罪，将结果犯变为行为犯或危险犯，以此降低入罪门槛。但与此同时，2013 年和 2016 年颁布的司法解释将污染环境罪解释为结果犯。这引发了学界对于污染环境罪的性质认定的争议，存在行为犯说、危险犯说、结果犯说。此外，有学者认为污染环境罪不属于行为犯或危险犯，而是"准抽象危险犯"。同时，有关于环境犯罪的罪过形态，存在故意说、过失说、混合过失说等观点，罪过形态不明确。

吕老师也提到有关欧洲国家环境保护领域的新动向，相比之下，我国的环境立法仍有差距。以德国为例，其在《德国刑法典》中规定了九个具体的罪名，并对罪过、结果以及处罚做出详细而明确的规定。而我国陆续颁布的《刑法修正案（八）》以及《刑法修正案（十一）》都缺乏明确规定。后续立法修改应多从犯罪学和刑事政策学等角度考虑，为刑法学研究和刑事立法提供更多实证的视角。

在我看来，对环境犯罪案件提起公诉往往涉及多方因素的考量。在司法实践中，案件起诉与否包含很多当地政策和经济因素的考量，有些案件移送到检察院后，检察院未必提起公诉。几年前，我在检察院工作的时候，检察院对于广义环境犯罪案件起诉较多，而对狭义环境犯罪案件起诉较少。我在云南省人民检察院挂职时，有当地人未经有关部门批准大量砍伐山林并烧制木炭，既破坏了森林，也严重污染了空气。但当地人砍伐森林烧制木炭是受当地落后的经济水平所迫，因而检察院通常不提起公诉，只进行罚款。

最后，站在世界环境治理的宏观角度上，环境刑事立法应与生态学相关理念相结合。世界各主要工业国家普遍走过了"先污染，后治理"的发展道路，我国在经济发展过程中也是如此，先解决温饱问题，再去考虑环境保护问题，但遗憾的是此前我们并没有吸取欧美国家关于人与生态关系的经验教训，我们对此也付出了巨大的代价。我们现在提出生态文明建设，要求人类和生态并行发展，我们既要保障人类的生存发展，也要保护环境，二者是相辅相成的。

《刑法修正案（十一）》对于环境犯罪的修订体现了党和国家的生态环境保护理念与生态伦理思想，体现了人类生态重刑主义的思想。但我认为，本次修订仍遗留一些问题，例如污染环境罪的罪过问题，学界有很大的争议，存在故意说、故意过失混合说的理论之争。虽然本次关于环境犯罪的修订较之前的立法更加明确，但仍存在进一步优化的空间。但总体而言，当前我国重视生态文明建设的方针是正确的。就在 2022 年 10 月 27 日，生态环境部和最高人民法院、最高人民检察院、国家发展改革委、工业和信息化部等 18 家单位联合印发了《关于推动职能部门做好生态环境保护工作的意见》。可以认为，我国当前对于环境保护的重视程度，在我国的环境发展史上是空前的。

我的分享就到这里，感谢各位老师和同学。

与谈人·徐永伟

尊敬的各位老师，各位同学，大家下午好。

非常有幸参加这次讲座，吕老师对于环境刑法的法经济学分析站在一个宏观且多元的视角下，她的论述对我很有启发性。我个人对环境犯罪问题的涉猎并不多，我的与谈只是个人的一些浅见，主要有以下三个方面。

第一，刑法对行政法的要求。我非常认同吕老师对于环境犯罪治理中调用刑法与行政法两种工具的观点。我理解的经济学分析，可能更偏向效率分析，行政法确实能实现刑法所不能及的规制效率，比如实体和程序上对因果关系的证明，行政执法具有显著的优势。

当然，环境治理的公法工具箱中有刑法和行政法，但刑法本身也是一个工具箱里的工具包，它有预防刑法、有严格责任、有疫学因果关系，有抽象危险犯、行为犯。我觉得，刑法工具包的发达除了环境治理的现实需求，也有行政法未发挥预期效果的原因。一方面，我们对于环境开发所带来的健康风险（人身法益）的升高，具有一定的容忍义务，因此，可以利用行政法的管制性制裁，降低环境风险的负荷，对无明确法益破坏的行为，尽量保持古典刑法的面貌。另一方面，随着刑法走向预防化、轻罪化，未来一定会有越来越多的转处分流措施，无论是单位还是个人。这会带来环境治理格局的转变：其一，刑法的威慑价值会呈现不一样的变化，很多时候会成为犯罪者经济分析的对象；其二，检察机关会通过不起诉等手段掌握越来越多的话语权，比如我们现在看到检察机关提倡的溯源治理，从治罪走向治理，都是这种权力话语集中的体现。但要注意，检察机关不是专业的环境治理机关，溯源治理的最好方法是由环境行政机关进行溯源治理。因此，环境犯罪未来的治理方向，还是应该在更大程度上发挥行政法的功能。

第二，行政法对刑法的约束。我们在追求环境犯罪治理的经济性的同时，不应该忽视对犯罪人的保护，这是刑法作为"犯罪人大宪章"不同于其他部分的特色。如果理想状态下，刑法与行政法的规制具有不同的规范目的，那么，同一环境损害的事实同时构成违反秩序行为与犯罪行为时，可以分别在两个部门法中进行处罚。但当刑事罚与行政罚并没有性质上的差异，仅具有制裁层次上的不同时，行政罚对刑法应该有一定的约束效果。一方面，刑法处罚的行为，应当吸收行政罚在前一阶段的制裁行为；另一方面，如果刑法的处罚较重，应当吸收前一阶段处罚较轻的行政罚。

第三，我想谈一下刚才吕老师提及的环境犯罪中缓刑的适用。我个人觉得，这在很大程度上与我国单位犯罪治理相关。我国对单位犯罪的处置，主要还是通过对单位直接负责的主管人员和其他直接责任人员适用自由刑的刑罚处置，但自由刑只有一般性的威慑与再社会化功能，这与实现环境法的立法或政策目的并不具有实质的关联。实际上，对于环境破坏，最需要的是事后补救与补偿。因此，可以考虑将生态环境的修复纳入刑事制裁的范畴，这样反而能起到更好的治理效果。

以上是我今天的发言，谢谢大家。

——提 问 环 节——

Q1：贝克模型基于理性人的假设是否符合现实中直接负责人的认知实际情况？有关案件起诉数据的统计是否考虑到各地犯罪监测成本和执法力度的问题？法经济学对于行政法和刑法实施效果的因果关系证明是否有说服力？是否可以考虑通过完善我国环境私人执法机制，来弥补公共执法现存的不足？

吕梦醒：对于第一个问题，关于环境执法处罚直接责任人（法定代表人、主管人员）。直接责任人只负责完成企业下达的工作，确实不具备一个明晰的"成本—收益"评估思路，因而现阶段普遍将直接责任人作为处罚对象确实值得进一步商榷。对于第二个问题，就现实而言，环境犯罪中具有代表性的环境公益诉讼依赖于特定主体的主动发现和提起诉讼，必然具有一定的偶然性，因此并未纳入传统的法经济学分析，但行政处罚相对来说更具有直接性和明确性，具有参考意义。对于第三个问题，在行政执法和刑事司法与环境法实施效果的因果关系上，现阶段环境执法工具箱中运用多种治理手段发挥综合效果，单一工具治理效果往往难以量化，应当从整体进行研究。对于第四个问题，公共执法在我国具有优先性，这不仅是我国政府负有的职责，也是公共执法与私人执法在实践运行中的效果相比较得出来的结论；私人执法固然存在递补公共执法的作用，但公共执法是最主要的机制，应当首先考虑如何完善公共执法机制。

刑法教义学研究目前存在定性为主，定量不足，缺乏实证分析的问题；在刑法体系上，存在犯罪论研究为主，忽视刑罚论研究的情况。研究视野的单一化导致刑法研究在社会价值赋能上的缺位，应当更重视定量分析的方法。当然，也应承认社科研究很难做到精确定量分析，但法经济学分析仍具有前景，比如模型建构的运用。今后期待运用多元的方法和工具来拓宽研究视野、丰富学科知识体系。

Q2：公私法趋向融合的大背景下，不同部门法对于同一环境犯罪会不会出现处罚重合的问题，即"罚款＋罚金"是否属于"一事二罚"？在企业指使一线人员违法的情况下，环境犯罪直接责任人的界定维持在"行为实施者"是否具有合理性？

吕梦醒：不同的执法手段和执法工具存在功能混乱、定位不清的问题。对于"罚款＋罚金"重叠适用的问题，要明确不同工具在环境治理上的功能和运用，避免重复适用、"一事二罚"。

李梁：污染环境罪的无限额罚金制体现了刑罚的威慑作用，但并不必然导致刑罚的过度和滥用。以自由刑为参考，《刑法修正案（十一）》修改了污染环境罪法定刑的上限，理论上本罪最高可判处 15 年有期徒刑，但实践中如此判罚的情形非常少；加上目前推行的认罪认罚从宽制度，具体案件中的实际量刑往往比法定刑再低一些。

徐永伟：关于刑法中罚金刑的计算问题，实践中司法机关会委托专门审计机关审计损失数额，为法官裁量罚金刑提供参考，这提高了罚金刑定量的科学性。

时方：行政罚款和刑事罚金的重叠适用，是否违背了"一事不二罚"原则，确实存在疑问。如果行为人通过环境恢复的手段来承担责任，那么可以适当免除其刑罚，这一点也有利于刑事司法的效益和公正。对于环境犯罪直接责任人认定的问题，在操作一线实施倾倒、排放行为的人员往往只是执行上层的命令，环境犯罪的处罚方向应当更偏向于背后的单位而非一线工人；对于部分地区"小作坊"的运作，则可以按照个人犯罪或共同犯罪处理。

Q3：关于刑罚幅度，可否通过人身罚和财产罚的平均值得出环境刑法处罚力度不够的结论？污染环境罪的性质如何确定？

吕梦醒：对第一个问题应当具体分析。关于财产罚，实证研究中财产罚的划分区间为0.5万元，比单一平均值计算更为细致；环境犯罪确实存在大额罚金，但占比非常小，因此现有的威慑力是存在不足的。关于人身罚，本研究是按照三个月为一个区间进行统计分析，绝大多数的量刑都是六个月至十二个月，其威慑力对于不同主体是不同的，因此要进行个案分析。不过，现阶段的研究还是停留在普遍分析。另外，传统的法学研究和社会学研究都面临变量过多的问题，可以结合其他学科的视角来进行更为广阔的研究。

李梁：目前我国生态理念更倾向于人类与生态相结合的思想，本罪呈现出行为犯、危险犯、结果犯相结合的情况，有赖于相关解释进行明晰。

徐永伟：理论上，行为犯和结果犯解决的是犯罪既遂问题，实害犯和危险犯解决的是犯罪处罚根据问题。从司法实务而言，本罪的性质区分并非关键，刑法理论应当为刑事司法实务准确定罪寻求论证上的支持。

主持人·时方

本次讲座持续近4个小时，感谢吕梦醒老师的分享，也感谢各位老师对这个问题的探讨和评议。环境刑法涉及的面较广，《刑法》第三百三十八条是本次的切入点，起到连结多学科进行交叉研究分析的作用。吕老师的讲座不但使我们获取了新知识，启迪了新思考、产生了新问题并向新领域进发，同时为大家打开了"法经济学实证分析"这扇大门，启发大家思考法经济学在刑法研究中的作用，这也是本次讲座更深远的意义。感谢各位老师、同学的参与，本次讲座到此结束。谢谢各位！

从《刑法》第二十条第三款的适用范围反思刑法的立法价值

主讲人：汪　雄（中国政法大学法学院法理学研究所副教授）

与谈人：邢志人（辽宁大学法学院教授）

　　　　李　荣（中央民族大学法学院副教授）

　　　　张天虹（山西大学法学院教授）

　　　　沙　涛（东北财经大学法学院讲师）

评议人：王志远（中国政法大学刑事司法学院副院长、教授）

主持人：沙　涛（东北财经大学法学院讲师）

主持人·沙涛

各位老师、各位同学，大家好！我是沙涛，来自东北财经大学法学院，非常荣幸能在这里担任"斜阳侧帽·学者论道"青年学者系列讲座第二期的主持人。今天我们聚集在这里，共同探讨一个深刻而富有挑战性的题目——《从〈刑法〉第二十条第三款的适用范围反思刑法的立法价值》。《刑法》作为国家法律体系中的重要组成部分，其立法价值和适用原则一直是法学界关注的焦点。今晚，我们有幸邀请到中国政法大学法学院法理学研究所的汪雄副教授，他将以独特的视角和深刻的见解为我们解读这一题目。汪雄老师不仅在法理学研究上有着深厚的学术造诣，还以敏锐的洞察力和创新的研究方法，为我们的刑法学研究领域带来新启示。

此外，我们也非常荣幸邀请到除我之外的另外三位杰出的与谈人，他们分别是辽宁大学法学院的邢志人教授、中央民族大学法学院的李荣副教授，以及山西大学法学院的张天虹教授。他们将从不同的角度对汪雄老师的演讲进行评议和讨论，相信他们的见解将为我们提供更为全面和多元的思考视角。

在座的各位都是法学界的精英，我们期待今晚的讲座能够激发出更多的思想火花，促进学术交流，推动法学研究的深入发展。让我们以热烈的掌声欢迎汪雄副教授，谢谢大家！

——主 讲 环 节——

主讲人·汪雄

尊敬的各位同人、学者，女士们、先生们，晚上好。我是来自中国政法大学法学院的汪雄。今晚，我将与大家共同探讨刑法的立法价值与实践应用，我将从《刑法》第二十条第三款的适用范围出发，反思其深层含义。我的报告大致分为刑法中个人权利的分类与排序、"于欢案"的争议及原因、《刑法》第二十条第三款分析、刑法弱化人格性人身权之保护的原因、刑法立法价值的回归五大板块，希望通过今晚的讨论，我们能对刑法的立法精神有更深刻的理解，并给法律实践提供一些启示。

一、刑法中个人权利的分类与排序

（一）四种权利

在正式讨论刑法的"个人权利"之前，我们首先要探讨的是这样一个词语——法益。权利是法益的一种，法益的范围比权利更大。法益的德文"Rechtsgüter"与《德国民法典》中的"权益"是同一个词。① 法益在刑法中包含个人法益和超个人法益，其中个人法益包括个人的权利，在民法中指民事主体的权益，例如，《中华人民共和国民法典》第三条指出"民事主体的人身权利、财产权利以及其他合法权益受法律保护……"，民法中的"权益"是和"权利"并行的，虽然"法益"和民法中的"权益"是同一词汇，但

---

① 在《德国民法典》合同编第二百四十一条和第三百一十一条的规定中，涉及当事人的权利、利益时所用的"权益"一词就是"Rechtsgüter"，跟刑法中的"法益"是同一词汇。

它的范围比民事主体的"权利"范围要模糊一些，是一个法律上的术语。为什么这两个词汇源自同一个德文词，但翻译结果不同？因为人们对于德语里面"Recht"的理解是有差异的，有人把"Recht"翻译成"法律"，有人把它翻译成"权利"。如果我们不过多地探讨西方理论中"法益"跟"权利"的差异，基于这样一个"法益"理论，将其做狭义理解，从个人权利的角度来看我国《刑法》第二条，就可以把刑法保护的公民的个人权利分为四类。《刑法》第二条规定："……保护公民私人所有的财产，保护公民的人身权利、民主权利和其他权利……"，这一规定在财产上并没有使用"权利"一词，我自己对此也存在疑问，为什么在其他场景下用"权利"，表述财产时不用"财产权利"呢？一会儿我也想向各位刑法学老师请教一下这个问题。我的理解有点粗略，我直接把这一条还原为公民的四种权利，即财产权利、人身权利、民主权利和其他权利。在后面的分析中我会弱化"其他权利"和"民主权利"，更多地探讨财产权利和人身权利的价值位阶排序。

（二）两种"人"

人身权利需要进一步分类。我们都知道民法中的"人身权"分为人格权和身份权，但这种分类不能匹配刑法中的分类。对人身权利需要进行再分类的原因是我们对人有两种不同的理解。既可以把人理解为有血有肉的生物意义上的人（"Menschen/men"），也可以把人理解为有自由意志、反思能力和道德可谴责性的人（"Person/persona"）。前一种是生物人，后一种是人格人。其实法律上的"人"更多指的是第二种"人"。"Person/persona"这个词源自拉丁语 persona，前面的介词"per"是"通过"的意思，"sona"在拉丁文里面是"发声"，意思是在舞台的戏剧表演中，一个人要表演某种角色，要戴一个面具，通过面具人来发声，所以他自己和他所表演的角色实际上是两个人，但这两个人又是合二为一的。这就是我们现在所说的"人"：一方面，人是一个生物意义上有血有肉的人，有情感、有欲望、有追求，这是生物人；另一方面，人有反思能力、有独立的意志判断，能够承担责任，能够在一些道德困境中做出利他的行为，从而获得一种道德上的声誉或荣誉，甚至还有隐私方面的需求，这都是人格人所具有的一些权益。

对于民法中的民事主体来说，"自然人"实际上更多地指第二种意义上的"人"，所以有一句拉丁法谚说"Homo vocabulum est naturae, persona iuris civilis〔人（homo）为自然之称呼，人（persona）为法律之称呼〕"。当我们谈及民法中的行为能力、权利能力和刑法中的责任能力时，会出现一种因为年龄而产生的差异性。这是因为生物人从一出生就是平等的，但每个人的认知能力、控制能力、反思能力和道德水平的程度不一，所以人格人会出现个体性差异。再打一个不恰当的比方，比如你一刀砍死了一个人，这个"人"是第一种"人"还是第二种"人"？肯定是第一种"人"，你说你砍死了一个"Person"，这是不可能的，你只能说你侮辱了一个"Person"，砍死的是一个"men"或者"Menschen"。所以，《刑法》第二百三十二条故意杀人罪中的"人"指的是第一种"人"（Menschen）而不是第二种"人"（Person），《刑法》第二百四十六条"侮辱他人或者捏造事实诽谤他人"中的"人"则是指第二种"人"（Person）。换言之，人不可能去侮辱一个"men"或"Menschen"，侮辱的对象只能是"men"或"Menschen"身上所具有的人格。

之所以造成混淆，是因为这两种"人"是一体两面的，一个没有"Person"的人要么是一具尸体，要么降格为一个动物；一个只有"Person"没有"Menschen"的人，只有精神意义上的象征，而非物体意义上的存在。有时候一个伤害行为会同时伤害这两种"人"，比如强奸行为或强制猥亵行为，既对肉体"Menschen"造成了伤害，也对其声誉、人格或作为"Person"的尊严造成伤害。以电影《秋菊打官司》为例，秋菊为什么一直在上访、一直在打官司？是因为她男人被村长给踢了，踢的是他的"Menschen"。虽然是一个小伤，过几天就好了，但是她觉得不服气，一直要讨个说法，为什么要讨个说法？村长说"我不就踢了（他）吗？过几天就好了，没多大事，你为什么老要讨个说法呢？"秋菊认为，你可以踢，但为什么要踢我男人特殊的部位？踢到特殊的部位，可能踢的就不仅是他的"Menschen"，也伤害他的"Person"；所以她要讨个说法，实际上是为她男人的"Person"讨一个说法，而不是为受伤的"Menschen"讨一个说法。但村长和其他人都不太能理解秋菊的诉求，他们觉得秋菊有点小题大做。如果在座的同学能理解这两种"人"的存在，就能理解秋菊。秋菊自己不能清晰地区分，所以官司经历了漫长的历程。

（三）两种主刑

刑罚分为主刑和附加刑，其中主刑包括管制、拘役、有期徒刑、无期徒刑和死刑。在刑罚种类里面，前面四种都是自由刑，后面第五种是生命刑，即死刑。死刑实际上对应的是生物人，前面四种对应的是人格人，因为它是对人身自由的一种限制。当然有的同学可能会说，自由包含两种，一种是精神上的自由，比如信仰自由；另一种是身体上的自由，比如行动的自由。管制、拘役、有期徒刑、无期徒刑这些自由刑不仅限制精神上的自由，还包括行动上的自由，如果是行动上的自由，那是不是也是生物人所具有的？大体而言，前四种刑罚惩罚的对象主要是人格意义上的"人"，而第五种死刑惩罚的对象主要是生物意义上的"人"。正是基于这两种"人"的区分，我们对于具体的人身意义上的权利才有此分类。

（四）两类人身权利

生物性的人身权包括但不限于生命权、健康权和身体完整性。刑法中有三个典型的罪名分别对应这三种权利：故意杀人罪对应生命权，故意伤害罪对应健康权，组织出卖人体器官罪对应身体器官的自主权。除此之外，还有其他的某些罪名侵害的是生物意义上的人身权，我列举的这三个只是典型，并没有穷尽刑法里面关于侵害生物性人身权的所有罪名。与此对应的人格意义上的"人"所拥有的人格性人身权，在刑法中也存在三个典型：一是名誉权，二是自由权，三是隐私权。侮辱罪、诽谤罪会对名誉权造成侵害。自由权分为身体意义上的自由和精神意义上的自由，两者实际上是合一的，比如非法拘禁罪，表面上是限制人身体的自由，实际上也造成对人格自由的限制。但身体意义上的自由很难被归到生物性的人身权中，所以这里暂且把自由权划归为人格性的人身权。再如暴力干涉婚姻自由罪，婚姻自由显然不是身体意义上的自由，而是一种人格意义上的自由。涉及隐私权的罪名包括非法搜查罪和侵害公民个人信息罪。以上是对人身权利的分类，分类的基础是前述两种不同层面的"人"，基于这个分类，把人身权利划分为生物性人身权和人格性人身权，如表2-1所示。

表 2 - 1　两类人身权利划分

人	权利类型	具体权利	侵犯权利导致的罪名
生物人	生物性人身权	生命权	故意杀人罪（《刑法》第二百三十二条）
		健康权	故意伤害罪（《刑法》第二百三十四条）
		身体完整性	组织出卖人体器官罪（《刑法》第二百三十四条之一）
人格人	人格性人身权	名誉权	侮辱罪、诽谤罪（《刑法》第二百四十六条）
		自由权	非法拘禁罪（《刑法》第二百三十八条） 暴力干涉婚姻自由罪（《刑法》第二百五十七条）
		隐私权	非法搜查罪（《刑法》第二百四十五条） 侵犯公民个人信息罪（《刑法》第二百五十三条之一）

为什么要进行这样的划分？我们再次回到裴多菲的那首诗①，探讨生命和自由的排序。如果我们把裴多菲所说的生命看成是生物性人身权的代表，把自由看成是人格性人身权的代表，那么"生命"与"自由"谁优先的问题就可以直接转化为生物性人身权和人格性人身权谁优先的问题。

（五）个人权利的排序

刑法对于生物性人身权和人格性人身权的优先价值倾向与普通公众对于这两者的优先价值倾向是不一样的。刑法针对生物性人身权的犯罪行为的法定最高刑是死刑，针对人格性人身权的犯罪行为的法定最高刑是十年以上有期徒刑，可见刑法倾向于保护生物性人身权。但信奉"士可杀不可辱"的人更重视人格性人身权。

如果我们再引入财产权利的话，就会产生人身权利和财产权利何者优先的问题。这个问题争论不休，实际上没有准确的答案。一方面，不能笼统地把财产权利和人身权利进行比较，要把财产权利和人身权利下面的两个分支进行比较；另一方面，《刑法》也没有进行明确排序。比如，《刑法》的用语可以体现出一定的倾向性，在第二条和第十三条中，《刑法》都是把"财产"排在靠前的位置；但《刑法》将人身权利的保护排在第四章，把财产

---

① 匈牙利的爱国诗人和民族英雄裴多菲·山陀尔所写的《自由与爱情》一诗："生命诚可贵，爱情价更高，若为自由故，二者皆可抛。"——编者注

权利的保护排在第五章，相比之下，人身权利又处于相对优先的地位。而对于主刑、附加刑的严重程度而言，刚才已经说过主刑了，自由刑和生命刑主要对应的是两种人身权利，附加刑包括罚金和没收财产，主要对应的是财产性的权利。为什么财产性权利的剥夺被作为附加刑？因为它的惩罚程度没有主刑严重。进一步说明，基于刑法的视角，财产的重要性对于犯罪嫌疑人来说没有其自由或生命重要，所以从主刑和附加刑的排列来看，刑法也是把人身权利排在财产权利的前面。这是几个线索，前面三个线索可能说服力没那么强，但第四个线索，观察刑法对侵害财产权利的处罚和侵害人身权利的处罚的法定最高刑，如果对侵犯这种权利的犯罪行为处罚的法定最高刑高，则说明在刑法立法者看来这种权利更重要；如果对侵犯这种权利的犯罪行为处罚的法定最高刑低，则说明在刑法里这种权利相对来说位阶低一些。

我们可以看到，财产权利对应的法定最高刑可以到无期徒刑。侵占罪低一点，是五年以下的有期徒刑。生物性人身权对应的法定最高刑可以到死刑。而人格性人身权对应的具有最高法定刑的罪名是非法拘禁罪（十年以上）。其他的对人格性人身权侵害的罪名法定最高刑是三年至五年。刑法有重罪和轻罪的区分，一般以三年为界限，法定刑三年以上的是重罪，三年以下的是轻罪。在此，我们明确观察到，财产性权利的法定最高刑位于生物性人身权与人格性人身权法定最高刑之间。具体而言，其最高刑罚严厉程度低于死刑，但高于十年以上有期徒刑。因此，在进行法律条文的排序与对比时，应将人格性人身权、生物性人身权与财产权分别进行考量，如表2－2所示。

表2－2　个人权利排序对比

权利类型	侵害导致的罪名	法定最高刑
财产权利	盗窃罪（《刑法》第二百六十四条）	无期徒刑
	抢夺罪（《刑法》第二百六十六条）	无期徒刑
	诈骗罪（《刑法》第二百六十七条）	无期徒刑
	侵占罪（《刑法》第二百七十条）	五年以下

续表

权利类型			侵害导致的罪名	法定最高刑
人身权利	生物性人身权	生命权	故意杀人罪（《刑法》第二百三十二条）	死刑
		健康权	故意伤害罪（《刑法》第二百三十四条）	死刑
		身体完整性	组织出卖人体器官罪（《刑法》第二百三十四条之一）	五年以上
	人格性人身权	名誉权	强制猥亵、强制侮辱罪（《刑法》第二百三十七条）	五年以下
			侮辱罪、诽谤罪（《刑法》第二百四十六条）	三年以下
		自由权	非法拘禁罪（《刑法》第二百三十八条）	十年以上
			暴力干涉婚姻自由罪（《刑法》第二百五十七条）	七年以下
			非法剥夺公民宗教信仰自由罪（《刑法》第二百五十一条）	二年以下
		隐私权	非法搜查罪（《刑法》第二百四十五条）	三年以下
			侵犯公民个人信息罪（《刑法》第二百五十三条之一）	七年以下

通过这种区分，我们可归纳出六种主要的排序方式。第一种排序把生物性人身权排在首位，财产权排在末位，其次是人格、荣誉、隐私、名誉。这样我们认为很正常，因为生命最重要，财产是最不重要的，即"视金钱如粪土"。第二种排序把生物性人身权排在首位，把人格性人身权排在末位。这样的人对钱重视一些，一方面，他们贪生怕死，比较爱惜生命，另一方面，他们认为钱比较重要，人格不重要，所以排在末位。第三种排序把人格性人身权排在首位，财产权排在末位。这样的人认为生命没那么重要，士可杀不可辱，名誉、荣誉最重要，财产是身外之物，千金散尽还复来。第四种排序把人格性人身权放在首位，生物性人身权放在末位，财产权放在中间。我想象不出来还有这样的人存在，一点都不重视生命，认为钱比生命重要，但又认为人格性的权利应在首位，应该不会有人坚持这种排序。第五种排序把财产权放在首位，认为钱、财产很重要，人格比生命重要，生命最不重要。这样的人好像也不多。第六种排序把钱看得比生命还重要，生命比人格重要。这种人看重财，信奉"人为财死，鸟为食亡"。

这六种排序反映出不同的人有不同的价值观，刑法持第二种价值观。但刑法持有的价值观跟其他五类持有的价值观又不完全相同，所以在此出现了一种价值观的分歧，并且这种分歧比我刚才在问题的导论部分提出来的分歧更为精细，它不纯粹是自由跟生命的排序这一问题的分歧，不是二选一的问题，而是四选一的问题。这样的分歧，近代西方的刑法、我国民国时期的刑法广泛存在。2016年山东聊城的"于欢案"引爆了这种分歧，这个案件的出现把隐藏在刑法背后的价值观的分歧引入司法实践之中，同时，也导致舆论和立法、理论和实务、一审和二审的分歧。如今该案的罪犯已经出狱，但是我们不能轻易地放过每一个疑难案件，这里又把它拿出来分析，是因为它能映照立法的不足。

二、"于欢案"的争议及原因

"于欢案"反映了刑法的这种价值分歧。2016年，一支由十人组成的催债团队前往于欢母亲工作的工厂保卫室进行债务追讨。催债人深谙法律，因此在催债过程中严格遵循法律规定，避免触犯刑法，将于欢及其母亲留在保卫室内进行债务催讨。然而，在催债过程中，部分成员采用侮辱性行为，包括在于欢母亲面前脱下裤子暴露下体，侮辱其母亲。随后，工厂工作人员报警，但警察到场后，由于现场并未发生斗殴事件，警察决定离开。警察离开时，于欢因长时间被限制在保卫室内，且被催债者阻止离开，情绪激动之下拿起刀具进行反抗，导致一人死亡，两人重伤，一人轻伤。此案引发了广泛争议。

其一，一审与二审的分歧。一审与二审对"于欢案"的定性和量刑存在显著的差异。一审法院认为于欢的行为并不构成正当防卫，构成故意伤害罪，并据此判决其无期徒刑。然而，在二审过程中，法院对于欢的行为作出不同的裁判，认为其符合《刑法》第二十条第二款规定的防卫过当的情形，并结合自首等情节，最终判处于欢有期徒刑五年。

其二，理论应用于实务的争议。就于欢是否构成《刑法》第二十条第一款所规定的正当防卫这一问题，一审法院持否定态度，而周光权教授则认为可能构成正当防卫。同时，在是否构成第二十条第三款规定的特殊防卫这一点上，二审法院认为于欢的行为虽不构成特殊防卫，但符合第二款的防卫过当。然而，张明楷教授则认为于欢的行为属于第三款的特殊防卫。

其三，理论界内部也有分歧。例如，刚才提到的是否构成刑法第二十条第三款的特殊防卫这一问题，张明楷教授与周光权教授均认为可以构成，但两位老师的论证逻辑进路并不一样：张明楷教授认为，刑法第二十条第三款是一个提示性的规定，不能直接依据第三款的独立性来直接否定于欢的行为；周光权教授认为"于欢案"中催债人的侮辱行为可以类推强奸，因为刑法第二十条第三款的条件之一包括强奸，如果能用强奸的概念涵盖案中的侮辱行为，此案就有可能适用刑法第二十条第三款。这是两种代表性的意见。但其他大多数的刑法学者都认为此案不构成特殊防卫，比如高铭暄教授、刘宪权教授等。

其四，刑法教义学的立场和普通公民的立场之间的分歧。普通公民出于义愤，认为催债人如此严重地侮辱于欢的母亲，是可忍孰不可忍？公众普遍支持于欢不构成犯罪，即构成正当防卫，不构成犯罪。但是教义学的立场则认为构成故意伤害罪，或因为防卫过当可以减刑，二者立场分歧很大。

但在我看来，上述这四个分歧只是表面上的分歧。分歧的关键问题在于《刑法》第二十条第三款能否适用于强制猥亵、侮辱行为。

先看第二十条第一款。第一款的设置针对人身、财产和其他权利，强制猥亵、侮辱行为侵害的是人格性的人身权，而且其通过猥亵和侮辱身体来侵害他人的人格性人身权，所以实际上同时侵害了他人的生物人和人格人，但主要侵害的是人格人。所以第一款的适用毋庸置疑。问题的关键是第三款，我们可以看到第三款的表述为"对正在进行行凶、杀人、抢劫、强奸、绑架"，其中列举了五个行为，"以及其他严重危及人身安全的暴力犯罪，采取防卫行为，造成不法侵害人伤亡的，不属于防卫过当，不负刑事责任"。对于强制猥亵、侮辱行为是否属于《刑法》第二十条第三款所界定的范畴，此问题需要进行深入的学理探讨。之所以需要进行这样的分析，是因为强制猥亵、侮辱行为直接侵害的是个体的人格性人身权，因此，问题的焦点便转向了《刑法》第二十条第三款是否涵盖对人格性人身权的保护。第二十条第一款明确规定了"人身权利"的保护，这自然包括对人格性人身权的保护。然而，值得注意的是，第二十条第三款在表述中使用了"人身安全"一词，取代了"人身权利"的表述。这一转变可能意味着人格性人身权并不在第二十条第三款的保护范畴之内。至于为何《刑法》第二十条第三款将人格性人身权排除在外，这背后反映了刑法特定的价值倾向和立法考量。这些问题正是我对《刑法》第二十条第三款产生浓厚兴趣的根源。接下来，我们将对第二十条进行详尽的分析和解读。

三、对我国《刑法》第二十条的分析

（一）整体分析

我国《刑法》第二十条是关于正当防卫的规定。古今中外的法律无一例外都规定了正当防卫制度。正当防卫的本质是私力救济，严格来说，它是国家暴力垄断刑罚权的例外。政治社会的标志就是通过处罚犯罪保护公民，把刑罚权收归国有，但是，一旦国家把刑罚权收归国有，就面临一个矛盾：公权力的救济具有滞后性，当不法侵害当场发生时，如果不能及时进行自我防卫，可能会遭到严重侵害，或者损失会进一步扩大。按照近代的社会契约论，在公民和国家签订社会契约、放弃私力救济、把刑罚权交归国家的同时，保留了一种唯一能够行使私力救济的可能性，就是当国家公权力来不及保护公民的权益时，公民可以进行私力救济，包括紧急避险和正当防卫。不法侵害的紧迫性使得正当防卫的成立有严格的时间要求，这是一种形式上的限制；同时为了避免公民滥用私力救济，法律同时规定了正当防卫不能明显超过必要限度。所以《刑法》第二十条第一款本质上是在说正当防卫存在的必要性。第二十条第二款对正当防卫进行了限制，但正当防卫的行使通常是在危急的关头，不能对行为人限制得过于严苛，否则就会束缚防卫人，妨碍其与犯罪分子作斗争，不利于公民用法律武器保护自己的合法权益，在此基础上就产生了第三款。第三款的意旨在于避免第二款的限制过于严苛。这三款条文连成了我国《刑法》第二十条的基本逻辑，即必须要设置正当防卫条款，但是要限制，同时不能限制得过于严苛。以上是基于宏观结构的分析。

（二）对第二十条第一款的分析

接下来我们具体分析第一款。从历史脉络来看，这一条款的发展是一个范围逐渐扩大的过程。1979 年《刑法》实际上没有将财产权利纳入正当防卫的保护范围之内，同样也不包括民主权利。所以对于如选举权、检举揭发权等民主权利的保护，就不能依照《刑法》第二十条实施正当防卫。可能有观

点认为，那是因为对于选举权、检举揭发权这些政治权利的侵害并不具有当场性，危急程度不高，所以刑法并没有将民主权利放在正当防卫条款里面。实际上，"正当防卫能否针对侵害民主权利的行为实施"和"侵害民主权利的行为是不是具有危害的紧急性"是两个层面的问题。所以当时第一款的条文只涵盖了人身权利、财产权利和其他权利，并不包含民主权利。1997年《刑法》第二十条第一款中"其他权利"指的是什么？可能会有观点认为，其他权利实际就包含了民主权利，我认为不能作此解释。我们可以看到，《刑法》第二条和第十三条均有"财产权利""人身权利""民主权利""其他权利"的表述，从体系上来讲，《刑法》第二十条第一款的"其他权利"应当类比第二条和第十三条所称"其他权利"的内涵，而不是人身和财产之外的所有"其他权利"。基于这种考量，《刑法》第二十条第一款中的"其他权利"不应该包括民主权利。

此外还有一个问题，《刑法》第二十条是否适用于非暴力性地侵犯人格性人身权利的行为，比如侮辱、诽谤或者侵犯公民个人信息的行为？从条款的字面意思来看，"人身权利"当然包括人格性人身权利，而且对于侵犯行为是暴力的还是非暴力的，并没有进行限制。因而，对非暴力性的伤害行为能否进行正当防卫，是一个值得探讨的问题。基于文义解释，该条文既然没有指明暴力与否，那么可以认为，对于非暴力性的侵害应该也可以进行正当防卫。如以网络暴力、语言暴力、冷暴力侵害他人名誉权的行为，从理论上讲是可以依据第二十条第一款进行正当防卫的，但不能使用暴力行为进行防卫，否则构成防卫过当。

（三）对第二十条第二款的分析

前述限度问题是规定第二款的主要功能所在。对比1979年《刑法》，我们可以看到1997年《刑法》有两个变化：第一个变化是增加了"明显"，第二个变化是把"不应有的危害"替换成了"重大损害"。这两个变化是立法对防卫限度的放宽。1979年《刑法》在防卫限度上采取了极为严格的立场，任何轻微逾越都可能触及刑事责任，这在一定程度上限制了正当防卫的合理适用。因此，1997年《刑法》在表述上进行了两次审慎的修订，从而适度放宽了这一限度，为正当防卫的合法行使提供了更为宽松的法律环境。但是否

"明显超过必要限度"的具体判断取决于司法。如果侵害公民人格性人身权利但没有造成重大损害，就不需要考察防卫行为的强度。如果防卫行为没有超过必要限度，却造成了重大损害，防卫人是否还要承担责任，或者说此时是否要把责任分配给受害人自己？1979年《刑法》并未对此给出明确的回应，直至1997年《刑法》的修订，其中《刑法》第二十条第三款才针对此问题提供了明确的法律解答。

（四）对第二十条第三款的构成要件分析

依据这一规定，我们可以把限度的问题再细分为四种情况：第一种情况，没造成重大损害，并且防卫行为没明显超过限度。这就是符合第二十条第一款的正当防卫。第二种情况，没造成重大损害，但防卫行为明显超过限度。这也是第二十条第一款的情况，可以适用正当防卫。第三种情况，造成了重大损害，且明显超过限度，这种情况就是防卫过当，即第二十条第二款规定的情形。第四种情形就是刚才的问题，造成了重大损害，但没有明显超过限度，这个就是刑法第二十条第三款规定的情形。总而言之，如果从结果来看没有造成重大损害，就不需要考察行为强度的问题，直接认定为第一款的正当防卫即可。如果造成了重大损害，才需要考察行为的强度问题，衡量防卫行为和侵害行为的强度是否均衡，如果不均衡，则属防卫过当，适用第二款；如果均衡，则适用第三款。其中问题的关键在于，以什么标准来判断防卫的行为强度均衡与否？如果行为造成了重大损害，且造成了死亡或者重伤的结果，此种情形下以什么标准来判断他的防卫行为是不是没有超过限度？如果一个人实行正当防卫行为把对方给捅死了，或者重伤了，那他的行为有没有明显超过限度？司法实践中是不好判断的。所以，基于这种背景，立法直接规定了不会超过限度的极限侵害行为——暴力犯罪。因为侵害行为已经是极限了，所以防卫行为不可能超出限度。也就是说，如果不法侵害者实施的是暴力犯罪，此时行为人导致其伤亡的防卫行为无论如何都不属于明显超过必要限度，这是立法策略。

1. 对"暴力犯罪"的分析

什么是暴力犯罪？哪些行为是暴力犯罪，哪些行为不是暴力犯罪？1997年《刑法》对于暴力犯罪的描述有一些变迁。1996年的修订草案中，第三款的用词是"受害人受到暴力侵害，采取制止暴力侵害行为，造成不法侵害人伤亡后果的，属于正当防卫，不属于防卫过当"。草案表述很抽象，根本没有设置暴力侵害的判断依据，也没有更详细的说明，所以 1997 年第 24 次草案将其修改为"对于正在进行的行凶、杀人、抢劫、强奸、绑架以及其他严重危及人身安全的暴力犯罪"，这一规定采取明确列举的方式告诉司法裁判者和普通的公民，这五种行为属于暴力犯罪行为，此种情况下不对防卫行为和加害行为进行均衡性考察，即便造成严重的结果，也直接认定为构成正当防卫，不构成防卫过当。同时，五种行为的列举并不能穷尽现实生活中所有的暴力犯罪，所以本规定同时又采取了概括的模式，即"其他严重危及人身安全的暴力犯罪"。

总体而言，1997 年《刑法》第三款修改为"概括 + 列举"的模式。"概括 + 列举"的模式有好处，但同时也引发了其他的问题。这五种行为的概括模式是"人身安全 + 暴力"，也就是说，只有严重危及人身安全的暴力犯罪才符合《刑法》第二十条第三款规定的行为。"人身安全 + 暴力"通常是刑法上的重罪模式，暴力是对犯罪行为方式的描述，人身安全是对侵害法益的描述。

但是"人身安全 + 暴力"模式存在周延性问题，下列示例均与之不相符。第一种情况，符合列举模式的行为不一定符合概括模式，即有些暴力手段不一定危及人身安全。例如，强奸犯明确告知对方"我不会伤害你"，所以虽然其强奸行为是一种暴力行为，但是它不危及人身安全。第二种情况，既不符合列举模式也不符合概括模式，但具有实质性的危害，即行为危及人身安全但非暴力手段的情况，比如"田继伟下毒案"[①]。他在同事的饮用水里面每个星期放一点点毒，持续一年多，这危及他人的人身安全，但并未使用暴力手段。《刑法》第二十条第三款里面并没有列举投放危险物质罪。第三种情况，既不用暴力手段、也不危及人身安全，但构成《刑法》第二十条第三款所列举的抢劫的情形，比如用麻醉的方法让他人丧失意识，取走财物。

---

① 内蒙古赤峰市第二医院放射科田某伟副主任，因不满张某主任的工作方式，在长达两年的时间内，持续向张某的水杯中投放精心调制的药物。——编者注

所以"列举＋概括"的模式虽然框架清晰，但可能导致判断的复杂性升级。第四种情况，《刑法》第一百一十四条放火、决水、爆炸以及投放毒害性、放射性、传染病病原体等物质的罪名，此类犯罪行为危害公共安全，能不能适用《刑法》第二十条第三款？换言之，放火等危害公共安全的行为可以解释为危害人身安全吗？大体上是可以的，当然也有一些例外情形，这类行为不符合列举模式，但符合概括模式。

那么，概括模式和列举模式之间到底是重叠关系（列举范围小，概括范围更大），还是交叉关系？按照立法的预期，之所以先列举几种情况，最后设置一个兜底性概括，是为了避免挂一漏万。但是通过刚才的分析，我们发现，它好像不是大圆与小圆之间那种包括的关系，而是一种交叉关系，如图2-1所示。

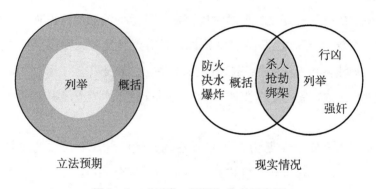

图2-1 "列举＋概括"关系示意图

也就是说放火、决水、爆炸这几种行为符合概括模式，但不符合列举模式；同时，强奸符合列举模式，但不属于概括模式中危害人身安全的暴力犯罪。当然，行凶是另外一个问题，稍后再详细说，先说强奸。

我问同学们一个问题，强奸侵害的是什么法益？学界主流的观点认为强奸行为没有经得妇女同意，侵害的是妇女的性自主权。但同意与否就是罪与非罪的关键吗？因为有很多其他的不法行为也没有经过对方的同意，但并不一定构成犯罪。例如，没有经过同意你就用了一天室友的电脑，晚上还给他了，这种行为最多构成民事侵权，而不会被认定为盗窃。所以"同意"不是关键。反之，即便经过同意也不一定不是犯罪。例如，被害人说"你把我杀死吧，我反正活腻了，活得不耐烦了，不想活了，你把他杀死吧"，然后你真的把他杀死，你就不构成犯罪吗？所以"同意"不是罪与非罪的关键。那么同学们自然会问，如果同意不是关键的话，那么强奸到底侵害的是什么法益？其实强奸侵害的是妇女的人格尊严，还有生命权或健康权，主要是人格尊严。危害生命权或者健康权是侵害尊严的手段，侵害生命权或健康权的强奸会严重侵害妇女性的尊严、性的羞耻感，所以我认为，强奸罪保护的法益是人格尊严，而不是性自主权，这是我不成熟的看法。这个观点当然可以继续商榷。如果强奸侵害的法益不是性自主权而是人格尊严，那么它就不是针对人身安全的犯罪，但我们的列举模式采取的又是"人身安全＋暴力"模式。有很多强奸行为会危及人身安全，但这是两回事，危及人身安全只是强奸的手段，行为的目的不是危及人身安全而是强奸，会侵害妇女的性羞耻和性尊严。所以严格来说，强奸属于《刑法》第二十条第三款的列举，但不能被后面的概括模式完全涵盖。

　　同样，行凶的逻辑也是如此。因为"行凶"是日常用语，很多时候一些轻微的暴力行为也是行凶，但明显轻微的暴力行为不能被"危及人身安全的暴力犯罪"所涵盖，所以只有列举模式中的三种，即杀人、抢劫、绑架这三种行为才能被后面的概括模式所涵盖。概括模式和列举模式在现实情况中是一种交叉。总结来讲，若犯罪行为既不符合列举中的，也不符合概括中的，则一定不适用第三款；一般情况下，符合列举的还要进一步判断是否符合概括的，进而判断能否适用第三款。

　　以上是针对暴力犯罪的总结性判断。有此判断之后，我们再重新审视"于欢案"。问题在于，强制猥亵、侮辱妇女的行为能否被《刑法》第二十条第三款所涵盖？我们知道强制猥亵、侮辱妇女的行为不符合概括模式，因为概括模式包括两点：一是暴力，二是人身安全。强制猥亵、侮辱行为采取了暴力方式，这没有问题，但它不危及人身安全，所以不符合概括。但其是否符合列举？如前所述，如果强制猥亵、侮辱行为符合列举，那也有可能被《刑法》第二十条第三款所涵摄。若其符合列举会有哪几种情况？第一种，强制猥亵、侮辱是行凶吗？如果强制猥亵、侮辱是行凶的话，那么"于欢案"就适用《刑法》第二十条第三款。第二种情况，强奸能涵摄"强制威胁、侮辱"等行为吗？周光权教授持肯定回答，他认为"强制侮辱、猥亵"等行为可以类推适用"强奸"，然后"于欢案"适用《刑法》第二十条第三款，符合"特殊防卫"。最后一种情况，如果把"于欢案"中被害人对于欢母亲的侵害行为认定为"非法剥夺他人人身自由"等行为，那么是否能用《刑法》第二十条第三款的"绑架"来涵摄？如果对这三个问题的回答都是否定的，那么"于欢案"就不适用《刑法》第二十条第三款，进言之，"侵害人格性人身权利"的行为就不能适用《刑法》第二十条第三款。所以《刑法》第二十条第三款到底能不能适用于"严重侵害人格性人身权利"的犯罪行为，需要逐次对这三个问题进行详细的考察。

2. 关于第二十条第三款中"行凶"的分析

我们先来看第一个问题，强制猥亵、侮辱是不是"行凶"？在刑法分则里面找不到一个叫作"行凶罪"的罪名，"行凶"不是对犯罪行为的描述，而是一个日常词汇。立法为什么要在其他四种存在对应罪名的实行行为之外设置一个无对应罪名的"行凶"行为？

在1997年《刑法》的历份修订稿中，对于特殊防卫行为的描述存在不同的模式，有的规定为"严重暴力、威胁＋生命安全或者人身权利"，有的规定为"暴力＋威胁"，有的规定为"严重暴力＋国家、公共利益"，有的直接简单地规定为"暴力"，也有的规定为"严重暴力＋人身安全"，最终1997年3月份的"严重暴力＋人身安全"被固定为现行《刑法》的模式。从修订历史中能够看出，"暴力"是《刑法》第二十条第三款的底色，只不过有的强调"严重暴力"，有的不用"严重"修饰"暴力"。既然我国现行《刑法》使用了"严重暴力"的表述，那么关于"行凶"的内涵不应包括"轻微暴力"。以上是基于《刑法》第二十条第三款的历史解释，对于"行凶"范围的限缩。所以"于欢案"中催债团伙的非法拘禁、侮辱、拍打、推拉等行为整体上有可能被认定为"行凶"，至于是否达到"严重的暴力程度"，需要进一步考虑细节。

那么，立法者为什么要将"行凶"作为特殊防卫权行使的前提之一呢？我推测有以下两点理由：第一，当犯罪行为发生后，只有学过刑法的人才能够迅速地判断该犯罪行为是"杀人""抢劫""强奸"还是"绑架"。而对于缺乏法律知识的人而言，当看到一个犯罪行为发生、要进行正当防卫时，是没有办法马上定性该行为的，遑论在大脑中再一次加工，并由此判断自己是否可以进行"暴力的防卫"。如果法律的列举都是"杀人""抢劫""强奸""绑架"等专有罪名的专用词汇，实际上提高了对防卫人的要求，所以要单独设置一个日常的词汇"行凶"。第二，哪怕是受过刑法教育的人，在危急时刻，行为人依然无法迅速地判断不法侵害行为到底是"抢劫"还是"绑架"。例如，若存在不法行为人企图抱走一名两岁儿童的情况，防卫人要实施正当防卫时，可能因现场情况紧急而无法即刻准确判断该行为属于"抢劫"还是"绑架"。然而，防卫人基于保护儿童安全的紧急需要，依然应当进行正当防卫，以确保儿童的生命安全不受威胁。在这种情况下，仅需聚焦于识别"行凶"的行为即可，无须深入探究该行为具体归属于何种犯罪类型。过于详尽的犯罪性质界定将对防卫人提出过高的要求，这不合理。

基于此，回到"于欢案"中，催债团伙的行为就能够与日常词汇"行凶"对应起来，因为其在保安室的行为整体上能够被认定为"行凶"，甚至在严重程度上可以认为是"严重的行凶"，也是一种"严重的暴力"。既然如此，《刑法》第二十条第三款就一定能够涵摄催债团伙的行为吗？我认为仍然不一定。因为，如前所述，符合列举模式的行为不一定能适用第三款。比如"强奸"，强奸行为符合列举但不一定符合概括，强奸之所以能适用"特殊防卫"，是因为《刑法》单独把"强奸"行为纳入了。而讨债团伙的行为虽然属于"行凶"，但并不符合概括模式，因为概括模式要求危及人身安全，讨债团伙的行为并没有危及人身安全，所以不能适用第三款。然而，如果一个行为没有危及人身安全，不符合概括模式，但却具有确定的罪名，而且立法者又特地把这种犯罪行为列举在《刑法》第二十条第三款中，即使其不符合概括模式，但是符合列举模式，则可以适用《刑法》第二十条第三款，"强奸"就是此类。但"行凶"行为并无对应的具体的犯罪行为，所以哪怕某个行为在列举里面符合"行凶"的特征，也必须考察其是否符合概括模式，否则就不能通过"行凶"将《刑法》第二十条第三款涵摄到"于欢案"中。

3. 关于第二十条第三款中"强奸"的分析

在审视《刑法》中涉及"强奸"的相关法律条文时，我们首先将焦点置于第二百三十六条"强奸罪"与第二百三十七条"强制猥亵、侮辱罪"的对比上。可以清晰地观察到，这两项罪名在行为方式的描述上存在高度的相似性，即均涉及"以暴力、胁迫或其他手段（方法）"的实施。这使公众产生一个疑问：既然《刑法》第二十条第三款在特定情境下适用于"强奸罪"，那么它为何不能同样适用于"强制猥亵、侮辱罪"等类似行为？对这个问题，周光权教授持肯定回答，但我持否定回答，这里解释一下我的理由，与大家商榷一下。主要理由在于，"强奸"罪的定义能够覆盖强制猥亵、侮辱等行为，因其所采取的手段具有相似性，且两者均侵害了相同的法律利益。主要的差异仅在于具体的行为模式和侵害的程度。若行为人采用暴力胁迫或其他方式实施猥亵行为，但未涉及强奸，则构成第二百三十七条所述之罪。反之，若行为人实施了强奸行为，则构成第二百三十六条所述之罪。因此，区分的关键在于侵害的程度，强奸的侵害程度显然较猥亵更为严重。

然而，我们是否能直接断定第三款能够全面涵盖强制猥亵、侮辱等类似行为？答案是否定的。原因在于，强奸之所以在刑法第二十条第三款中特别提及，是基于其作为一种特殊情况的存在。由于强奸的本质并不完全符合该条款后半部分所概述的针对人身安全的暴力犯罪模式，强奸主要侵害的并非单纯的人身安全。因此，"强奸"在此处被作为一个例外情形特别列举出来。"强奸"这一列举并非该条款后半部分概括模式的具体化体现，而是一种例外情况。因此，我们不能仅凭强奸适用第三款，就简单地推断强奸的类似情形也同样适用第三款。我们必须审慎地评估这些类似情形是否具有同样的理由被视为例外情况。若这些类似情形确实具有相同的例外理由，那么我们需要等待立法的相应修改，将这些情形明确纳入第三款的规定范围，方可使其适用。

从理论层面审视，强奸作为例外存在的依据何在？在《唐律·贼盗》中，正当防卫的概念得到明确体现。最早的研究追溯至该律文中提及的"诸夜无故入人家者，笞四十。主人登时杀者，勿论。"这一条款明确指出，若有人夜间无故侵入他人住宅，将受到鞭笞四十的处罚；而住宅主人若即时将其击杀，则不承担法律责任，意味着此行为不构成犯罪。那么，为何此条款特别强调"夜间"呢？若有人在大白天无故侵入他人住宅，主人将其击杀，是否构成正当防卫？答案是否定的。之所以强调夜间，是因为夜间往往与盗窃和性犯罪等违法行为存在密切联系。在夜间，由于环境相对隐蔽，不正当的性行为，特别是奸淫行为，更易于发生。因此，强调夜间实际上是对盗窃和性犯罪等相关行为的一种有效威慑。鉴于夜间行为与性犯罪的紧密关联，后世的《大清律例》在关于正当防卫的条文中明确指出："凡妻妾与人奸通，而本夫于奸所亲获奸夫、奸妇，登时杀死者，勿论。"在婚姻关系中，若发现配偶存在不忠行为，丈夫导致奸夫、奸妇死亡的情况，通常不另行追责。关于性的羞耻感，特别是对于女性而言，具有极其强烈的敏感性。许多遭受强奸的女性在事后选择自杀，这一悲剧性现象凸显了性羞耻感对个人心理的深刻影响。因此，基于对传统道德和性羞耻感的尊重，我们特别将强奸罪列为重罪之一。不仅因为强奸侵犯了他人的人身安全，还因为在中国传统文化中，性羞耻感被赋予了极高的价值，因此强奸行为被视为极其严重的犯罪行为，应被纳入特殊防卫的范畴之内。若强奸之所以适用第三款是基于其特殊性质作例外处理，那么对于强制猥亵、侮辱行为，若欲将其列为同样例外，则必须经由立法机关的明确、专项规定方可确立其例外地位。至于立法机关是否应对强制猥亵、侮辱行为制定专门规定，这取决于立法机关是否认定此类行为构成严重犯罪，并据此将其纳入第三款的适用范围之内。

4. 关于第二十条第三款中"绑架"的分析

"绑架"能涵摄非法剥夺他人人身自由等行为吗？首先，需明确"绑架"的定义。通常，绑架包含两个核心要素：一是非法拘禁，即违背他人意愿限制其人身自由；二是敲诈勒索，即以非法手段索取财物或其他利益。鉴于非法拘禁直接关联人身自由的剥夺，有观点主张，既然"绑架"在《刑法》第二十条第三款的适用范围之内，那么其中的非法拘禁行为，以及与之类似的非法剥夺他人人身自由的行为，亦应在此范围内。然而，存在一种反对观点，该观点强调绑架行为不仅侵犯了受害者的人身自由，更严重威胁了其生命权和健康权，并且该行为往往涉及敲诈勒索财物。因此，从危害程度来看，绑架行为的严重性远超非法拘禁行为。不能仅凭第三款中提及"绑架"一词，就扩张性地将所有侵害他人人身自由的行为纳入其范畴。这是反对者的主要论据。基于上述分析，我倾向于反对方的观点，并得出结论：我国《刑法》第二十条第三款同样不适用于非法剥夺他人人身自由的行为。

5. 对第二十条第三款的分析结论

经过漫长的分析，我们得出以下结论：《刑法》第二十条第三款在"于欢案"中对催债团伙的催债行为并不适用。进一步而言，该条款不完全适用于"严重侵害人身权利"的犯罪行为，该条款确实适用于侵害生物性人身权利的犯罪行为，但并不适用于侵害人格性人身权利的犯罪行为。

在审视 1997 年《刑法》的草案时，我们可以发现多次明确提及"对于以暴力、威胁等方法实施杀害、抢劫、强奸、绑架等严重侵害本人或他人生命安全或者人身权利的犯罪行为"。此处"或者人身权利"的表述，实际上已将"人格性人身权利"纳入其范畴。然而，在后续通过的 1997 年《刑法》中，这一表述中的"或者人身权利"被删除，仅保留了"人身安全"的表述。因此，依据现行《刑法》第二十条第三款的规定，其适用范围并不涵盖侵害人格性人身权利的犯罪行为。

严格将《刑法》第二十条第三款的范围局限于侵害人身安全行为的深层原因是什么？深入分析后可知，刑法体系中对于侵害人格性人身权利的行为定性，相较于侵害生物性人身权，如健康权和生命权，这些行为在刑法中通常被视为更为严重的罪行，可能面临最高至死刑的刑罚。然而侵害人格性人身权利的行为，除了非法拘禁可能被判处十年有期徒刑，其余多数行为往往仅面临最高五年或七年的有期徒刑，相对较轻。我们需深入反思为何将侵犯人格性人身权利的行为普遍归类为轻罪。应当对刑法在保护人格性人身权利方面的不足及其成因进行细致分析。

四、弱化人格性人身权利之保护的原因

在《刑法》中，侵犯人格性人身权的法定最高刑有不同的年限，有的是十年，有的则为七年，但总体来说，相较于侵犯财产权的罪刑，其处罚通常较轻。这种刑罚轻重的区分，实质上是社会对不同行为危害性的一种价值判断。正如古人所言："王者之政，莫急于盗贼。"在古代的《法经》中，李悝就将"盗"与"贼"列为治理的首要对象，作出"盗、贼、囚、捕、杂、具"的排序。从古至今，"杀人"和"盗窃"等侵犯生物性人身权和财产权的犯罪行为一直被视为严重的罪行。然而，对于侵害人格性人身权的行为，其罪行的轻重程度、是否构成犯罪等问题，往往受社会价值观念的深刻影响，因此存在较大的波动。也就是说，针对财产权的盗窃与针对生物性人身权的犯罪，如故意杀人、杀人越货、盗窃等，历来被视为重罪。然而，在侵害人格性人身权的行为发生时，其罪行的轻重乃至是否构成犯罪，因社会情境而异，结果呈现多样性和不确定性。因此，通过观察不同社会、不同历史阶段中对侵害人格性人身权利的犯罪行为所设定的法定最高刑，我们能洞悉刑法的价值倾向，并进一步洞察社会对人格性人身权利重视程度的整体态势，从而了解社会整体的价值倾向。

（一）中国传统与近代转型

当前刑法在保护人格性人身权利方面所体现的立场，受中国传统的法律观念及其近代转型的影响。中国传统的法律文化，自西周以来，便以家庭为核心，强调"明刑弼教"的原则。在这一体系中，"罚"与"刑"并非最终目的，而是通过刑罚彰显社会道德、净化社会风气，即"明德"或"弼教"，来实现刑法的根本宗旨。因此，基于这一目的，传统法律将侵犯人格性人身权利的行为，如侮辱和损害名誉的行为，视为有伤风化的罪行，并对之施以严厉的刑罚，以此作为保护人格性人身权利的手段。然而，这一传统模式在现代社会法律体系中，尤其是《刑法》在保护人格性人身权利方面，其效果显得较为有限。

中国近代刑法的演变始于晚清时期。1904 年，清政府设立修订法律馆，任命沈家本等为修订法律大臣，旨在全面引进和学习西方法律，以期收回领事裁判权。沈家本在修订法律馆集结了一批具有海外学习背景的学生，翻译了外国法典和法学著作，涵盖各国刑法体系。同时还邀请了日本学者冈田朝太郎等来华交流讲学，修订《大清刑律》。后来《钦定大清刑律》的颁布，标志着中国刑法体系的深刻变革。然而，这场变革并非易事，过程曲折，法理派与礼教派之间展开了激烈的辩论。随着张之洞的离世，法理派最终占据上风，推动了中国法律改革的西化进程。法理派的胜利意味着中国法律开始全面吸收西方近代法理精神。有学者评价称，沈家本实际上用西方的近代法理精神消减了中国传统伦理法的内在精神。这一评价准确地概括了当时法律改革的核心内容和深远影响，这一转变对中国刑法的价值取向产生了深远的影响，塑造了我们今天所见的刑法体系。

自 1903 年慈禧太后钦点沈家本担任法律修订大臣之职，至 1911 年辛亥革命爆发，此间八年礼教派与法理派之间的激烈争辩，实质上源于法律背后社会价值观的深刻冲突。尽管法律背后更深层次的冲突亦值得深入探讨，但在此我们暂且不展开详细讨论。当前，我们所审视的刑法体系及其所秉持的价值取向，显然受西方法律思想的影响。因此，在探讨刑法的价值时，我们有必要追溯至西方，探寻其背后的内容。

（二）西方传统与近代转型

1. 柏拉图

在古希腊，价值的探讨被归结为"善"的问题。柏拉图的《法律篇》为我们提供了一个深入的视角。该书开篇有三位老者——雅典异乡人、斯巴达人墨吉罗斯和克里特人克勒尼阿斯，雅典异方人对克里特法律的基础提出了批评，认为其建立在战争之上。他之所以如此认为，是因为他对价值进行了分类与排序。他将价值区分为神圣的价值与人世的价值两大类，其中神圣的价值包含"明智""理智""正义""勇气"四个要素，这四个要素是有位阶之分的。"明智"作为最高层次的概念，其本质可视为智慧的体现，但又不完全等同于传统意义上的"智慧"，因为它融入一种美德的特质。在当今社会，我们往往难以将智慧与美德紧密结合，而"明智"则正是这一结合的体现。古希腊有言"知识就是美德"，其中的"知识"实际上是对古希腊文"明智"的一种翻译，然而这种翻译并未准确传达其原意。现代人在理解时或许难以将知识与美德直接等同，原因在于我们未能深刻领会知识中所蕴含的美德要素。实际上，古希腊的"知识"指"明智"，这种智慧蕴含着美德的核心要素，因此被置于首要位置。而"勇气"虽为神圣价值之一，却位列其后。柏拉图在价值排序中批评克里特人克勒尼阿斯的法律以"勇气"为基础，认为其并非最理想的选择。他主张最佳的法律应当建立在"美德"之上，即"明智"的基础之上，而非单纯依赖于"勇气"。同样，他对人世诸善也有一个排序，首先强调的是"健康"，紧随其后的是"俊美"和"强健","财富"位于最后。加之他认为神圣的价值在人世的价值之上，从而构成了一个八维度的价值序列。在这个序列中，"明智"占据首位，而"财富"则位居末席。这种价值排序对古希腊社会产生了深远的影响，使得公民对"正义""理智""明智"等美德的推崇超越了生命权与健康权，而将财富置于最末。在柏拉图的《理想国》中，他所构想的理想城邦体制中的公民，特别是城邦的守护者，被禁止拥有财富，甚至家庭也被视为可能滋生私心的因素而被排除在财富之外。因此，对于欧洲人而言，希腊无疑被他们视为精神家园。这种价值排序对此后欧洲社会的发展产生了深远的影响，按照这种排序，财产权被置于最低位，生物性人格权居中，而人格性人身权则位居前列。

2. 西塞罗

到西塞罗这里，有一个重要的背景值得详细阐述。西塞罗曾著有《法律篇》，这部作品深受柏拉图《法律篇》的启发，同时，他还创作了《论共和国》，这是对柏拉图《理想国》的深入思考与致敬。特别值得注意的是，《论共和国》的成书时间具有特殊的历史意义，它诞生于公元前50多年。在撰写这部著作时，西塞罗回溯了20年前的一次对话，即他与鲁孚斯①的交谈，后者回忆起了自己70年前亲身经历的故事。因此《论共和国》所描绘的，实际上是一段发生在公元前120年的历史。公元前120年，罗马帝国正处于由盛转衰的历史转折点。此前，即公元前148年，罗马帝国战胜迦太基，称霸地中海，达到鼎盛时期。而公元前120年，罗马的颓势已然显现。当时的罗马社会，特别是年轻一代多贪图物质享乐，对公民荣誉的追求逐渐淡化。因此，在《论共和国》的开篇，西塞罗特别赞誉了"老卡托"②这一人物。老卡托曾任执政官，他在18岁时便征战沙场，为国效力。即使到了晚年，他仍不愿在庄园中安享晚年，而是选择继续在风口浪尖为国家服务。西塞罗以此开篇，表达了他对荣誉的极度重视，以及对生命的漠视。他认为，生命终将

---

① 普布利乌斯·鲁提利乌斯·鲁孚斯，小斯基皮奥的朋友，公元前15年任执政官，公元前94年管理亚细亚行省，回罗马后被控勒索，遭放逐，卜居小亚细亚的斯弥尔纳。——编者注

② 马尔库斯·波尔基乌斯·卡托（公元前234—前149），通称"老卡托"，古罗马国务活动家，公元前184年任监察官时以执法严厉著称，人称"监察官卡托"。——编者注

回归自然，与其被时光耗尽，不如为国捐躯。人固有一死，有重于泰山，有轻于鸿毛，而征战沙场、马革裹尸是一种极高的荣誉。

拉斐尔描绘了"斯基皮奥之梦"这一西方经典文献中的场景①。古罗马将军西庇阿的养子斯基皮奥在梦中见到他的生父和养父，两位已逝的父亲在梦中告诉斯基皮奥，不应过分追求物质世界的享乐与安逸，而应致力于为国效力。他们认为个人的生命和财富并不重要，重要的是为国家效劳，即使牺牲生命也是值得的。因为只有这样，斯基皮奥才能在死后与他们团聚，在幸福岛上共同享受永恒的安宁。所以西塞罗强调的是国家荣誉的重要性，以及对生命和财富的漠视。在他的价值体系中，人格性人身权是排在首位的，生物性人格权也就是生命权、财产权是排在后面的。

3. 阿奎那

在中世纪，基督教对于世俗世界的态度呈现出一种显著的淡漠。对于信徒而言，荣耀上帝成为至高无上的追求。正因如此，人们不懈地追求财富，勤勉工作，其根本目的亦在于积累财富，从而进一步荣耀上帝。在阿奎那的法律体系中，上帝被视为对人类行为的终极指引，其目标在于引导人们自愿地服从法律。因此人世间的行为应遵循一个基本原则，即行善。随后，新教的禁欲主义亦在一定程度上表现出对财产的淡漠。在这种思想的影响下，对于中世纪的基督教而言，财产被置于次要位置，生命的重要性亦被相对淡化。信徒们普遍认为，只要在一生中能荣耀上帝，那么在生命终结时，才能获得幸福与满足。因此在中世纪基督教的价值观中，财产权被置于最后，生命权也位列后方，而那些精神层面的追求则占据首要位置。

4. 霍布斯

可能大家会想，如果西方是这样的主导思想，那么我们晚清的变法在学习西方的价值观的时候，为什么异变了？实际上，这一变迁的根源在于，从古希腊罗马至中世纪所推崇的价值观及其排序模式并未得到一贯的坚持。在1453年东罗马帝国崩溃后，西方世界经历了翻天覆地的变革。在宗教层面，

---

① 文艺复兴时期意大利画家拉斐尔·桑西于1504年创作的一幅油画作品《寓言》（*Allegory*），又被译为《骑士之梦》（*Vision of a Knight*），现收藏于英国国家美术馆。——编者注

马丁·路德引领了宗教改革；在科学领域，伽利略、哥白尼等科学家推动了科学革命；从地理视角看，哥伦布的新大陆发现以及环球航行标志着地理大发现时代的到来。这一系列事件共同促成西方价值观的根本性转变。在法律思想方面，霍布斯的思想最先体现了这种变化，霍布斯摒弃了传统法学体系中以道德生活为核心的价值观，认为传统的"善"是虚幻的，强调"实在"的重要性，并主张国家与上帝无直接关联。在深入考虑此问题时，他会依据一系列关于自然状态的假设进行逻辑推理。他设想，若无法律约束，社会将呈现何种形态？他将这种状态界定为战争状态，这是他心目中的自然状态。至于为何他将自然状态描绘为战争状态，其理由在于他认为人天生对死亡抱有恐惧。基于这种恐惧，人们会采取自我保护的行动，而这些行动在极端情况下可能导致双方同归于尽。为了避免这种极端结果，人们会倾向于达成一种安保协议，该协议将设定一些和平的框架性条件。这些条件主要分为两大类：一是"自然权利"，其相对抽象；二是"自然法"，其表述则更为具体。"自然权利"构成了社会契约签订的基础，因为签订社会契约即意味着部分自然权利的让渡。在"自然权利"中，第一项尤为重要，霍布斯认为人拥有的首要"自然权利"即为生存权。为了和平共处、自我保护以及生存，鉴于自然状态下人们可能面临同归于尽，人们会选择签订社会契约以确保自身的生存。在自然状态下，每个人都将平等地享有为生存而斗争的"自然权利"，这一点是不言自明的。霍布斯将生存作为第一出发点，这一立场的转变相对于先前的柏拉图、西塞罗、阿奎那等思想家而言，其理论重心已发生显著变化。柏拉图等人曾将追求道德生活作为核心理念，而霍布斯则明确将生存置于首位。对于霍布斯而言，生存就等同于生命权的保障，因此，他自然将物质性的人身权利视为其法学体系的最高价值，并赋予其首要地位。这一基础观点进一步衍生出后续的逻辑：国家的构建、组织的设计以及国家机器的运作等，均旨在确保实现每个人的生存权利。所以自霍布斯开始，物质性人身权利被置于人格性人身权利之前，成为首要考量。

5. 孟德斯鸠

随后，孟德斯鸠对霍布斯与洛克的自然权利观念进行吸收与改造。他认为，在自然状态下，人的自然权利不应仅限于满足生存的生物性权利这一个方面，而应为更广泛的四个方面。其中，"寻找食物"作为第二个方面，显然受洛克理论的影响，将财产性的权利也纳入进来。在此基础上，孟德斯鸠进一步拓展了两个新方面，即第三个方面的"两性愉悦"和第四个方面的"社会生活"。他发展这两个方面的理由在于，在霍布斯设想的国家中，国家存在的根本目的在于保障个体的自我保存与生存，确保每个人都能存活下来；然而在这样的设想下，尽管每个人都能生存，但彼此之间的关系却是冷漠的，缺乏情感上的交流与关怀。人们虽然会进行商业贸易、使用货币进行交易，但这样的互动中并不包含任何道德层面的价值。所以孟德斯鸠对霍布斯设想的状态表示强烈不满，他反对仅将保障生命权和财产权视为首要价值的观念。

与此同时，卢梭亦感慨地指出，相较于古代政治家对于风俗和德行的深入探讨，当代的政治家和立法者更多地聚焦于贸易和货币。所以其实孟德斯鸠已经洞察到未来商业文明迅猛发展的态势可能对人的精神性价值追求造成的吞噬，因此，他致力于对霍布斯和洛克的自然法学说进行改造，致力于将立法的价值从单纯保护生命和财产延伸至道德和精神生活的层面。孟德斯鸠的理论是如何延伸的？他将"两性愉悦"作为过渡概念提出，主要是基于他在家庭之中看到道德的可能。在人类社会中也能观察到相似的现象，比如父母对子女的无私关爱与牺牲就彰显着道德的力量。如果说霍布斯所描绘的人与人之间的关系是一种战争的、自私自利的、彼此倾轧的状态，孟德斯鸠则从家庭生活的关爱中敏锐地捕捉到道德的影子，并认为霍布斯所描述的战争状态以及国家理念存在严重缺陷。所以他强调"两性愉悦"在社会生活中的道德力量，认为这种力量能引导社会走向更加道德化的状态，也就是孟德斯鸠所描述的第四条"社会生活"，其中蕴含的显然是人格性人身权利。从这一角度看，孟德斯鸠是一位广义的立法者，他试图通过自身的理论，将立法价值的核心从霍布斯的生物性人身权转向人格性人身权。这既是孟德斯鸠所面临的问题，也是他在其所处的时代所做的理论探索与努力。

但孟德斯鸠成功了吗？作为一个后来者我们看得很清楚，孟德斯鸠低估了商业的力量，在 19 世纪资本主义的萌芽阶段，商业活动日益繁荣，导致一些人将名誉权视为与财产权同等的概念，那些人甚至认为人格本身是一种可转化为经济利益的资本。这种观念为精神损害赔偿在侵权责任法中的确立奠定了基础，但人格的财产化实际上是对人格的贬低。再加上后来实证法学派主张把"法律"与"道德"隔离，"法律"在"道德"的领域不能有所作为，"立法"在保护人格性权利方面已经退缩至最低的限度。随后功利主义兴起，试图把所有的权利都还原为可以计算的利益，包括公共舆论权、自由权等；在当今经济全球化的背景下，法经济学者亦纷纷倡导其理论，试图将法律与经济利益紧密挂钩。总体而言，商业资本确实极大地提高了普通公民的物质生活水平，但同时也使公民对人格尊严的精神追求变得不合时宜。思想家们试图提出替代性的理论，然而这些理论至今尚未完全达成一致，导致在西方近代的刑事立法结构中，所采取的价值立场排序是生物性人身权排在首位、财产权利位居中间、人格性人身权则位于最后。以上是从西方立法价值的角度所作的原因分析。

五、刑法立法价值的回归

（一）重塑人格性权利的地位

最后，我们来探讨刑法立法价值的回归问题。关于重塑人格性权利地位的必要性，这一主张背后有着深刻的理论基础。

一方面，孟德斯鸠之后的思想家黑格尔，在 19 世纪尤其是瓦特的蒸汽机发明之后，其实已经洞察到资本迅速膨胀以及机械化生产所引发的一系列问题。他认为物权本质上是人格权颠转了财产和人格的关系。民法学习者可能会遇到这样的问题，例如，我拥有一台价值几千元的电脑的所有权，而他人拥有一栋价值几百万的房屋的所有权，虽然电脑与房屋的价值有天壤之别，但为何我们在法律上被赋予的所有权却是平等的？这是因为所有权的本质在于对物的支配和控制力，而非单纯以物的价值为衡量标准。这种平等性彰显的是法律对个体人格尊严的尊重与保护，是人格性权利在物权领域的具体体现。因此，我们强调重塑人格性权利的重要地位，是为了更有效地保障每个人的合法权益，进而促进社会的公平与正义的实现。所以黑格尔才认为物权本质上是人格权。进言之，我之所以对电脑享有所有权，而他人对房子拥有所有权，是因为我们各自将自己的人格灌入这些物品中。我们之所以要保护这些所有权，是因为它们体现了我们的人格要素。之所以对每个人的财产进行平等的保护，是因为每个人的财产都蕴含了人们各自独特的人格要素，且这些要素在价值上都是平等的。以食堂座位问题为例，在就餐高峰期座位紧张时，大家常通过放置物品如钥匙、水杯、课本等来占座位。然而，这些物品作为物本身，并不能代表其持有者占据座位的权利。如果有人无视这些物品，比如把他人的水杯放到地上从而直接占座位，那么水杯的持有者会感到愤怒，这种愤怒并非仅因为座位被占据，而是因为物品被漠视和随意处置。这个水杯代表的是持有者的"Person"而非"Menschen"，他人对物品的轻慢即是对物品持有者人格的轻视。在这个意义上，个体所持有的物品实则蕴含其独特的人格特质。若某人不具备独立的人格，则不可能拥有任何物品的所有权。例如，当我们在早上遛弯时偶遇一条拴着狗链的狗，我们或许无法确定其是否为流浪犬或是有主人的宠物，但可以确定那条狗链并不属于那条狗，而是归属于其主人。狗不能拥有所有权是因为它没有人格。黑格尔的基本观点在于，人格权是财产权（所有权）的前提。如果人格是财产的基础，那么人格性权利就应该重于、优先于财产性权利。

另一方面，中国经济已经取得了巨大的成就，伴随其发展的历次《刑法》修改，实际上也都围绕着经济犯罪展开。所以《刑法》频繁地修改与经济高速发展的变动性有关，也与立法者对经济领域的重视有关。但是在经济发展的同时，不能忽视精神文明的建设。特别是当经济发展到一定的程度，要更加注重精神的建设。所以在古代，孔子的弟子冉有曾问孔子，"既富矣，又何加焉？"孔子回答："教之。"也就是我们先解决温饱问题，然后解决道德问题，要让民众有教养，"仓廪实而知礼节"。当民众富庶之后，就要努力地让他们成为一个士大夫。士大夫与百姓不一样的地方在于，士大夫不求取个人的温饱，而是有家国的担当，把荣誉和人格看得高于一切。所以从经济的角度来看，如果一个国家已经解决了温饱问题，那么下一步应该通过立法逐渐加强对人格性人身权利的保护，以凸显人的荣誉和尊严。这是重塑人格性权利地位的另一个理论基础。尽管刑法不应道德化，但任何法律均具备价值导向功能，刑法亦不例外。

（二）强化人格性人身权利的保护

在这一点上，我并非主张要在刑法的罪刑设定里面一致性、整体性地把侵害人格性权利的行为的量刑提高，而是觉得可以逐步尝试。

对于侵害人格性人身权利的一些罪名，可以在不降低入罪门槛的同时，稍微提高其法定最高刑。鉴于特定罪名的设定，若轻易降低其入罪门槛，可能会与《中华人民共和国宪法》（以下简称《宪法》）所保障的言论自由权产生潜在冲突。以侮辱、诽谤罪和出版歧视、侮辱少数民族作品罪为例，这些罪名涉及对人格性人身权的保护。若贸然提升相关罪行的量刑标准，恐有压缩《宪法》中言论自由空间之虞。因此，在权衡与宪法保障的言论自由权相关的情境下，对于侵害人格性人身自由权的行为，建议维持当前的入罪门槛，并适度提高法定最高刑。

对于非法拘禁罪，该罪名入罪门槛即立案标准偏高，这已经是学界的共识。这也是为什么在"于欢案"中讨债团伙敢堂而皇之地限制于欢母子的人身自由，警察到来后仅把他们的行为定性为私人讨债行为，而非犯罪行为，不予干涉的原因。其实非法拘禁的立案标准应以限制他人人身自由为标准，至于拘禁时间的长短是 48 小时还是 24 个小时，不应成为罪与非罪的标准，而只能是量刑依据。非法拘禁行为是一种严重侵害人身自由的行为，它的加重情节和故意伤害罪的加重情节实际上是有重叠的。所以我们要考虑对非法拘禁罪作出如下调整：第一，降低入罪门槛。第二，提高其非加重情节的法定最高刑。《法国刑法》第 224 - 1 条对非法拘禁罪的基本处罚是二十年有期徒刑，如果有致人伤残的加重情节，则是三十年有期徒刑。这才是真正的"加重"，真正对人身自由的加重保护。同时，也应提高强制猥亵、侮辱罪的法定最高刑，如前所述，无论是从犯罪的手段还是从侵害的法益来看，强制猥亵、侮辱罪和强奸罪没有本质的差异，但二者的法定最高刑相差过大，因此可以将强制猥亵、侮辱罪的法定最高刑再提高一些，以缩小二者差距。以上是在探讨刑法立法价值的回归问题上，我提出的一些初步改善设想。这些改善可以逐步地、稳健地推进，因为价值的变迁本身是一个渐进且持久的过程，需要我们审慎地、有条不紊地加以实施。

六、结语

与刑法中所有的其他制度相比，正当防卫总能最鲜明地反映基本价值观念的变迁，罪与非罪、重罪与轻罪聚集，社会的价值和立法价值交相碰撞，稍有不慎便会引发舆论热议，"赵宇案""于欢案"就是这样的典型。这要求立法者积极响应社会价值，关注社会价值的变迁。当然，这并非立法或者司法要谄媚民众，而是立法要时常反思，要谨慎斟酌何种价值是全社会最真实的价值。这种斟酌的过程应该是一个理性决断的过程，因为社会对于价值的排序存在分歧，也有一定的随意性，立法者应当冷静地深入社会制度内部，找到真正内嵌在这个社会中的逻辑，在历史和未来的双重维度中往返，以正确判断当下的法秩序要维护的核心价值。一旦做出判断，就要用科学的立法手段、严格的立法程序将这种价值深深地嵌入法体系中。

当然，在所有的法律部门中，刑法是最严厉的法律，当刑事立法确认了某种社会价值并以最严厉的手段加以保护的时候，就体现出政治共同体对于社会价值的推崇。对于随众而言，立法的鲜明态度可以激发甚至引导公民个人朝好的价值方向努力，最终提升社会整体的精神品格。当然刑事立法也需要有迁移性和审慎性，不能动辄得咎，不能过多地插手公民的私人生活或者道德生活。如果立法者发现既有的规定滞后于社会价值的变迁，发现刑法教育的立场和社会价值立场不一致，则其必须首先用教义学内部的方法论弥合这种不一致，不能直接动用刑法体系之外的道德伦理作为裁判的依据，因为需要坚守罪刑法定的原则。但事后，立法者必须反思不一致的原因，反思现有的社会价值是否可取，是否可以吸纳为立法价值。在这个意义上，立法者需要有高超的能力，需要熟知天理民意和人情世故，并在反思的基础上改进立法，像精巧的技术工匠一样先谨慎地修改立法，然后通过立法的修改引领社会外部价值的塑造。这样一来，立法价值和社会价值就能够建立起良性循环的关系，立法价值源自对社会价值的审慎观察，而由社会价值变迁所引发的疑难案件又会促进立法价值的更新，同时立法价值的确立能够终结某些社会价值之间的分歧，甚至引导社会价值提升至新阶段。

因为时间关系，我就讲到这里，谢谢各位老师、各位同学、各位专家的倾听！

——与 谈 环 节——

与谈人·邢志人

主持人好，汪雄老师好，各位与谈老师好，各位同学好。我觉得汪老师的报告很精彩，我从三个方面谈谈我的体会和认识。

第一，我想表达一下对汪老师这篇大作的肯定。我觉得本次汪老师的讲座有三个方面值得我们学习：其一，本文的问题意识非常强。本文从"于欢案"这一典型案例出发，引出《刑法》第二十条第三款能否适用的争论，从而展开对该条款的学理解析。汪老师的文章主要结合权利理论，分析了非法拘禁以及侮辱行为能否作为《刑法》第二十条第三款所规定的特殊防卫的防卫对象。他认为，之所以"于欢案"中对特殊防卫的适用存在争议，在于将非法拘禁以及侮辱行为纳入轻罪的范围，而轻罪不在特殊防卫的范围内。因此，为化解这一问题，文章最后从轻罪重罪划分入手，认为应当将非法拘禁和强制侮辱纳入重罪范畴考量，由此便可以解决问题。其二，汪老师文章的逻辑性非常强。他在文中逐步推进自己的主题思想，通过几部分逻辑缜密的架构完成了一篇非常具有理论深度和探讨价值的文章。由此可见汪老师对这一问题有着很深入的研究，值得我们学习和思考。其三，对汪老师讲座的现场表达表示肯定，汪老师的语言表达非常精准，值得我们在座的各位学习。

第二，听完汪老师的讲座后，我认为文章中的部分思路和个别观点仍需商榷，对此我想提四个小问题供大家参考。第一个问题，在"于欢案"中，司法机关为什么适用《刑法》第二十条第三款而不适用《刑法》二十条第一款和第二款？汪老师认为，司法机关是以适用第一款和第二款的逻辑和思路适用第三款，那么为什么我们不直接适用《刑法》第二十条第一款和第二款呢？如果我们可以通过完善立法、教义学解释或者完善司法规则的方式激活第一款和第二款的适用，那么我们是不是就不需要再对第二十条第三款进行研究？第二个问题，《刑法》第二十条第三款中的列举条款和概括性条款之间的关系应该怎样理解？报告认为第二十条第三款的法条缺陷，在于以列举五种常见的重罪并加之以兜底性条款的方式将非法拘禁以及强制侮辱等"轻罪"排除在了特殊防卫范围外。在我看来，这种理解实际上是将列举条款与概括条款视为简单的并列关系。实际上，"严重危及人身安全暴力犯罪"这一兜底条款对前五项列举的行为类型具有修饰作用，因此《刑法》第三款中规定的"行凶""绑架""抢劫""强奸"等行为并非一般意义上的"行凶""绑架""抢劫""强奸"。第三个问题，划分人身权对于轻罪重罪的区分有什么意义？汪老师对人身权的划分是报告中的重点和亮点，但这对于重罪与轻罪的区分能够产生什么影响呢？第四个问题，西方价值观对于我国刑事立法产生影响的依据是什么？本文将第二十条第三款不能适用于"于欢案"的原因归咎于西方价值观对于我国刑法立法价值的影响。但在我看来，这个"帽子"可能扣得有点太大了，虽然德日刑法和英美刑法都存在轻罪与重罪的划分，但其未必就当然地对我国刑事立法产生影响。

第三，我想分享一下我的体会。首先，刑法中的特殊防卫制度应当如何理解？学界很早就有观点认为，《刑法》第二十条的第一款和第二款是正当防卫的一般性规定，第三款是特别规定。由此特别防卫相较于一般性规定所具有的特别之处，便成为研究正当防卫制度的重点。我认为特别防卫的特别之处，在于其防卫对象是严重的暴力侵害，并且允许造成致命后果。但应当意识到，对特殊防卫的理解也需要随着社会形势的发展而变化。近年来，司法日益关注社会舆情，民众对于防卫人的同情可能会影响司法政策的调整，因而一些原本认为是防卫过当的行为在现在可能会被认定为正当防卫，一些原本认为不属于正当防卫的行为现在可能会认定为防卫过当。由此可见，正当防卫司法适用的变动与政策调整相关。其次，关于法益保护与轻罪重罪划分的关系问题。单纯的法益或者说静态的法益可以决定轻重罪的划分吗？是否还需要特别考虑犯罪侵害的手段及其程度？在"于欢案"中，行为人所实施的非法拘禁与侮辱行为并非我们传统观念中的重罪行为，对于这样的犯罪，我们未来在立法设计的时候是否需要考虑加重处罚，通过加重处罚的方式将部分上述行为升格为重罪？我认为，单纯从法益角度对犯罪进行分类并不周延，还需要考虑犯罪行为的常态和非常态的演化过程。最后，在刑罚论以及刑事政策论层面，中西方的刑法价值观存在哪些共性和差异？我们如何处理这些共性和差异？我们的立法可能存在问题与弊端，但不应简单归结为是受到了西方法律价值观的影响。近代以来，西方国家的法治思想确实影响着我国的法制进程，但也不能说由此产生的影响都是负面的。

以上是我粗浅的认识。

与谈人·李荣

经过一下午的学习，可以说是收获满满，汪老师的很多观点我都非常赞同，不再赘述。我主要想分享一下我的一些不同的学习感受。

首先，汪雄副教授的讲座内容非常精彩，他将人身权区分为生物性人身权和人格性人身权，探讨了人格性人身权的社会价值，分析了"于欢案"引发的争议，结合《刑法》第二十条第三款的规定，得出了特殊防卫的立法价值，即将部分侵害人格性人身权的行为排除在《刑法》第二十条第三款的防卫范围之外。其次，汪老师旁征博引，主张强化人格性人身权的保护，呼吁将严重侵犯人格性人身权的行为，如非法拘禁、强制侮辱等纳入第二十条第三款的防卫范围。汪老师的观点非常新颖，论证明确充分，提法也非常前沿，我很受启发。不过有几个方面值得关注。

第一，防卫行为的本质在于以暴制暴，所以立法要求正当防卫中防卫行为所保护的法益与防卫行为所造成的损害具有相当性。在第二十条第三款所规定的特殊防卫中，其所防卫的不法侵害应当是严重危及人身安全的暴力性犯罪，同时这种不法侵害需具有紧迫性、现实性的危害，这是由避免滥用防卫权的立法目的所决定的。所以我们在考虑能否将严重侵犯人格权人身权纳入第二十条第三款的防卫范围时，就必须首先考虑这一问题。

第二，需要进一步明确严重侵犯人格性人身权的行为类型。这里的"严重"究竟是指什么？是手段严重还是结果严重？汪老师所列举的涉及侵犯人格性人身权的犯罪，仅强调了具有"暴力"的特征，也就是指手段的严重性特征。但应当意识到，暴力本身达到一定的严重性，其行为性质可能发生变化。另外，如果具有严重性的手段可以直接被评价为"行凶"的话，那么我们是否还有必要通过立法独立地将所谓的严重侵犯人格性人身权纳入《刑法》第二十条第三款的防卫范围？

与谈人·张天虹

汪老师的报告对《刑法》第二十条的理解分析非常深刻。邢老师和李荣副教授从法理的角度，对《刑法》法条做了更深入的分析，他们的点评我十分认同。司法实务部门习惯于将侵害人身的行为纳入防卫范围，一般都不考虑将侵害财产的行为以及汪老师提及的侵害人格权的行为纳入防卫范围内。我十分认同汪雄老师的设想，随着人格权地位的提高，有必要通过刑法加强对人格权的保护力度。但就目前来看，刑法对于人格权的保护可能还较为有限。如果不是近几年正当防卫指导意见的出台，典型案例的发布，现在构成正当防卫的案件可能会更少。实际上，颁布相关司法解释只是激活正当防卫条款的一个基本前提，更为重要的是整个社会观念发生变化，其间接或直接地影响我们刑事政策的改变和适用。

与谈人·沙涛

感谢张老师的评议，接下来我也做一个简要的评议。刚才听了汪老师的精彩讲座之后，我觉得有几点值得商榷的地方，也有一些启示。

几点值得商榷的地方。第一，我认为区分人格性人身权和生物性人身权是不妥当的。按照我的理解，人身权利包括人格权和身份权，所以人格性人身权的提法可能存在不妥当之处。第二，特殊防卫的防卫对象是否包含侵害精神价值的行为？举个例子，针对宠物的伤害能否适用特殊防卫？伤害宠物的行为对宠物所有者的精神打击也是非常严重的，但这类案件能否类比"于欢案"中侮辱于欢母亲对于欢造成精神损害的行为，从而同样纳入特殊防卫的范围中？如果要着重保护精神性的人格权，那么就必须考虑精神价值的多元性问题。但如此立法是否具有可操作性，同样是一个问题。第三，弱化精神性人格权保护不能简单地归结为受西方思想的影响。汪老师将其原因归结于西方近代以来法律精神和法律思想的影响，因而重视财产权的保护而忽视了对于精神性人格权的保护。但实际上我国的相关法律制度以及具体的司法实践受很多因素的影响。

还有几点启示。首先，在热点争议案件的背后不仅是法律问题，还可能涉及如政治、经济、文化等层面的问题，跳出刑法审视问题，可能会得到更多启发。其次，党的二十大报告指出，要弘扬社会主义法治精神，传承中华优秀传统文化。在"于欢案"中，有些学者想要借鉴中国古代的法律制度，如原情酌减，根据一些特别情况去减轻处罚或者免除处罚。这启示我们研究中华传统法律文化，同样对我们的制度研究会有很多的启示意义。

报告人·汪雄

感谢四位老师的精彩点评，在这里我做一个简单的回应，首先对邢老师提出的问题进行回应。

邢老师的点评确实很精彩，他提出的第一个问题与立论有关。我的报告之所以要以第二十条第三款展开论述而不是从第一款和第二款展开论证，这是由"于欢案"的性质决定的。一审法院认定其不构成正当防卫，而二审法院改判认定其构成防卫过当，因此争议的焦点不在于于欢的行为是否构成正当防卫，而在于其行为究竟构成正当防卫还是防卫过当。"于欢案"中其防卫行为造成了一人死亡、三人重伤的重大损害，而究竟是否构成第二款中规定的防卫过当，就必须要结合第三款规定的特殊防卫加以解释。因此我的报告就需要围绕第二十条第三款的解释展开。

邢老师的第二个问题是关于《刑法》第二十条第三款的列举条款与概括条款的关系问题。我在报告中只考虑了二者要么成立交叉关系要么成立重叠关系，但邢老师认为上述两个条款成立修饰关系。不得不承认，这确实是我思考得不够周密。但我认为，概括条款对于列举条款并非完全的修饰关系。其一，列举条款中的抢劫、绑架和杀人肯定是严重侵害人身安全的暴力犯罪。其二，行凶并不在概括条款的涵摄范围内，原因就在于行凶属于日常词汇，因此对于行凶是否能够进行特殊防卫，必须参考概括条款，有的行凶是针对人身安全的暴力犯罪，有的不是。因此我认为，概括条款和列举条款并非完全的修饰关系，而是存在交叉的。

邢老师的第三个问题提到有关于轻重罪划分的问题。我之所以要提出这一问题，实际上是从理论角度进行抽象提取，从而得出一般性的结论。如果仅就案件来分析案件，那么所能得到的只是判决或者针对本案的观点，所以我就在我的文章中引入轻重罪分离的问题，在考虑轻重罪的划分问题时，我将法益性质作为划分二者的主要依据。邢老师认为，我们在考虑重罪与轻罪的划分时，应当从法益和手段两个角度加以考虑，如果不考虑手段，由此所确立的轻罪范围并不周延。刚才李老师也提到相同的问题。我认为确实如此，但应将法益作为划分轻罪与重罪的基础性手段。我国在限缩死刑适用时，实际上也是依据犯罪行为所侵犯的法益类型，废除了经济犯罪与财产犯罪的死刑。此外，我的文章之所以将法定最高刑作为划分轻罪和重罪的依据，是因为一个罪名规定的最高法定刑往往指向该罪中手段最恶劣的行为，通过法定最高刑的比较，就可以涵摄到该罪名条文中所能够容纳的最恶劣的手段。因此，依照最高法定刑判断轻重罪，就无须再额外考虑手段对于轻重罪的划分影响问题。

邢老师提出的第四个问题也是与谈环节其他几位老师都提到的问题，即我报告最后一部分关于我国正当防卫制度缺陷的归因问题。不得不承认，将我国正当防卫制度中的问题归因于西方价值观，这种思考路径确实比较狭窄。我国《刑法》对于生物性人身权、人格性人身权和财产权的保护位阶为财产权排中间、生物性人身权排首位、人格性人身权排末位的排列顺序。对此，我仅就法律移植的视角，从西方的法律价值观上寻找原因。但在向西方学习的整个过程中，究竟我国受西方刑法价值观的影响程度几何，我确实没有得出准确的结论。谢谢各位老师提示，我在未来研究时要对刑法的价值和刑法的技术方法进行更多的研究。

沙老师提出的问题是将人格性人身权纳入特殊防卫制度保护范围的妥当性问题，具体而言，伤害宠物继而造成宠物饲养人精神损害的行为是否在特殊防卫的范围内。我认为，虽然有人会对其饲养的宠物产生一定的精神性依赖，但伤害宠物的行为本质上属于对财产的损害，其不在特殊防卫的范围内，因而在个案中也就不能考虑适用《刑法》第二十条第三款。

张老师刚才提出的第二个问题是关于我对于概念的使用问题。学界从未使用过物质性人身权和人格性人身权这两对概念，但这两个概念及其区分源自黑格尔的《法哲学原理》，直接将其引入刑法理论确实存在跳跃。我也关注到民法学界有关人格权分类的一些观点，如王利明老师将人格权区分为物质性人格权、精神性人格权。但我认为，"人格"与"物质"并不相干，人格不具有物质属性，因而并没有采用这一观点。而黑格尔的《法哲学原理》将个人划分为生物意义上的个人与精神意义上的个人，我觉得更为合理，当然有关这一问题的研究还需要进一步论证。

我能想到的回应大致如此，再次感谢各位老师，你们提出的问题对我有很大启发，也填补了我思维上的漏洞，使我收获颇丰。

——评 议 环 节——

评议人·王志远

感谢各位老师对本次讲座的大力支持。"斜阳侧帽·学者论道"青年学者讲座是一个学生自发组织的活动，并非高精尖、高大上的学术活动。为什么要举办这样一个活动？第一，在日常的学习过程中，我们发现学生对于刑法之外的知识领域了解较少，举办讲座的首要目的在于提升同学们对于刑法与其他学科交叉领域的知识理解，以开拓思路。第二，商定讲座内容的过程本身也是训练同学们学术鉴赏能力的过程。同学们之所以会邀请汪老师来讲座，想必也是因为他们认为汪老师的讲座内容对于他们的学术研究有启发，这在无形中便训练了他们的学术鉴赏能力，这对于法学生来说也是至关重要的。各位老师今天能拨冗参加本次讲座，无疑对同学们未来的学习产生莫大的帮助，在此我再次向各位老师表示感谢。

我对法理学一知半解，今天也是抱着学习的态度来听汪老师的讲座。我个人认为，法学本身并不是一门事实性学科，而是规范性学科。举例来说，最近我在和学生讨论虚拟财产的刑法保护问题，我们发现虚拟财产这一概念本身是具有误导性的，它实际上是先把一切与财产利益相关的东西从事实层面界定为财产，然后再以财产犯罪来加以保护。但刑法是一门规范性学科，我们应该这样考虑——首先界定保护模式，是秩序保护模式还是财产保护模式，然后再确定我所要保护的对象究竟是什么。因此，我们应当站在规范科学的角度上考虑法学问题。今天汪老师谈讲座中所讲的权利排序问题是非常重要的，这种排序背后代表着一种文化或价值选择，其会随着时代的变化而变化。我们刑法学人同样需要有这样一种意识，我们应当随着时代的变化、生活方式的变化去思考立法和司法背后的权利排序问题。

主持人·沙涛

由于时间关系，本期青年学者讲座告一段落，相关问题的探讨将一直持续。再次感谢汪雄老师的精彩讲解，感谢各位与谈嘉宾的精彩点评，大家再见。

"一般违法性"的法理定位和教义学应用

主讲人：张峰铭［中共中央党校（国家行政学院）政治和法律教研部讲师］

与谈人：夏　伟（中国政法大学刑事司法学院副教授）

　　　　邹玉祥（社会科学院法学研究所助理研究员、博士后）

主持人：徐永伟（中国政法大学刑事司法学院讲师）

主持人·徐永伟

各位老师、各位同学，大家好！欢迎各位来到"斜阳侧帽·学者论道"青年学者系列讲座第三期《"一般违法性"的法理反思和教义学应用》。本期讲座的主讲人张峰铭老师是中共中央党校（国家行政学院）政治和法律教研部的讲师，张老师在刑法教义学和刑法哲学方面都颇有建树。

我们今天讲座讨论的核心问题是如何理解一般违法性，并进一步讨论法秩序统一原理在犯罪认定过程中的应用。法秩序统一原理是近几年刑法学领域热度非常高的理论命题，包含违法一元论、违法多元论、缓和的违法一元论、缓和的违法多元论等多种理论观点，颇具争议性和理论深度，期待具有深厚刑法哲学功底的张老师为大家答疑解惑。

我们今天还有幸邀请到两位与谈人，夏伟老师和邹玉祥老师。夏伟老师是中国政法大学刑事司法学院副教授，是刑民交叉领域的先行研究者，也是目前这个领域最重要的青年学者之一。邹玉祥老师是中国社会科学院法学研究所刑法室助理研究员，是行刑交叉领域研究的重要推动者，也是这个领域最重要的青年学者之一。期待线上和线下的老师、同学们围绕今天讲座的主题进行深入的探讨和交流，希望今天的学术分享和讨论能够碰撞出思想的火花。

——主 讲 环 节——

主讲人·张峰铭

我的博士学位论文研究的是刑法哲学中的刑法证成的问题。在研究过程中我发现，会不断遇到诸如犯罪和侵权的区别、犯罪和行政违法的边界等一些看似明确、但深究起来却很复杂的问题。对此，我开始尝试在法秩序统一原理的观念上和对既有理论的反思中去思考"刑法是后置法"这一命题。

"刑法是后置法"这一概念本身包含很多种不同类型的主张。其中一种主张是关于"一般违法性"这个问题。目前学界较为流行的"缓和的违法一元论"，其核心主张在于，在确立一般违法性之上，再判断可罚的违法性，由此组成刑事违法性的本质。但"一般违法性"这个概念对于研究一些刑民交叉、行刑交叉的议题意义在何处，需要进一步厘清。例如，民事义务是不是一定阻却刑事违法？民法不保护的利益是否必然不受刑法保护？行政犯罪的构成要件是否受制于前置行政法规范？

我认为，上述问题的难点在于我们有两个相互冲突的理论直觉。第一个直觉是违法性判断是统一的。在日常生活中，很多时候我们不会说一个行为是具体违反什么法，而是会说一个行为是违法还是合法。第二个直觉是各个部门法违法性判断存在一定的独立性。在司法实践中，并非由一个统一的法院宣布某行为合法或违法，而是由不同的法庭做出不同的判断，这些判断可能是成立犯罪或者侵权，还可能是民事有效或无效，因此评价是多元的而非二元的。如何协调两个冲突的直觉是非常重要的问题。

一、讨论背景：法域冲突

我们首先明确一下讨论背景，即法域冲突的问题。法域冲突的概念最初见于国际法中的讨论，后逐渐在一国法律制度内部讨论不同部门法之间的冲突问题。法域冲突存在多种类型：第一种是纵向冲突，即上位法和下位法之间、一般法和个别法之间的冲突；第二种是部门法的内部冲突，比如刑法内部可能存在的一些规范的冲突；第三种是跨部门法的横向冲突。第三种冲突是我们目前讨论法域冲突问题的核心。

在围绕法域冲突进行讨论之前，还存在一个前提问题。在法教义学的研究中，总会提到一个概念——体系化作业（体系解释、体系化思维）。那么，在法域冲突的问题上，为什么用体系化的概念还不够，还要再提出一个法秩序统一性的概念？以前我们谈体系化，更多的是谈部门法内部的体系化，或者上位法与下位法之间的体系化，而对于平行的跨部门法之间的问题的处理，并没有通说观点。在此意义上引入法秩序统一性的概念，可以更新我们对于体系化的理解。

法域冲突的实质实际上是小体系和大体系的一种潜在张力。所谓的"小体系"和"大体系"，也有学者称为内部体系和外部体系。也就是说，当解释和适用法律时，既要考虑规范解释在刑法内部体系里的逻辑自洽，也要考虑其与其他民法规范、行政法规范的评价达致协调。具体到两种体系思维的融合，很多学者提出，先考虑内部体系，再考虑外部体系。但问题在于，这两种体系可能是基于不同的逻辑建立起来的，在某种意义上存在不可通约性。很难找到一个中间的点将两个体系进行比较或衡量。因而，如今民刑交叉和行刑交叉关于法秩序统一性的讨论，不仅是一个部门法和教义学的问题，更是一个法理学的问题。其根本上关涉如何理解法体系这个概念，如何理解法律作为一个体系的问题。由此涉及"法秩序统一性"论域中的六个问题。

第一个问题，如何理解法秩序整体的内部结构，其基本单位到底是"个别类罪、个别规范"，部门法还是所谓的"领域法"？例如，《刑法》第二百九十九条之一"侵害英雄烈士名誉、荣誉罪"，是基于"侵害英雄烈士名誉、荣誉罪"这一条来理解，还是基于其在刑法分则中的章节位置"扰乱公共秩序罪名体系"来理解，抑或作为保护英烈领域的法律体系中的一部分来理解。

第二个问题，部门法的法体系意义和划分标准何在？这是影响民刑交叉、行刑衔接的根本性问题。部分学者把刑法理解为纯粹的保障法，其没有独立的调整性规范，只不过是把所有部门法的惩罚性规范集合起来，刑法没有实体意义。如果基于这样的角度理解刑法,在实践中就会得出一些独特的判断。另有部分学者认为刑法和民法一样,有自己独立的、不同于其他部门法的调整对象,这种观点在具体应用中又会得出一些不同的结论。

第三个问题,整体法秩序的违法性判断和部门法内部的违法性判断之间的关系是什么?如果认为整体法秩序有一个违法性判断,部门法也有自己的违法性判断,那么它们之间关系是什么,先做出哪个判断?

第四个问题,不同的部门法判断之间是什么关系?此与前一问题并不相同,但已有讨论更多把这两个问题混淆了,我主张应当分开处理。民刑之间的关系或行刑之间的关系,可能一样,也可能不一样,应当作更细致的讨论。在行政犯的场合,刑法对行政法存在从属性。在自然犯的场合,刑法对民法可能并不存在从属性。但也有可能自然犯从属于民法,如此一来,无论是自然犯还是行政犯,民法或行政法与刑法都存在一个前置法与后置法的关系。这种不同的部门法判断之间的关系应当作具体分析。

第五个问题,构成要件解释层面的体系性要求到底是什么?例如,"侵害英雄烈士名誉、荣誉罪"中的"英烈",基于何种体系解释"英烈"?

第六个问题,在讨论正当化事由时,体系性要求的根据何在?所谓的超法规正当化事由从哪里得出,能否以及如何从别的部门法得出?

今天我们谈论一般违法性的问题,主要是指上述第三个小问题,即整体法秩序判断和部门法判断之间的关系。这是一个居于中间阶段的讨论,既不是特别具体,也不是特别抽象。以《刑法》第二百九十九条之一"侵害英雄烈士名誉、荣誉罪"为例,在相关司法解释出台前,学界围绕其构成要件中的"英雄烈士"是否包括活着的英雄争议较多,有的学者认为"英雄烈士"是指英雄般的烈士,不包括活着的英雄;有的学者认为"英雄烈士"是指英雄和烈士,包括活着的英雄。有学者在讨论中诉诸体系解释的方法。例如,有的学者认为,《民法典》中的"英雄烈士"不包含活人,《刑法》对"英雄烈士"的解释应当与《民法典》保持一致。但另外有学者认为,在解释"英雄烈士"的时候,不仅要考虑《民法典》,还要看《中华人民共和国英雄烈士保护法》等其他法律中的"英雄烈士"是如何定义的。同样一个法律规范,可以不同的方式将其归到不同的体系中。那么在解释罪责条文的时候,到底基于哪个体系去解释，或者哪个体系具有优先性？因此，如何理解体系化，是围绕"法秩序统一"进行讨论的关键问题。

二、关于一般违法性的既有讨论

接下来，我重点讨论部门法中的违法性判断与整体法秩序的违法性判断之间的关系。结合刑法学界的具体关切，其核心关系是刑事违法性判断是否受其他部门法内容的影响；如果受影响，那么影响程度如何。目前学界对这个问题主要有两个立场，一是"缓和的违法一元论"，即认为刑事违法性＝一般违法性＋可罚的违法性；二是"违法相对论"，即刑法在独立判断的基础上兼顾其他部门法立场。我认为违法相对论是模糊的，"刑法独立判断"和"兼顾其他部门法立场"内涵不明，对一般违法性缺乏更充分的反思和认真的对待。考虑到前述两个相互冲突的理论直觉，"一般违法性"概念存在一定的理论潜力，可以成为连接各个部门法判断的桥梁。违法相对论直接将其否定，有"把洗澡水连同孩子一起倒掉"之嫌。

缓和的违法一元论普遍认为，刑事违法性＝一般违法性＋可罚的违法性。王昭武教授将所谓的"一般违法性"界定为"不为整体法秩序所允许"。一般违法性对应了法秩序的统一性，可罚的违法性对应刑法判断的相对独立性，即违法性达到特定的"质"和"量"，可以作为刑罚回应的对象。一个行为不可能同时被整体法秩序所反对和许可，被整体法秩序所反对的行为具有一般违法性。但整体法秩序所反对的行为，不一定就达到刑法需要回应的程度，所以需要进行二次判断其是否达到刑事可罚的程度。

与缓和的违法一元论相比，违法相对论先考虑部门法的独特性，再来进行部门法之间的兼顾协调。但违法相对论对整体法秩序的理解不够体系化，同时缺乏对缓和的违法一元论中各个命题的明确的、体系性的检讨。我认为有必要对缓和违法一元论的质疑进行回应和澄清，其中比较有代表性的质疑是一般违法性冗余论和一般违法性前置论。

三、对一般违法性冗余论的回应

一般违法性冗余论认为，一般违法性概念对于司法判断没有意义。"没有意义"，可能存在两种解释：一种不会产生任何实践差异，例如，有学者主张的一般违法性，实际上就是民事违法性或者行政违法性，这种语境下一般违法性的概念确实没有意义；另一种可能会产生消极的影响，即裁判者在做出具体部门法评价的时候，要去考虑法秩序内部的所有规范，导致过多的负担，把很多本来没有必要考虑的东西也考虑进去，可能在犯罪认定中扩大入罪的范围。第一种理解实际上不属于缓和的违法一元论，需要另外探讨。第二种理解是站不住脚的。即使承认要穷尽一切法秩序内的规范，也不一定意味着司法实践总是要经历这样一个复杂的步骤。大多数情况下，司法者对大部分简单案件的判断已经形成共识，没有必要上升一个辩护梯度去考虑更高层级的评价对象。上升辩护梯度去考虑整体法秩序等评价对象，仅存在于某些疑难案件中，这也是不可避免的，并不是采取什么样的理论立场就可以避免的事情。例如，德沃金所述的"里格斯诉帕尔默案"，一个人杀了自己的被继承人，能不能获得遗产。根据美国当时的相关法律，无法直接得出否定结论。在这种情况下，无论采取什么样的理论立场，总要给出很复杂的论证。所以一般违法性概念本身不意味着给裁判者施加了过多的负担。

四、对一般违法性前置论的反驳

一般违法性前置论认为，并不存在专属于某个部门法的价值，个别部门法的特殊性仅在于其调整手段。如果一个具有一般违法性的行为不具有某个部门法的违法性，这不是因为该行为与该部门法无关，而是因为该部门法的保护手段不适合于特定的情形。

我认为上述观点不成立。部门法存在专属的管辖领域，前置论忽视了一个基本事实，即每个部门法存在内在目的，因此有其特定管辖领域。部分一开始就不属于特定部门法的行为，无须判断其是否具有一般违法性。以"随地吐痰"的行为为例，如果按照前述一般违法性前置论，要先判断该行为有没有一般违法性，再判断它有没有可罚的违法性。"随地吐痰"似乎具有一般违法性，接下来看是否具有可罚的违法性；但该行为似乎不具有可罚的违法性，至少不应该由刑法规制。但也可以反过来用另一个思路，"吐口痰"一开始就不在刑法管辖范围内，因而没有必要先去判断其是否具有一般违法性。虽然"每个部门法有各自内在的管辖领域"这一观点是一个常识性的看法，但现在也遭到很多批判，特别是那些批判法学者或者是持有积极国家观的学者，他们认为不同的部门法其实都是国家促进公民福祉的工具，所以部门法没有各自内在的管辖领域。对于同一行为，所有部门法都可以管，只是看该行为对应哪个部门法更合适而已。

我并不接受这种反驳，核心理由是各个部门法的回应方式有其自身的道德意义。这些道德意义决定了各个部门法必须只能针对特定的对象，否则它就是不正当的。以刑法为例，多数观点认为刑罚的核心目的是报应正义，不符合报应的行为就不应该被考虑进去。某个行为如果根本不值得报应，也就没有必要考虑通过刑罚制裁这个行为会不会取得更好的效果。因此，如果以内在目的为依据，很多行为从一开始就可以排除出考虑范围。举一个社团的例子，一个保护知识产权的社团只会去谴责那些侵犯知识产权的不道德的行为。对于违反性道德的行为，知识产权保护社团不会进行谴责，因为知识产权保护社团跟性道德没有关系。也就是说，刑法和民法有它们各自管辖的内容，不同管辖内容的根基在于每个部门法实际上所关联的、不同的正义义务。必须先满足正义义务的要求，才能进一步考虑能不能实现国家目的。不满足这一基本条件，则不能直接考虑规则行为能够实现怎样的国家目的。

一般违法性前置论还认为，"整体法秩序对某行为的评价"与"该行为是否值得法律以特定方式介入"是两个相对独立的环节。这一观点也存在两个支撑理由，一是义务是否存在与怎么样回应义务违反行为是不同的问题；二是法规范的行为指引面向和裁判依据面向是可分离的。对这两个理由的反驳也同样分为两点。第一，特定类型的法律义务和特定类型的回应方式是不可分离的。如果把民事救济、行政处罚和刑罚看作三种不同类型的道德回应，则这三种不同类型的道德回应可能对应的是不同类型的道德义务，只有违反特定的义务才能给予特定的回应。第二，有的学者认为，之所以要把一般违法性和可罚的违法性分离，是为了区分行为指引面向和裁判依据面向。特别是《刑法》第十三条的"但书"（情节显著轻微危害不大的，不认为是犯罪）。很多学者认为，依此"但书"一方面可以出罪，另一方面又宣示行为虽然出罪，但不意味着就是法律所支持的。所以符合第十三条"但书"的行为实际上具有一般违法性。但要化解上述关于"但书"理解的二重性，不一定要通过一般违法性的路径，有很多方式可以化解行为指引和裁判依据的分离。麦尔·丹·科恩（Meir Dan – Cohen）认为，在很多情况下我们通过选择性信息传递来化解二重性。

五、对一般违法性后置论的捍卫

一般违法性后置论认为，法官在司法实践中做出的部门法判断是代表整体法秩序的终局判断。这并不是因为一般违法性在判断逻辑上先于部门法违法性，而是在部门法的固有违法性之外，还要考虑整体秩序存在的、全部的正当化理由。这种情况下，就要以实践理由作为一个分析框架。法秩序内部的所有规范可以化约成两类，一类是正当化理由，另一类是禁止理由。正当化理由是可以在各个部门法之间自由流通的，但禁止理由是要进行隔离的。行政法中的禁止理由不一定是刑法的禁止理由，刑法的禁止理由也不一定是民法和行政法的禁止理由，它是相互隔离的。当然可以通过一些衔接规范人为地将禁止理由勾连起来。但在默认状态下，禁止理由应当是隔离的。而正当化理由，在默认状态下它是自由流通的。

根据一般违法性前置论，不管是正当化理由还是禁止理由，在部门法之间均可自由流通。然而后置论中只有正当化理由是自由流通的。特定类型的禁止理由内在关联了特定的回应方式，因此不同回应方式所针对的禁止理由必然也有所不同，一个领域的禁止理由未必是其他领域的禁止理由。如果刑法只关联报应正义的禁止理由，其他那些矫正正义（民事救济）、分配正义的禁止理由（行政救济）就不应该作为刑法的禁止理由，只有与报应正义相关的禁止理由才能考虑进来。

另外还需要讨论的问题是，部门法的内在道德是什么。刑事犯罪是公民不法，对应的内在道德是报应正义。再进一步，真正的问题就在于如何理解作为刑法的内在目的的报应正义。这一点在刑法解释中常常被忽略。报应正义如果指的是纯粹的道德报应，不与特定的公民秩序相关，那么涉及的一些规范可能是一些特定的规范。如果把报应正义理解成一种特定的公民伦理义务的报应，可能关联的又是另一些特定的规范。如何理解作为刑法内在目的的报应正义，会对理解刑法总则的条文解释有重大影响。

——与 谈 环 节——

与谈人·夏伟

谢谢主持人。

非常荣幸邀请到张老师从法理的角度为大家分享法秩序统一性的相关问题。我相信大家和我一样，对这个问题有了更深的认识，特别是其中一些非常关键的问题，张老师做了非常仔细、充分、具有理论深度的说明。例如，刑法是后置法吗？刑民交叉、行刑交叉如何体现不同部门法之间的交叉衔接？有一个问题我特别感兴趣——当规范冲突肯定刑法是后置法的时候，是不是意味着刑法就丧失了独立性？这些问题带有法理性，也有一定的实践性。我简单分享一下关于这些问题的个人看法。

"刑法是后置法吗？"提出这样一个问题的时候，或者认为刑法是后置法的时候，目的是什么？为什么说刑法是后置法？是否意味着要把各个部门法固定在一起形成统一体系，是否意味着刑法丧失了独立性，要围着其他部门法转？"刑法是后置法"这个命题是怎么来的？

我认为，当谈论刑法是后置法时，是为了限制刑法的处罚范围。讲刑法是后置法，其实是在考虑怎样限制刑法的处罚范围，并不是刑法一定要围着各个部门法转，并不意味着刑法丧失了独立性。这是思考的前提。

当刑法与其他部门法存在对应关系时，刑法规定了某一行为构成犯罪，而在其他部门法中把相关的行为规定成违法行为时，我认为此时刑法应当是后置法。例如，在认定刑法分则第三章经济犯罪时，一定要考虑经济方面的法律法规（毫无疑问也包括经济行政法）；在认定人身犯罪中的人身法益时，应当考虑民商法关于人身权益的相关规定；在认定财产犯罪时，应当考虑到刑法中的财物保护与民法中财产概念的密切关系。

从相反的角度也能够论证——当刑法跟其他法律没有对应关系的时候，"刑法是后置法"这个命题就不成立。例如，我国现行《刑法》是1997年颁布的，而《中华人民共和国证券法》（以下简称《证券法》）是1998年颁布的，因此当适用刑法规制证券犯罪时，缺乏必要的前置法支撑，这种情况下刑法就无法与前置法对应。再以个人信息犯罪为例，"个人信息"首次出现在私法中是在 2017 年的《中华人民共和国民法总则》里，《中华人民共和国个人信息保护法》（以下简称《个人信息保护法》）2021 年才颁布，而早在2009 年《刑法修正案（七）》中就已经规定了出售、非法提供公民个人信息罪。这反映出刑法和所谓的前置法是可能存在断层的，这种"刑法先行"的立法模式导致后续实务中一定程度的判断分歧，需要进行回调以协调刑事规范和其他法规范。

一个更加显著的例子是"虚拟货币"，刑法学界主流观点认为虚拟货币属于广义的财物，侵犯虚拟货币的行为可以采取财产犯罪保护立场。而司法实践多认为虚拟货币属于电子数据，应当采取计算机类犯罪保护模式。但若是直接敲诈勒索虚拟货币，就很难解释为《刑法》第二百八十五条第二款非法获取计算机信息系统数据罪。其中一个重要原因是民法没有界定虚拟货币性质，留下了相当的模糊空间。比如，《民法典》第一百二十七条规定："法律对数据、网络虚拟财产的保护有规定的，依照其规定。"如果刑法规范能够在其他法规范中找到对应关系，则刑法应当是后置法。

当然也必须承认，刑法跟民法之间的不对应是少数情况。这种不对应体现出过于强调部门法独立性的立法，将会导致立法上的断层和不连贯。这是我想分享的第一个问题，即刑法是后置法。

第二个问题，承认刑法是后置法，是否意味着刑法丧失独立性。我认为答案是否定的。例如，运输车队甲与 A 公司达成了运输协议，但 A 公司要求运货的甲车队开增值税发票，甲车队不具备开票资质。随后，甲车队找 B 公司代甲车队开发票给 A 公司，真实的交易仍发生在甲车队和 A 公司之间。问：甲车队的行为是否构成虚开增值税专用发票罪？根据《中华人民共和国发票管理办法》（以下简称《发票管理办法》）和《刑法》，开发票必须基于真实的交易关系。B 公司和 A 公司之间没有真实的交易关系，根据《发票管理办法》第二十一条第二种情形规定"让他人为自己开具与实际经营业务情况不符的发票"，是否意味着甲车队和 B 公司构成虚开增值税专用发票罪？我认为，《刑法》是《发票管理办法》第二十一条的后置法，但"虚开"并不一定构成虚开增值税专用发票罪，成立本罪还要求给国家税收安全造成损失。本案中，B公司开票的时候足额纳税，国家的税收没有损失。这就是刑法独立性判断的体现，即实质法益是税收安全，形式法益是发票管理秩序。因此，刑法是后置法并不意味着刑法丧失独立性。

第三个问题，什么是法秩序统一。我认为法秩序可以概括为三组关系：第一组关系是位阶关系，即上位法、下位法。此类关系中可能存在不统一的成分，例如，下位法跟上位法冲突；第二组关系是顺位关系，即横向的先后关系。一般来说，民法在前，行政法次之，刑法最后。当然也有可能民法直接到刑法，行政法直接到刑法；第三组关系是联结关系，即部门法之间尽量不要留太大的空隙，例如，从民法到刑法之间的空隙要小一点，尽可能消除空隙。目前关于法秩序统一的讨论大多集中在前述第二组关系上，对其他两组关系关注不多。

第四个问题，规范冲突的问题。一般来说，有很多规则可以解决规范冲突，如特别法优于一般法，再比如竞合时从一重处，这些规则都可以调和规范冲突的问题。但当规范冲突无法调和时，这意味着已经无法通过解释的路径使部门法保持协调。此时，比较妥当的方式是通过修法来解决。

第五个问题，刑民交叉的程序问题。刑民交叉，既有实体的内容，也有程序的内容。根据《中华人民共和国民事诉讼法》（以下简称《民事诉讼法》）第一百五十三条的规定，本案必须以另一案的审理结果为依据，而另一案尚未审结的，本案应当中止审理。若民事案件的审理必须以刑事判决为依据的，应当先进行刑事审理再进行民事审理，这种情况称为"先刑后民"。因为如果不按先刑后民的顺序，民事案件继续审理，就可能出现在后的刑事审判结论否定在前的民事行为效力，导致在前的民事审理失去意义。另外，审理模式中除了"先刑后民"，还有一种类型是"刑民并行"。例如，行为人涉嫌合同诈骗，被害人要求同时追究担保人的担保责任的，此时构成犯罪的人与被追究民事责任的人并非同一主体。虽然这两个案件是有牵连的，但责任的主体不一样，所以民事案件与刑事案件可以同时进行，互不影响。此外，我认为并不存在刑事案件的审理必须以民事案件作为前提的情况。

由于时间关系，我仅向各位分享以上五个问题，很高兴和大家一起探讨"法秩序统一"的这些问题。谢谢大家！

与谈人·邹玉祥

非常感谢王志远老师和会议筹备组的各位同学，为大家提供学术交流的平台，也非常荣幸参与峰铭老师和夏伟老师的这场讲座，两位老师的讲解使我获益匪浅。峰铭老师主要研究刑法哲学，以法理学为基点，逐步扩展到刑法教义学中的法秩序统一性、一般违法性的概念，令人耳目一新的同时也给我很多启发。夏伟老师的与谈内容体现出其对立法与司法实践的熟练掌握，让我为之叹服。

以下我就相关的问题谈一下自己浅显的看法。主要讲两个方面：其一，就峰铭老师的汇报内容谈一些我自己不是很成熟的想法；其二，就"法秩序统一"这个问题谈一谈自己的看法。首先，就今天的报告内容，想和峰铭老师交流以下三点。

第一，论证逻辑的问题。峰铭老师在报告中认为，从刑法的"刑事违法性＝一般违法性＋可罚的违法性"二阶推导公式可以得出，所有部门法的违法性均可分解为"一般违法性"和"个别部门法可回应性"两个部分这一部门法的普遍逻辑。不过我认为，刑法的二阶判断公式是严格束缚于刑法的后置法或保障法属性前提下的。正因为刑法是后置法、保障法，是第二次性保护规则，没有自己独立的调整对象，没有自己的调整性规则，刑法的违法性判断才存在二阶判断公式。如果把这种二阶判断公式作普遍化类比，认为既然刑法可以这样，其他部门法中也存在这种二阶判断公式，就可能涉及违反这种二阶判断公式存在的立场和价值预设。这一点需要进一步解释说明。

第二，在峰铭老师的报告中，"法秩序统一性"概念和"一般违法性"概念之间关系暧昧。峰铭老师所强调的"一般违法性"，实际上是对各部门法各自固有的违法性作进一步协调之后的产物。此时的"一般违法性"是整体法秩序的终局判断，因而此时的"一般违法性"在内涵上等同于"法秩序统一性"。这种理解并不同于大多数违法相对论者所批判的"一般违法性"。即使在刑事违法性判断是否从属于前置法的问题上有所争论，但任何学者都不否认法秩序统一性，无论是违法多元论、违法相对论，还是缓和的违法一元论，都认为自己站在法秩序统一性的基本立场上，只不过他们理解得出的最终答案是不同的。违法相对论所否认的"一般违法性",是指其反对由行政不法或民事违法直接得出刑事不法的粗浅判断,其同样追求法秩序的一致性或统一性。

第三,关于峰铭老师提出的,法秩序的统一性在于判断的统一,我认为值得商榷。峰铭老师认为,法秩序统一性实际上是一种终局性的判断,既不是规范的一致性,也不是目标的一致性。正因为判断具有一致性,所以会存在一般违法性。我认为这个逻辑有些跳跃。其实,所谓判断的一致性就是判断理由的统一性。但这里的判断理由如何确定,其是否又回到一般违法性的概念上?我认为,这种判断理由的统一性只是方法论上的统一性,其背后无法回避价值的统一性。

接下来就"法秩序统一性"这一主题和大家聊一聊我的个人看法。

如今"法秩序统一性"作为一个被泛化的前提,亟待进行更清晰的论证。法秩序统一的背后不只是法学的体系性和科学性,还要考虑国家法秩序的安定性,发挥法的行为指引功能,保障公民对行为和后果的预期。因而,要避免规范冲突造成矛盾的行为指引。目前主要存在三种类型的规范冲突:命令性规定与禁止性规定的冲突、命令性规定与许可性规定的冲突、禁止性规定与许可性规定的冲突。这三种冲突并非都是不可容忍的。根据逻辑学原理,进一步将上述冲突分为反对性冲突和对立性冲突,前者即命令规范和禁止规范之间的冲突,后者即命令规范和许可规范、禁止规范和许可规范之间的冲突。法学理论已经为反对性冲突预设了相关解决方法。然而,同一位阶的部门法之间产生的对立和冲突比较棘手。如刑法中的中立帮助行为,A 与B 存在刀具买卖合同,交易当天 A 发现 B 要用刀杀人,刑法中的禁止规范和民法中的权利义务关系就产生了冲突。然而这种情况下规范冲突并非一定需要避免,因为当事人凭自身实践理性可以做出选择,法的指引效果依旧生效。至于对立性冲突,例如,刑法禁止杀人,但正当防卫条款也允许杀人,行为人在满足特定条件下可以按照特定的行为模式进行选择,因此这种矛盾也不必须被排除。进一步讲,合理排除所有的规范矛盾是不可能实现的。每个部门法都存在自己的目的和调整方法,并且具有不同的评价标准,对待同一个对象的调整不可避免会产生一定差别,因而规范矛盾不可被排除。

不论是违法概念还是合法概念都不应成为法秩序统一性的纽带。缓和的违法一元论主张以违法性概念作为连接部门法的判断的纽带，另也有学者认为违法概念不是适合的，要以合法概念作为统一性的纽带。然而各部门法的评价标准是不同的，而且也没有深入发掘法秩序统一背后的根基。法秩序统一的背后，可以理解为正当化事由的统一，或基本价值的统一。基本价值的统一可以称之为"良善价值的统一"，即经过部门法的一系列判断，认为在部门法中不仅是有效的、合法的，而且是部门法所提倡的、所追求的价值。法规范背后是一系列价值的权衡，但无论基于何种价值权衡，只要能够在法律层面得到各部门法之间的认可和提倡，比如没有符合民法基本价值的行为也不应被刑法评价为违法，则实现基本价值的统一。

就法秩序统一性与多元性的协调问题，我认为这是个伪命题。目前违法相对论强调目的多元而忽视了统一，将不同层次的问题放到同一阶段去讨论，所以才会出现难以调和的冲突。法秩序统一是在违法阻却事由阶段应该考虑的问题，考虑一个行为在整个法体系是否具有肯定的价值，而非仅是单独的某个部门法。而违法多元性应当放在构成要件该当性这个阶层中讨论。先考虑违法多元，再考虑法秩序统一，二者存在不同位阶因而没有矛盾问题。另外，邹博士指出，"刑法是后置法"这一命题的理论前提是刑罚的严厉性，但上述论断的理由仍需深挖。目前赞成刑法作为保障法的一个依据是刑法的谦抑性，由此衍生出刑法最后手段原则，再提出刑法是后置法。然而刑罚并非在任何时候都是当然的严厉，比如对单位的处罚只有罚金，部分轻罪的处罚力度也许还不如一些行政处罚。在调整法律关系时应考虑刑法介入的正当性问题，并非刑法在任何时候都只能充当后置法的地位，规范层面的统一需要拿出更有效的解决思路。

主讲人·张峰铭

"前置规范—后置规范"与"前置法—后置法"并非等同概念，部分规范存在前置、后置关系，但并不意味着部门法和刑法之间存在整体的前置、后置关系。从这个意义上讲，刑法不是后置法。如果可以通过刑法的法益侵害来判断概念，那么无须额外进行前置规范判断。对于规范冲突，认同不是所有的规范冲突都不可容忍这一观点。反对性冲突不一定需要规避，冲突情况下法仍能发挥指引作用；对立性冲突可以凭良心选择来判断。另外，也要承认有些规范矛盾是不可排除的。对于一般违法性的立场，采取正当化事由的统一性观点，其与缓和的违法一元论最大的不同在于正当化理由的统一与否。部门法层面的统一问题，关键就在于正义层面能否统一，即实践理性的统一。并非规范层面的统一，而是规范背后价值和理由实现统一，达到一种部门法之间的和谐状态。最后，仅从刑法手段的严厉性和比例原则，可能无法推出刑法保障法的属性。刑法谦抑性的根基在于目的的独特性，即实现报应正义。法秩序内部的规范冲突哪些是可容忍，哪些是必须被化解，有待在后续的研究中继续探讨。

与谈人·邹玉祥

不可否认，只有与报应相关的禁止理由才能影响刑事违法性的判断，然而在行政刑法中需要进一步讨论。行政刑法以行政违法为前提，以罪刑法定为保障。刑法分则中大量罪名存在"不法依附性要素"，即行为构成犯罪的前提是违反特定秩序，这些禁止理由与报应关联很弱，可能会影响"禁止理由隔离流通"这一观点。另外，报应正义对应法益侵害，政治目的考虑法益保护，然而不一定能清晰区分二者。

主讲人·张峰铭

行政犯可以被理解为一种独特的自然犯，这种独特的自然犯以违反实在法为前提，但它只是一个必要条件，实质上也违反道德义务，即我们对实在法秩序的尊重的道德义务。在解释条文时，满足必要条件后还要进行实质解释。法益侵害和法益保护存在区别，禁止一个构成法益侵害的行为不一定能够实现法益保护；反之，禁止一个无法益侵害的行为也可能实现法益保护。例如，买刀无法益侵害性，但禁止买刀可以实现一定程度的法益保护。然而买刀行为没有作为犯罪规制，就是因为其没有法益侵害，不值得被报应。应当从实质性角度理解法益，从一个行为值不值得被报应去理解，而非考虑纯粹秩序性或其他部门法的内容。

与谈人·夏伟

刑民交叉问题包含实体和程序两部分，在判断一个行为是否构成犯罪时就已经进行了实体判断，因此在司法程序中实体判断一定是在前面的。刑法以报应为核心，但在实然层面刑法更多考虑的是预防。例如，危险驾驶罪的设立，体现了预防不应被回避，当然对预防功能的设限也值得思考。

——提 问 环 节——

Q1：目前部门法划分存在公私法交融的趋势，各个部门法的价值追求该如何把握？

张峰铭：公私法交融比较典型的例子是《个人信息保护法》，其兼顾民法、行政法和刑法等多种规范保护要素。对于这种现象给部门法划分带来的冲击，目前学界存在部门法维持论、领域法论、去部门法论三种观点。领域法论认为基于特定领域的保护能够成为一个部门法，这种观点相当于妥协。去部门法论认为部门法的划分已经没有意义，应当建立一种从规范到问题的新范式。还是应当坚持部门法维持论，因为部门法回应的方式不同，在落实到法律责任的时候仍采取不同部门法的责任方式。不同的责任方式本身都有正义的要求。在报应和预防之间，应首先考虑报应的要求，才能看预防的要求，这是对预防最简单的限制方式。不同的法律责任对应不同的正义义务，如果本身不存在道德不正义而用责任去约束，那就是一种不正义。因而，从回应角度来思考规范的设立，从而能够理解部门法划分的意义。

Q2：对于刑民交叉中虚拟财产性质的认定问题，在前置法（民法）对虚拟财产定性故意留白的情况下，刑法应当采取何种保护模式更为恰当？

夏伟：在我国，虚拟货币的交易属于非法金融活动，会危害金融安全，因此民法上会进行一个留白的预设。司法实务中有一种观点认为，如果把虚拟货币理解成是财物，在认定财产犯罪的时候，必然会对虚拟货币进行定价。然而，政策上不能承认虚拟货币的流通性。政策和法规范之间的张力，也会影响不同部门法之间对同一概念的判断，在后续实践中要考虑如何调和。

主持人·徐永伟

今天经过两个多小时的学习与交流，相信各位同学对一般违法性的理论与实践方面的相关问题已经有了较为系统的认知，收获满满。今天的讲座到此结束，让我们再次以热烈的掌声感谢张峰铭老师、夏伟老师和邹玉祥老师。我们下期再见。

生成式人工智能技术风险治理的理论误区与路径转向

主讲人：赵精武（北京航空航天大学法学院副教授）

与谈人：周瑞珏（北京航空航天大学计算机学院博士后）

商希雪（中国政法大学刑事司法学院副教授）

郭旨龙（中国政法大学刑事司法学院副教授）

刘立慧（九江学院法学院副教授）

主持人：何　龙（中国政法大学刑事司法学院讲师）

主持人·何龙

各位老师、各位同学，大家好！欢迎各位来到"斜阳侧帽·学者论道"青年学者系列讲座第四期《生成式人工智能技术风险治理的理论误区与路径转向》。本期讲座的主讲人赵精武老师是北京航空航天大学法学院副教授，赵老师在数据法学、人工智能刑法等研究领域都颇有建树。

今天讲座讨论的核心问题是如何构建生成式人工智能的风险治理机制。生成式人工智能的刑法规制是近几年刑法学研究中热度非常高的新兴命题，需要研究者兼具刑法教义学的理论功底与人工智能等新兴领域的知识储备，而赵精武老师是其中最杰出的学者之一。期待赵老师与我们分享其最新的研究成果。

我们今天还有幸邀请到四位与谈人，他们分别是周瑞珏、商希雪、郭旨龙和刘立慧老师。周瑞珏老师是北京航空航天大学计算机学院博士后研究人员，是数据法学、网络安全等研究领域最重要的青年学者之一。商希雪老师是中国政法大学刑事司法学院副教授，对数字治理、网络安全与个人信息保护、数字经济法治与刑事风险防范等领域有非常深入的研究，也是该领域最重要的青年学者之一。郭旨龙老师是中国政法大学网络法学研究所副教授，是数据法学、网络暴力等刑法研究领域最重要的青年学者之一。刘立慧是九江学院法学院副教授，在犯罪论体系领域有着突出的学术贡献。期待线上和线下的老师、同学们围绕今天的讲座主题进行深入的探讨和交流，希望今天的分享和讨论能碰撞出思维的火花。

——主 讲 环 节——

主讲人·赵精武

ChatGPT 改变了市场对于人工智能技术发展以及应用前景的认知，紧随其后的 GPT-4 更是让"人工智能产品能否取代人类工作"这一科幻小说式问题成为社会焦点。我国学者提出了很多立法的主张，包括我们要制定专项计划以及相应的配套措施，或者一些特别条款来预防可能发生的风险。但不管是制定专门的法律还是部门规章，都没有说清楚其背后所带来的新风险，以及立法的正当性基础是什么。

一、对 ChatGPT 滥用治理什么？

在刑法领域，ChatGPT 技术滥用风险可能会加剧既有罪名的认定。最为典型的就是通过生成式人工智能（如深度伪造技术）生成不良或违法内容，这类行为乍一看法律责任明确，但实际上引发刑法学界的诸多争议，而这些问题恰恰是刑法回应人工智能技术滥用风险的关键所在。我提出三个问题，以供讨论。

第一，以刑法规制人工智能技术，究竟是不是一个问题。在 ChatGPT 出现之前，不少学者对于刑法学领域内探讨人工智能技术规制范式或者刑法有无必要回应人工智能滥用风险存有疑惑。原因无外乎人工智能作为一项典型的新兴技术，无论其功能如何强大，在刑法学研究视野下，其法律性质始终难逃"犯罪工具"这一定性，与以往的其他信息技术滥用风险并无实质差异。但反对者却认为，人工智能产品因其超强的仿真功能而存在被视为犯罪主体的可能性，故有必要重新审视刑法对于人工智能技术的回应方式。不过，ChatGPT 作为人工智能技术的前沿应用，同样无法摆脱技术创新所同步产生的技术风险，其远超市场预期的功能让立法者和监管机构都对此产生不小的担忧。

第二，人工智能被滥用于虚假信息生成时，刑法应如何回应。尽管《互联网信息服务深度合成管理规定》明确提及深度合成类人工智能的管理规则，但滥用深度伪造技术的犯罪预防和打击活动仍然面临前所未有的压力。如福建发生过一起利用 AI 换脸及拟声技术实施诈骗的案例。根据警方通报内容，诈骗分子通过微信视频联系受害者，利用上述技术佯装受害者好友，并以在外地竞标需要保证金为由要求受害者打款。基于对好友的信任，加上已经通过视频聊天确认对方身份，受害者便将 430 万元分两笔转至诈骗分子的银行卡。当受害者拨打好友电话后才知道被骗。2017 年，浙江省发生的网络黑产系列专案中，已出现利用人工智能实施窃取数据、分销数据、撞库、假冒身份进行诈骗等犯罪行为。在江苏、安徽、浙江、广东、福建等省份也都出现利用 AI 技术不当牟利的案件。当然，有关人工智能的刑法学问题远不止于此，ChatGPT 数据来源的合法性、歧视性数据标注活动等问题同样值得关注。

第三，面对人工智能技术风险，"风险立法论"是否属于当下最佳的治理方案仍存有疑义，更重要的是，人工智能产业尚处于发展阶段，过早地进行整体性的产业规范可能存在"超前规制"之嫌。我们不应过分强调法律的功能性主张，更需要嵌套一些伦理技术和法律混合的治理方向，而不是单独增设义务来解决现有的现实问题。所以我国应激活已有条款的实际效用，包括算法安全原则下的审查机制，与如何能实现算法安全的保障义务，从两端来解决 ChatGPT 的技术滥用风险，这是我想给大家分享的内容。

二、对 ChatGPT 滥用治理的误区与澄清

尤瓦尔·赫拉利在《人类简史：从动物到上帝》里提到，如果新技术大量取代人力，会有相应的新型社会的治理风险，但这种风险是否标志着法律

必须要快速予以回应和反应？对此我也有疑惑，因为法律毕竟只是社会治理过程中的手段之一，而不是全部。而且现在所谓的新风险，本质上并没有彻底改变现有的法律关系。我们都承认法律并不调整所有的社会关系，也不会提前预判某些风险未来会变得更大。我认为，在这些风险没有超出现有的法律法规调整范围，也没有产生新型的权利义务关系的时候就着急以体系化立法论来回应，可能会面临三重风险。

其一，以 ChatGPT 作为调整对象显然超出了法律的规范逻辑。现在很多学者已经从立法论的角度探讨针对 ChatGPT 滥用的治理模式。不过，仔细探究其论证路径，却没有明确阐释针对 ChatGPT 滥用而体系化立法的正当性问题。实际上，立法论的规制思路在个人信息保护，以及整个网络法发展的过程中经常出现。这是一种典型的预防治理模式，能够实现一定的治理目标，但也应注意，如果过早地针对新兴技术全方位立法，可能会限制该技术乃至整个行业的发展。立法论者试图将一个特定的技术或产品服务纳入法律的规制框架内，这是毫无必要的。法律调整的对象一定是技术产品背后的特定法律关系，以法律关系为重心予以展开，不应将技术治理的对象与技术本身混杂在一起。其二，现有立法足以回应现阶段 ChatGPT 的滥用所产生的各类风险。在网络犯罪领域，ChatGPT 常被作为犯罪工具辅助犯罪活动的完成，不会直接导致新的犯罪类型产生，现有立法框架完全能够解决 ChatGPT 领域各式各样的人工智能犯罪风险。其三，以立法论解决法律风险可能会陷入"技术规制法"的逻辑误区。当前，我国法律对于技术的回应方式已经走到一个全新的阶段，那就是每一项技术都对应着一部新的法律，比如《中华人民共和国数据安全法》（以下简称《数据安全法》）、《个人信息保护法》、《中华人民共和国网络安全法》（以下简称《网络安全法》）。这些法律的诞生确实是数字时代网络法制体系的必然要求，也完全可以为 ChatGPT 的滥用所引发的风险治理提供框架。此时，如果仍然强调以立法的形式回应"量"的风险，将导致立法资源的浪费，对 ChatGPT 的管制也会限制我国的新兴产业格局。

据此可以认为，现阶段应当否定体系化立法论路径，尤其是在刑法领域采用新增罪名等方式解决人工智能技术滥用风险，这无疑与刑法谦抑性的内在特征相悖。不过，否定体系化立法论并不代表立法是错误的，而是具体的立法路径、立法重心应有所调整。因此，这里须澄清三个立法论立场。

第一，进行体系化的人工智能立法，需要进行充分的理论论证和产业实践支撑，尽管以 ChatGPT 为代表的生成式人工智能发展迅速，但直接开展体系化立法可能还需要产业实践进一步发展，因为体系化立法与单行立法的区别在于，前者更需要全面地回应所有的人工智能技术风险，并且建构在产业初步成熟的实践基础之上。第二，否定以体系化立法解决人工智能技术风险不等于否定以单行产业保障机制推动人工智能技术创新发展，现阶段更需要在立法层面明确人工智能科技创新促进机制。第三，否定以体系化立法解决 ChatGPT 等生成型人工智能产业问题，意在强调相应的立法活动更应结合技术发展现状进行阶段性规划。时至今日，人脸识别、深度合成、个性化推荐等涉及人工智能技术的行政法规、部门规章早已有之，体系化立法很可能变成"现有法律法规的汇编"，而"产业促进法"却呈现出规范不足的情形。

当前，我国刑法领域已经对人工智能犯罪论有很多讨论。主流观点倾向于否定强人工智能刑事主体资格，认为相关问题存在"学术泡沫"或"科幻式论证"。支持者则认为，以 ChatGPT 为代表的人工智能产品已经说明未来强人工智能犯罪不是幻想，而是确实可能的。当然，也有学者指出，强人工智能这一概念界定本身就存在逻辑问题，误将"高度仿真的智能性"与"人工智能技术局限性"予以挂钩：人工智能的一切输出结果都可以通过算法追溯到原始数据，换言之，只要承认这一智能是开发者通过计算机技术实现的，那么它就必然不可能具有人一样的智能性，即具有独立思维的强人工智能在可预见的未来是一个无法实现的想象。我的想法是，在刑法学层面，强人工智能很难称得上具备犯罪主体资格，即便以类似拟制的方式建构新型犯罪主体类型，本质上也依然无法解释强人工智能按照代码、算法运行的决策过程与犯罪预备阶段的主观状态具有同质性。

从国外立法来看，立法者、监管机构早已关注到人工智能技术的滥用风险，但迟迟未能推进人工智能领域的体系化立法，原因之一是该项技术的更新迭代速度远超立法者预期。因此，ChatGPT 技术滥用风险的治理逻辑不应当寻求立法资源的填补，而应转向不同场景中风险预防的主体责任理论建构。

此外，ChatGPT 所谓的"自主性"从何而来？我认为，人工智能始终遵循一定的算法模型运行，这种智能化的自主性与人类以情感为基础的自主性不可同日而语。ChatGPT 在未来成为"人类老师"的这种观点同样是一种科幻式的猜想，技术专家尚未言明 ChatGPT 的未来可能性，法学学者更应谨慎地以此类猜测作为论据。

三、ChatGPT 滥用背后的 AI 治理要素

在人工智能技术风险治理领域，国内外学术观点存在明显差异：国外学者普遍倾向于以科技伦理或者软法治理模式回应人工智能技术滥用带来的不利影响，而国内学者则习惯于诉诸立法解决损害结果、发生概率均不确定的技术风险。对于欧美学者而言，人工智能技术风险的关键点在于"算法黑箱"，借由科技伦理可以在人工智能技术研发及应用初期即提出相应的监管要求，从而灵活适用于不同场景、不同业态下的人工智能应用，不至于阻碍人工智能产业的技术创新。国内学者强调硬法，即通过强制性规范在事前阶段预防难以事后救济的技术风险，并通过义务规范明确技术应用的合法性边界，以此实现产业发展的良性引导。这两种路径没有孰优孰劣之分，为平衡好技术创新和风险预防之间的关系，现阶段我国应建构兼采二者的综合治理模式。

在数字伦理学学者卢西亚诺·弗洛里迪（Luciano Floridi）教授看来，ChatGPT 技术滥用引发的伦理风险是人们已经把判断问题的权力让渡给机器，即人工智能技术正在将"权力"从决策结论的作出前置为对问题的控制。换言之，"谁控制了问题，谁就控制了答案，谁控制了答案，谁就控制了现实"。比如，人们现在出门习惯使用地图软件，去餐厅吃饭也会在平台上查看或发布餐厅评价。在法律层面，这个问题的讨论和回应表现为，控制能力是法律责任认定中一个很重要的环节，也是人们识别法律介入的一个环节。如果用户滥用生成式人工智能产品，那么涉及超伦理的问题控制，则需要对使用端的损害事实承担不利的法律后果和责任。如果用户正常使用，但因为运营者的原因导致输出具有期权结构的数据，那么责任由运营者承担。

其中，因果关系的证成依赖于对算法黑箱的理解。当前，算法作为黑箱很难被分析理解，国外学者为了避免此种模糊性所带来的风险，力图通过科技伦理予以矫正。这是值得肯定的。但要注意，法律并非社会治理的唯一手段。在法律干预手段的有效性较为有限的情况下，将科技伦理引入人工智能治理监管中，可以弥补我国当前科技"硬法"规制模式的不足，从而更加灵活地实现对人工智能应用的治理。事实上，我国的算法审查实践中已经运用了科技伦理排查机制。所以，重要的问题是，如何把科技伦理审查这一道德规范转化为法定义务。

国外治理对伦理层面的人工智能风险规制模式已有具体探索。不过，伦理审查本身具有鲜明的定制化、场景化和国别化，如何将科技伦理审查实质地融入我国现有的法律机制，不能操之过急。

我国科技伦理在人工智能领域发展中的定位是什么？ChatGPT滥用对于现阶段的立法调整技术产生了一定的影响，但立法者不可能每次都针对技术创新进行预防。不过公平正义等法律价值作为行业的合理约束肯定可以实现。《互联网信息服务算法推荐管理规定》第七条提到要明确科技伦理审查机制，但没有说清楚具体怎么操作，而在ChatGPT滥用治理过程中需要回应这个问题。倘若以笼统宽泛的法律价值作为基本内容，科技伦理则缺乏必要的可操作性，且与一般的伦理规则并无本质区别；倘若以具体明确的价值标准作为基本内容，科技伦理则会丧失应对未来不可预见技术风险的灵活适用性。

在人工智能的发展初期，国内外对科技伦理进行了很多探索。如表4-1所示。

表4-1　人工智能领域国内外科技伦理的探索

国家或地区	科技伦理文件	主要内容
欧盟委员会人工智能高级专家组	《人工智能道德准则》	基于使用案例的可信AI评估清单
新加坡个人数据保护委员会	《人工智能监管框架范例》	1. 协助企业履行算法透明义务 2. 确保人工智能应用以人为本

续表

国家或地区	科技伦理文件	主要内容
英国上议院人工智能特别委员会	《人工智能伦理准则》	提出人工智能应用应当符合公平透明原则，同时保障数据权利
日本人工智能学会	《日本社会人工智能伦理准则》	对人工智能专家以及会员提出相关技术设计、研发和使用的道德规范
新加坡金融管理局	《促进 FEAT 原则在新加坡金融行业人工智能与数据分析方面的应用》	以金融领域为限，FEAT 是指公平、伦理规范，可问责性以及透明性四个人工智能评估要素
韩国科学与信息通信技术部	《国家人工智能伦理标准》	提出"保障人类尊严""符合社会公共利益"和"技术恰当"三项基本原则

由表4-1可以看到，欧盟的思路是场景化的具体伦理审查风险的治理机制，其将基本原则、关键事项、可信 AI 评估作为科技伦理审查中的核心架构。即便该框架没有特别强的硬法效力，但这是所有企业合规开展业务的前置环节。

那么科技伦理制度如何转化成我国现有法律的一环？可以发现，表4-1中所列文件的背后都有算法安全的考量。因为在人工智能领域中，科技伦理的功能必然不是单纯的道德规范，而是要与现行法律体系进行衔接。这与我国《互联网信息服务算法推荐管理规定》第七条规定的"算法安全主体责任"相契合。科技伦理层面和法律层面的"算法安全"具有一定的差异性：科技伦理层面的"算法安全原则"在广义解释上是指，算法的研发与应用不应对人类尊严和基本权利造成威胁或实质性损害，其中具体包含技术安全原则、算力资源安全原则和个体权利保障原则三项内容。与伦理层面强调"技术""算力"和"权利"三者的安全状态相比，法律层面的算法安全主体责任则指向更为具体的法律责任。相较之下，人工智能领域的科技伦理应以算法安全原则的形式存在。原因在于，所谓的"算法安全"正如前文所提及的一种理想化的人工智能技术应用状态，并非狭义上的技术安全和"零风险"，而是一种类似于欧盟模式的"可信"AI 评估设计，即技术风险的有效预防和个体权利的全面保障。基于此种"算法安全"科技伦理内涵，更需要在制度层面提供能与之衔接的实施机制，以此达成风险预防、权利保障这一相同目标。欧盟的制度设计并不是非常具体，但我认为可以结合欧盟理念和中国实践，实现我国的算法安全审查。

四、ChatGPT 技术滥用现象背后的 AI 治理框架：法律与伦理的治理规则衔接

最重要的问题就是如何搭建、激活这种 AI 治理框架。在人工智能领域，科技伦理层面的算法安全只是一种原则性的指引，立法者不能事无巨细地预测到每个阶段、每个领域的技术创新。因此，算法安全原则是人工智能领域内一种宽泛意义上的风险预防，但其必须与现有法律体系进行衔接。接下来讲讲我对衔接路径的看法。

未来借助算法安全原则的联结点，科技伦理审查与我国现有的法律体系相互衔接，形成体系脉络完整的"算法安全评估机制"。鉴于我国网络安全治理是以事前的安全风险评估并采取相应的安全保障措施为基本逻辑，故而不妨考虑借由算法安全评估机制容纳算法安全原则的基本内容，在算法安全评估机制里嵌入伦理审查，明确伦理审查的体系定位，同时伦理审查也可以灵活调整，既不至于在人工智能技术高速创新阶段过早地设置禁止性条款，也能保障人工智能技术滥用风险得以通过具体的风险评估事项予以最大程度的控制。具体来说，作为衔接路径的审查，安全评估机制应有三个考虑。

第一个考虑，伦理审查和主体责任的治理方式。至于科技伦理层面的风险预防，人工智能技术的发展和应用不能限制人类的自由发展，所以其主体责任的面向更多侧重于风险的具体防范。比如，算法审计、算法公式、算法透明度的展示和算法公平，都是对算法的滥用风险，侵犯用户知情权，还有技术风险进行识别。所以无论是安全原则还是主体责任，其背后都是通过明确一个框架来解决风险。

第二个考虑，算法安全原则的评估机制。算法安全原则通过评估机制与法律制度进行有效衔接，该衔接应当具有可操作性。ChatGPT 会继续迭代

变更，所以过早地明确太多的权利义务，可能是一种"鸵鸟政策"。算法评估机制让人们可以考虑业务主体是否履行了法律义务，同时也需要考虑业务主体的行为方式是否符合算法的一般要求。如果到了既有法律又无法规制技术风险的时候，届时再考虑用立法的方式解决。但如果把评估机制内嵌到法律体系中进行风险评估，那么仅能通过明确主体责任的路径进行治理。

第三个考虑，算法安全评估机制的正当性基础。算法安全评估机制是以安全风险评估为正当性基础的，能够与《网络安全法》《数据安全法》中提及的网络安全风险评估和数据安全评估机制形成体系化关系，拓展了《国家安全法》中"总体安全观"的内涵。评估机制是具有正当性的，其也与现有的网络安全风险评估和数据安全风险评估之间形成联动。换言之，机制本身的使用目的是不明知的，但是拥有安全评估算法、安全评估需求之后，这些机制也能得到有效的激活。《国家安全法》强调总体安全观，但我国的网络安全和算法安全的治理目标还是有所不同的。算法安全强调的是人工智能应用的安全，而网络安全强调的是人工智能产品的稳定，这两个维度虽然有交叉，但是在立法的时候，我们也需要考虑两者的关系。算法安全其实包含了两个维度，即如何实现个体权利安全的维度与如何实现系统稳定性的维度。只有这两个维度共同实现，才是真正有效的算法安全评估机制。

因此，算法安全评估机制如何发挥效果是一个需要思考的问题。算法评估机制具有动态化、场景化、灵活化等特征，其重点不在于业务主体是否按部就班地完成所有的评估流程，而在于业务主体是否采取符合安全风险控制的评估措施。在制度层面，如果以法律解释的方法判断人工智能技术是否具有一定的合理性，这是比较简单、可操作的，但从整个流程风险控制来看，必须明确五个环节各自的风险。义务主体的算法安全评估机制至少应当包含从研发过程使用实例到系统维护更新等各个环节的风险评估，如图4-1所示。

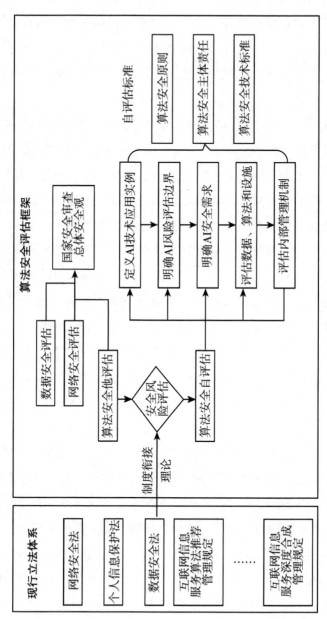

图4—1 现行立法与算法安全评估框架的衔接

第一，定义 AI 技术实例。对人工智能技术应用实例进行定义，明确人工智能信息系统的技术架构、部署场景、运行环境、操作权限等事项。需要预先明确具体的技术架构，还有操作权限，因为安全风险的存在形式是受很多因素影响的，比如应用场景、接口以及应用程序安全性等。

第二，明确 AI 风险评估边界。明确人工智能信息系统和应用模式的评估边界。安全风险的评估不仅包括针对特定个体的风险水平评估，也包括针对特定信息系统、特定客体的风险水平评估。如果要求对所有事项都事无巨细地评估，这种审查可能会造成一定的困扰。在公共领域使用的人工智能、提供接口使用的人工智能，还有独立研发的人工智能产品，这三类主体所对应的法律风险是不一样的，评估也相应地有所差别。因此，第三方的评估是很重要的。

第三，明确 AI 安全需求。明确技术风险预防和分散的安全需求，将算法安全原则转化为一般层面的安全需求和业务层面的安全标准。因为算法安全评估流程中，把安全原则内化成企业的操作规范，一定是有非常严格的场景限定。这就是为什么《个人信息保护法》第二十条和第二十一条专门对个人信息的委托处理制定了两个条款。在网络运行环境一端，对于人工智能系统里的用户身份、用户管理，以及用户数据的传输，也需要进行治理。因此，明确 AI 的具体需求是尤为重要的。

第四，评估数据、算法和设施，即评估数据、算法以及基础设施安全风险威胁和实际风险水平。如果评估出了问题，企业是否要担责？我的答案是否定的，因为任何网络安全和数据安全永远不是绝对意义上的安全。我们只能在这个阶段看到我们现在所能看到的全部。在数据安全层面，当法律义务、实际控制效果作为评估标准，这标志着主体已经达到法律所要求的最佳状态。如果以未来更高的要求指责主体当时做得不到位，这就明显超出法律的稳定性要求。网络安全并不是绝对的安全可以解决的，法律也不可能解决所有的安全风险问题，因此需要对具体的实际风险作区分评估。

第五，评估内部管理机制的实施情况。如果对 AI 进行一定程度的评估，那么评估机制如何内化成审计规范？例如，对系统内部设置很细密的内部管理机制，区分不同人员的信息处理权限，包括信息系统的访问权限、后台数据的保密流程，以及安全责任人系统内测。

五、结论：我们需要什么样的法律治理

科技创新迭代周期正在持续缩短，相应的技术风险类型同样发生变化。面对 ChatGPT 等人工智能产业创新实践，立法并不当然是解决新兴技术风险的最优选择，立法始终需要遵循技术发展的客观规律，而非"一次技术创新对应一次专门立法"，更迫切的治理需求是如何引导企业、个人合理使用人工智能技术及其产品。事实上，我国也越发重视科技伦理理论和科技伦理审查机制的功能定位，背后的原因是平衡技术创新与风险预防之间的内在冲突。数字时代，技术风险早已无法按照过去观念中的技术升级、漏洞补丁等方式予以预防和化解，同样也并非仅靠义务性规范即可完成行业层面的风险可控，而是需要转型至包含科技伦理、义务规范以及技术标准等内容的风险治理框架之下，从应用场景、系统环境、内部管理流程、技术可靠性等多个领域进行全面的风险评估。

——与 谈 环 节——

与谈人·周瑞珏

谢谢主持人！

目前，刑法对于 ChatGPT 的回应，或者说如何进行风险预防，其实还处于初步探讨的阶段。在 ChatGPT 问世之前，强人工智能并未得到学界认可。但 ChatGPT 以近乎人类的语言和近乎人类思维的生成式功能横空出世，带来了很多新变化，比如生成代码、医疗人工智能等。但 ChatGPT 的智能性和犯罪主体的智能性还是有很大差距的。

第一，人工智能是否具有刑事主体资格。从计算机技术的角度来看，人工智能本质上还是依赖于一定的算法模型和数据录入，而人类所做的决定很大程度上还是会影响人工智能。在人工智能领域，很难判断人工智能本身存在疏忽、大意、过失甚至有注意义务。这仍然属于计算机代码领域的问题。它生成内容的精确化、智能化实际上与算法模型相关，而不能简单地理解为

一种近乎人类的逻辑思维方式。

第二，在刑法领域，面对 ChatGPT 风险是否需要对某一个具体的技术环节进行规制或行为判断。例如，数据标注行为问题，现阶段 ChatGPT 表达生成的内容并不准确，很大程度上依赖于用户提出的具体问题。如赵老师所说，谁控制了问题，谁就控制了答案。从治理的角度来讲，法学希望数据标注行为更加贴近安全性和伦理性，而技术专家优先考虑的是算法模型的性能，以及代码能不能最经济、最高效地实现研发应用的预期目标和核心功能，所以结论其实强调对于整体性的应用和开发的风险评估，而不是对特定的技术环节作规定，这也是法学思维和技术思维之间的差异。因此，我们通常所说的兼顾科技创新和个人权益保护的具体路径之一便是对具体的技术环节作出原则性规定，即针对数据标注行为，仅明确禁止使用具有明显歧视性的标注规则和标注方式，而不直接干涉具体的数据标注活动，避免对科技创新活动构成实质性约束。

与谈人·刘立慧

非常荣幸能有机会来中国政法大学交流和学习。听了赵老师的讲座，我对生成式人工智能应用有了更加深入的了解。

赵老师的结论我基本赞同。第一，立法始终需要遵循技术发展的客观规律，而非一次技术创新对应一次专门立法。第二，我国越发重视科技伦理理论和科技伦理审查机制的功能定位，背后的原因是平衡技术创新和风险预控之间的内在冲突。下面我谈谈自己的看法。

我认为应区分人工智能和人工智能体。人工智能不具备犯罪主体资格，只有人工智能体才可能涉及犯罪主体资格的问题。只有发展到了强人工智能体阶段，才有必要探讨犯罪主体资格，即它的智能程度已经发展到高级阶段，甚至是硅基生命的阶段。目前显然还没有发展到那个阶段，人工智能也好，人工智能体也罢，其对社会的损害都可以归因于其所有者或使用者，而并非人工智能体本身。这是没有疑问的。

就人工智能领域创新发展而言，我持乐观的态度。2023 年英国《金融时报》报道，超过 350 位人工智能领域的高管、专家签署联合声明，内容就是减轻 AI 带来的灭绝风险，警告称快速发展的人工智能技术对于人类的威胁可堪比疫情和核战争。个人认为这有点危言耸听。从人类历史来看，科技突破总是伴随着反对的声音，比如火车、交流电等科技刚出现时，也都有过抵制的声音。从科技发展史来看，每一次科技进步都极大地解放了人的体力劳动和脑力劳动。人工智能的出现和应用可能是工业革命以来最重要的科技革命，会对人类社会的方方面面产生深刻的影响。目前可能只是一个开始，这是一个无法阻挡的趋势。站在中国的立场上，中国应当拥抱这种趋势。因为中国需要在人工智能等科技前沿领域让自己保持在世界水平的前列，事实上中国也顺应了这种趋势。在赵老师的权利法、促进法、行为法的分类中，就此问题我是站在促进法的角度看待的。

从法律规制的角度，可以考虑引入社会容忍度、国家容忍度或者类似的概念。主要出于两点理由：第一，比照关于机动车的规定。法律既认可对机动车的风险容忍和正常使用，刑法又规制交通肇事、危险驾驶等行为。这个逻辑适用于我们今天探讨的包括 ChatGPT 在内的人工智能的问题。第二，比照我国知识产权制度的发展现状。德国和日本作为后发国家，都走过模仿英美等西方工业发达国家的历程。我国科技经济刚刚起步的年代，英美德日等国家已经建立了完善的知识产权制度。如果中国照搬西方国家繁复的知识产权制度并严格适用，无疑是不符合实际的。目前我国正逐渐从产业链的中低端向中高端发展，保护知识产权的客观需求相对变得强烈，知识产权制度的适用无疑会相应严格。类比我国知识产权制度逐渐发展完善的过程，关于我国对人工智能的法律规制，从实际监管的角度来讲，在技术发展的前期，不应施加过大的监管力度，能少监管就少监管。当然，前瞻性研究不能少，可以存而不用，做好储备。

法律保护有利于社会发展的事物，限制和禁止有害于社会发展的事物存在。《刑法》第十三条、第十四条、第十五条等条款都说明中国刑法并非个人本位，而是社会本位，应以社会为主体来思考和判断行为的危害性程度。对于人工智能的判断，也应从社会整体层面加以考虑。中国是个成文法国家，这决定了法律规定本身一定滞后于社会发展，比如对套路贷的规制。成文法的规制对象需要确定性、类型化。最前沿的事物往往处于剧烈的变化发展中，缺乏确定性和类型化。因此，我认为无须对人工智能进行专门立法。

具体的行为是否需要犯罪化，应当考察以下三点：第一，适用现有的规定是否足以规制。如果现有的法律规定可以直接规制，或者通过解释可以规制，就没有必要予以犯罪化。目前实践中的情况仅是生成式人工智能被不法分子利用，将人工智能作为工具，对此完全可以适用《刑法》第二百八十五条、第二百八十六条。第二，对于稳定的、可以类型化的、危害社会的，且对刑法保护的客体和权益具有严重危害的行为，立法者可以考虑对其予以犯罪化。第三，政策性的建议必须考虑路径依赖，从实际出发。学术是可以理想主义的，但改革必须从实际出发，需要反思积极刑法观。随着社会的发展，权益进一步分化，社会关系也更加复杂，需要刑法规制的对象一定是增加的，因此刑法罪名的增加趋势是一定的。但若突破社会的客观需要、突破刑法的最后手段性，把刑法作为社会治理的第一手段，会导向过分积极的刑法。

此外，今天探讨的 ChatGPT 以及人工智能，使用它们的企业可能都涉及合规问题。赵老师讲到的义务主体采用符合安全风险控制的评估措施，也属于企业合规的领域。在刑法领域，应注重、强化人工智能使用企业自身的监管，而不是过度强调支持外在的行业监管、行政监管。

今天就谈这么多，谢谢大家！

与谈人·商希雪

刚才赵老师和各位点评老师主要从刑事法的角度谈人工智能的刑事治理思路，而我主要从数据治理的角度谈谈人工智能数据利用的风险及合规。当前人工智能一般用于商业应用场景，并未超出原来数据风险治理议题的范畴。

在个人数据商业化利用领域，生成式人工智能技术的进步导致数据处理的深度加深、数据处理优化的效率更高，对个人数据带来更高的风险，但没有超出原有议题。我们要关注的是数据利用的深度问题、层次性问题、分类分级问题以及匿名化处理的技术标准。当前人工智能主要应用在个人数据领域，其公共性利用较少，这也是源于对人工智能的不完全信任，其很难被投到公共性利用中。

公共数据强调开放、共享、重复利用，而生成式人工智能就是对数据高频次地、大量地使用，所以我认为公共数据会是人工智能应用中主要的数据来源，而且公共数据的质量比较高。但公共数据的人工智能应用可能涉及合规问题。政务数据在当前规范下不存在商业化利用的可能。我建议在制度层面松绑，减少人工智能发展利用数据的障碍，应先从公共数据开放应用做起。还应在数据获取上提供更多渠道。但这些问题还是没有超出制度构建的框架。对于企业数据，人工智能应用是天然的，基于其活跃的应用和开发，可能带来与个人数据相关的问题，需要谨慎对待。在实践中该怎么界定哪些是企业数据，如何与用户数据切分权益，这是仍待解决的问题。

总的来说，人工智能应用中的数据处理问题还没有颠覆当前数据治理的思路，这也是我进一步研究的方向。谢谢大家！

与谈人·郭旨龙

感谢王志远老师提供的平台，让我有机会与各位老师进行线下交流。

在探讨"ChatGPT 来了"的话题时，让我想到人工智能有弱人工智能和强人工智能之分，以及我们是否真的进入强人工智能时代。这个问题很容易带来人工智能有没有法律主体地位等质疑，我对此持保守态度，它是一个比较远期的问题，需要技术的进一步突破，更需要民法等前置法的配套制度，比如算法和算法之间、机器人和机器人之间、机器人和人类之间如何区分等，以及民事领域里主体的权利、义务和责任，如何限制资格、赋予资格、剥夺权利，都要配套制度进行明确规定。现阶段执着于弱人工智能和强人工智能的划分，很容易导致大家过多地讨论一些虚无缥缈、没有扎实基础的问题。我认为，可以考虑另外一种分类：专用人工智能和通用人工智能。通用人工智能的发展和专用人工智能会有不同的风险样态，在伦理上、道德上、法律上要求不同的风险规则方式。

ChatGPT 的应用在现实中产生了哪些风险？第一，虚假信息生成。例如，在国内有人用 AI 生成科大讯飞出现重大风险的虚假小作文[①]，这就是伪造虚

---

① 参见钟雨欣：《AI 小作文成谣言"推手" 虚实混融中如何守住真实底线?》，载《21 世纪经济报道》2023 年 5 月 26 日，第 3 版。

假信息。生成虚假信息分为两种，一种是按照指令生成的，另一种是在用户不知道的情况下 ChatGPT 自动生成。第二，数据泄露。商家能使用用户的大数据轨迹挖掘用户的爱好和隐私等。例如，我想了解某个人的家庭成员及其成长轨迹，ChatGPT 能通过网络上的亿万数据帮我挖掘出来，它相当于一个"探子"。第三，著作权侵权的问题。它确实有具体风险需要我们借助伦理、法律去应对。

法律上如何解决这些难题？我们对传统网络犯罪和人工智能犯罪进行比较。在传统网络犯罪领域，法律可以打击这种提供用于网络违法犯罪的工具、程序、信息技术等各种帮助的行为，这些行为能找到具体的人。可以知道具体的违法犯罪类型。行为人主观上至少存在概括性认识，因而能够追究这个人的行为责任。但在人工智能犯罪的场景下，我们难以追责。对于工程师、公司这些主体，主观上不存在具体的认识，所以很难认为其存在主观故意或过失。赵老师提到的算法安全评估机制是一个很好的方向，既然它的风险、难题主要来自算法，那么算法安全评估机制能够最大程度地缓解风险，平衡发展需求。这就涉及社会对于新技术（特别是人工智能技术风险）的接受度问题。我提议适用双层面的方案：第一个层面，一般性地评估算法能否显著地提升安全效率。比如，自动驾驶能否显著减少交通事故，如果可以显著减少，原则上就应该允许推广或使用这一算法；第二个层面，出现具体事故之后，回溯评判算法能否预防此类事故的发生，如果能够预防而不去预防就认定存在故意或过失，继而判断算法设计者应承担责任。

此外，赵老师指出，国外非常重视通过科技伦理治理生成式人工智能技术风险，而我国特别强调法律规制。总体而言，我是赞成使用法律进行判断，但两者并不是泾渭分明的，只是中外各有侧重。我国相较于伦理治理更倾向于法律规制也是正常现象，而欧盟就是伦理治理和法律规制并重。而且在座的基本上都是法学界的，肯定更关注法律规制，如果以伦理学视角对现有伦理治理进行审视，就会发现中国的科技伦理规制也是成熟的。

以上就是我的汇报。

——提 问 环 节——

Q1：科技伦理审查和科技立法相互结合的目的是形成算法安全评估机制。算法安全评估机制的正当性基础是安全风险评估，但安全风险评估的理念如何指导科技伦理审查和科技立法的结合？或者说，科技伦理理论和科技立法之间存在哪些具体的连接点，从而能够使得科技伦理义务顺畅地转化为法律义务。

赵精武：我作此报告的初衷是因为我国对科技伦理审查不够重视。目前我国虽然已经成立了伦理审查委员会，但其实际效用有待进一步提高。伦理审查不能只是一个道德机制，其必须与法律相衔接。不但要有法律机制，还要有技术方案。应当承认它们是社会治理机制，才能更好地完善人工智能的治理方案。目前，有观点过分强调法律在人工治理格局中的地位。但就我个人感受而言，法律并非万能的，它有很多局限性，所以我希望借算法安全原则将伦理机制和审查机制加入进来，落实对人工智能的审查，这样可以规避很多风险。所以我最后提供的是一套"管理+法律"的解决方案，即怎样定义 AI 的实义，以及怎么解决 AI 的审查机制，怎么激活现有的立法资源。这是我这个阶段想给大家的答案。

Q2-1：从科技伦理的角度如何审查和解决 ChatGPT 生成虚假信息的问题？

赵精武：首先，我们拥有关键词过滤机制，世界上每个国家都有自己的伦理审查标准。《生成式人工智能服务管理办法》专门规定了数据来源的合法性问题，如果数据来源不合法，生成的结果大概率也有合法性问题，要确保前端的数据合法。其次，我们将对人的管控纳入管理范围中，我提出的框架能够把人、管理和数据生成来源都包括在内。对于训练后的模型，开发者在模型生成之后仍负有监管义务。未来所有信息的真假只能由人来判断，而不能单纯地依靠机器或现有的生成技术。

Q2-2：这种措施是否会逐渐加重审查义务？目前 ChatGPT 3.5 和 ChatGPT 4.0 暂未联网，数据池暂时由人工输入，但随着不断迭代，往代人工智能生成的数据可能会成为新一代人工智能数据池的一部分，审查风险和难度会像滚雪球一样越来越大。

赵精武：目前的 ChatGPT 3.5 和 ChatGPT 4.0 是否联网暂且未知，其数据量也比我们所见的更大。我们只能在使用过程中做好审查工作，不可能完全约束数据来源。《生成式人工智能服务管理办法》关于使用者应当实名使用的条款之所以备受争议，是因为绝对干净的模型是不存在的。因此，模型的数据投喂以及中间使用环节的伦理审查功能显得尤为重要。如果要规避风险，那么必经这一环。你刚才说审查义务越来越重，其实审查义务一直都重，只是公众不知道。

Q3：ChatGPT 涉及传统刑法中的归责方式，包括一些主体责任分配分担的问题。但目前立法对于责任分担还存在一些漏洞，不知道各位老师对这个问题怎么看？

郭旨龙：拒不履行网络安全管理义务罪主要规制信息、数据泄露的行为。比如，用户让 ChatGPT 生成一个国防大楼爆炸的图片，然后在社交媒体上疯狂传播，从而对整个美国股市造成一定的影响。如果未来 ChatGPT 本身有这种大规模的行为，比如微博、Facebook 或粉丝量特别多的主播运用这种新闻媒体上的"一条龙"服务，自动抓取甚至进行加工，未经审核便立即传播，就没办法把责任归结到特定人。此时，拒不履行网络安全管理义务罪可能会升级扩大，变成拒不履行算法安全管理义务罪。但我们必须得在前置法上设置好算法评估制度，只有先设置义务才能要求履行义务。

主持人·何龙

非常感谢赵老师以及四位评议人，相信大家从技术角度掌握了一些刑事规制的相关理论。感谢各位听众的参与，本期讲座到此结束。

药品安全犯罪的刑法规制

主讲人：张伟珂（中国人民公安大学食品药品与环境犯罪研究中心副主任）

与谈人：于　冲（中国政法大学刑事司法学院教授、校办副主任）

　　　　郑　洋（北京理工大学法学院助理教授）

　　　　陈　昊（中国政法大学刑事司法学院博士研究生）

主持人：涂欣筠（中国政法大学刑事司法学院讲师）

主持人·涂欣筠

各位老师、各位同学，大家好！欢迎各位来到"斜阳侧帽·学者论道"青年学者系列讲座第五期，本期的题目是《药品安全犯罪的刑法规制》。本期讲座的主讲人张伟珂老师是中国人民公安大学法学院副教授、院长助理、博士研究生导师、食品药品与环境犯罪研究中心副主任。张老师在经济犯罪、职务犯罪、死刑制度等研究领域都颇有建树，在《中国刑事法杂志》《刑法论丛》《当代法学》等期刊发表论文70余篇。期待张老师就药品犯罪问题为我们指点迷津。

我们今天还有幸邀请到三位与谈人，第一位是中国政法大学刑法学教授、博士生导师于冲老师；第二位是北京理工大学的助理教授郑洋老师；第三位是中国政法大学刑事司法学院2021级刑法学专业博士研究生陈昊。期待大家围绕今天的讲座题目进行深入的探讨和交流。

——主 讲 环 节——

主讲人·张伟珂

虽然刑法对药品的关注是一个比较小众的话题，学界对此并未形成相对系统且持续的研究，但相关问题在司法实践中备受关注。接下来我将从"齐二药案"① 引出的一些问题展开我的报告。

"齐二药案"中，行为人在生产过程中以毒害性药用辅料代替正规产品。当时，提供辅料的被告人被判处"以危险方法危害公共安全罪"，作为药品生产者的齐齐哈尔第二制药有限公司（以下简称齐二药）的主管人员和直接责任人被判处重大责任事故罪。对于该案，最高人民法院颁布的公告确定了裁判标准：行为人若明知原料有害，而仍提供给制药单位以生产药品，最终造成重大伤亡事故，则可以评价为以危险方法危害公共安全罪。这个案件具有鲜明的时代特色，但今天的我们对该案件可以提出一些法律问题。

第一，向制药厂提供有害原料的行为，所构成的是以危险方法危害公共安全罪，还是生产假药罪？对此，最高人民法院认为，若行为人仅提供一种药用的原料或辅料，本身并不从事药品的生产经营行为，应认定为以危险方法危害公共安全罪。但也有观点认为，行为人明知自己提供的原料有害而仍然提供给药厂制造药品的，是把药厂作为生产假药的工具，属于生产假药罪的间接正犯。理论界对上述问题缺乏充分的讨论。

第二，办案机关打击的药品犯罪案件往往集中在无证生产和无证经营的

① "齐二药案"，即齐齐哈尔第二制药有限公司负责原、辅料采购的钮忠仁和郭兴平，违反物料采购应（派人）对供货方实地考察和要求供货方提供样品进行检验等相关规定，严重不负责任，在未确切核实供应商王桂平（另案处理）的供货资质的情况下，2005 年 10 月，经郭兴平同意，钮忠仁向王桂平购入 1 吨由二甘醇冒充的丙二醇。作为齐二药负责化验、生产质量的陈桂芬、朱传华在明知该批假冒丙二醇"相对密度"不合格，并且公司检验设施不齐全，检验人员检验资质不全，没有做"鉴别"检验项目的情况下，违反药品生产质量管理规定，仍开具虚假的合格检验报告书，致使该批假冒丙二醇被投入生产。尹家德作为齐二药总经理，主管公司的全面工作，对公司的物料采购、药品生产等生产活动的管理严重不负责任，致使上述假冒丙二醇被投入生产。最终，齐二药于 2006 年 3 月将假冒丙二醇辅料用于生产批号为 06030501 的亮菌甲素注射液。同年 4 月，该批药品被位于广州的中山大学附属第三医院应用到患者的治疗中，导致 15 名患者出现急性肾衰竭或者神经系统损害等"二甘醇"中毒的症状，其中 13 人死亡、2 人病情加重。——编者注

范围。但有证明文件、有资格从事业务的正规药企往往不是刑事监管的风险对象，而是行政监管的风险对象。值得注意的是，一旦某个正规药厂出现生产事故，办案机关往往坚持整体评价的逻辑，从而忽略对药企高管和一线的生产加工部门、原料采购部门等不同群体的责任考察。

第三，在食品、药品、环境犯罪中，主观明知、犯罪故意的推定思路明显被扩张使用。而这种扩张的思路在某种程度上压缩了过失犯的成立空间。按照最新的司法解释，齐二药很可能会被认定为生产销售假药罪，而不是当时所判定的重大责任事故罪。此时，我们需要判定的是，在十几年后的今天，企业若生产销售不符合国家标准的药品，如何厘清过失责任和故意责任？

一、药品犯罪的规制现状与特点

目前刑法关于药品犯罪的立法体系是"一体两翼"的。"一体"是目前主要适用的三个罪名：生产、销售、提供假药罪，生产、销售、提供劣药罪，妨害药品管理罪。但从司法实践、司法解释来看，涉药犯罪体系还包括"两翼"的规则保障体系：一是围绕产品质量的，主要涉及以危险方法危害公共安全罪、重大责任事故罪和生产、销售伪劣产品罪。二是围绕市场经营资格、知识产权保护的非法经营罪与侵犯知识产权犯罪。这几个罪名形成了当前药品犯罪规制的罪名体系。当前法律的调整给司法实践带来了重大影响。在司法层面上，药品犯罪的现状可以被归结为以下几个方面。

（一）目前的司法实践中入刑的行为类型以销售行为居多

《刑法修正案（十一）》在第一百四十一条、第一百四十二条增加了"提供"这一行为类型，主要是为了应对实践中经常发生的"赠药"案件，但当前司法实践更多的行为类型仍以销售行为居多。其原因与目前的监管治理体制有关：假药、劣药类犯罪案件往往发生于市场监管部门对药店、药房的日常监管、巡查，即从执法习惯上来看，监管人员往往更关注药品的流通端。而对于生产端来说，监管部门面向的是正规药企，而不是黑作坊，也就较少在生产环节发现药品犯罪。另一个现实原因在于，生产出的假药劣药只有在市面流通才会被发现。这就带来一些问题：第一，主观明知的证明比较困难，卖药的人往往不知道案涉药品本身的性质；第二，销售端的量往往没有生产端的量大，想要证明销售者的销售金额较难。

（二）执法机关查获的案件以假药案件为主

为什么受到打击的药品犯罪出现了"以假药案件为主"而非"以劣药案件为主"的现象呢？在《刑法修正案（十一）》之前，国内假药案件较为集中的原因在于，未经批准进口的药品直接按假药论处，无须进行鉴定。典型的制药黑作坊案件在当时的占比不是太大。2019年《中华人民共和国药品管理法》（以下简称《药品管理法》）修改以后，假药的评价标准开始根据实质功效加以确定，"陆勇案"中出现的未经批准的进口药不再作为假药论处，而是按照《药品管理法》第一百二十四条作行政处罚。《刑法修正案（十一）》施行之后，新设置的妨害药品管理罪案件数量并未激增，这是因为"足以严重危害人体健康"对入罪门槛进行了限制。目前，假药类案件中未经批准进口药品的案件数量急剧下降，而无证生产的制药黑作坊案件开始增加。当然，目前的涉药犯罪案件仍以假药案件为主。

（三）案件来源以自侦案件为主，行政认定需求度高

从案件来源看，查获假劣药品的案件大部分来自公安机关，较少来自市场监管部门的移送。原因在于，案件移送往往争议较大，多种原因导致移送案件数量较少。根据2022年国家药品监督管理局发布的数据，移送的案件约占行政执法机关查处案件的28%，低于2019年的40%。而侦查机关对涉假药劣药犯罪行为的行政认定诉求非常高，经常需要市场监管部门出具假药劣药认定报告。我们曾赴数地调研，发现几乎所有的涉药犯罪案件均要求药品监管部门出具认定报告。但对药品进行行政认定就必须先明确认定的对象。即，如果认定案涉药品是假药，就要知道《刑法》中"假药"的内涵，对《刑法》中"假药"内涵的理解是否准确将直接影响行政认定结论的得出。近年来我们遇到这样的案件：行为人在市场上买了9种治牙疼的真药并将其混合灌装，对外以"万能牙疼药"的名义加以售卖，销量很高，疗效极好，但无法查明是否危害人体健康。此时，药监部门不知道这种物质应当如何定性，只是模糊地觉得行为人的行为大概率具有危害性，是需要禁止的。刑法学很少对各个药品犯罪的构成要件要素进行深入研究，导致这种疑案无法明确定性。

（四）量刑状况：轻刑化、职业禁止适用不足

药品犯罪的量刑普遍较低。根据统计，食品犯罪案件中被判处轻刑［三年有期徒刑及以下（含缓刑）］的案件大约占案件总量的 96.6% ,[①] 药品犯罪案件的轻刑比率也达到 91.7% 左右，远高于所有类型案件中轻刑的适用比例。[②] 我认为，这与办案人员对犯罪数额和结果危害性的评价有关。

二、药品犯罪在规范层面上的特点

（一）主观罪过形式单一

现行刑法中的生产、销售、提供假药罪，生产、销售、提供劣药以及妨害药品管理罪都是故意犯罪。固然可以认为，不处罚过失犯表明了刑法的谦抑性，但事实上，这种立法模式产生了两个后果：其一，那些的确存在过失的案件得到无罪化处理，或者是某种程度上的"以罚代刑"；其二，为了达到将案件按照法定的故意犯罪加以处置的效果，办案人员会通过对犯罪故意认定标准的扩大化解释，将原本应评价为过失的行为纳入故意中。这种趋向近年来最显著的表现，就是犯罪故意主观明知类型判断的泛化。2022 年《最高人民法院 最高人民检察院关于办理危害药品安全刑事案件适用法律若干问题的解释》（高检法释字〔2022〕1 号，以下简称 2022 年《药品犯罪司法解释》）第十条就规定了关于主观明知的认定规则。在国家药监局公布的 5 起药品安全专项整治典型案例中有一个"天津市博爱生物药业有限公司生产假药小败毒膏案"。该案中药业公司误用生产原料，导致生产出来的药品都与国家药品标准不符，被定性为典型的假药。但需要注意的是，该案例中，药品监管部门研判认为"现有的证据不足以证明该公司具有生产假药的主观故意"。也就是说，药监局在调查后认为，既然企业不具有主观故意，该案就无须作为犯罪移送，便以行政处罚处理了该案。但是，关于行刑衔接，根据《行政执法机关移送涉嫌犯罪案件的规定》中规定的案件移送标准，违法事实达到立案追诉标准，即需要移送。换句话说，药监部门不能以"不具有主观故意"

---

① 参见张伟珂：《危害食品安全犯罪刑事司法政策研究》，载《中国人民公安大学学报（社会科学版）》2017 年第 3 期，第 34 页。

② 参见张伟珂：《药品犯罪刑事司法治理模式的实践检视》，载《北京社会科学》2023 年第 12 期，第 82 页。

为由不移交案件，可实践中这种情况却非常普遍。

（二）行为方式简单概括

在《刑法修正案（十一）》实施后，关于假药劣药的法定犯罪行为只有生产、销售、提供这三种具体形态。但药品犯罪有很长的犯罪链条。在《德国药品法》中，可以判处一年监禁刑以下的涉罪行为远超过三种。对比之下，我国《刑法》的规定相对简单。对此，目前采取的应对方式是司法解释的积极扩张：例如，《最高人民法院 最高人民检察院关于办理危害药品安全刑事案件适用法律若干问题的解释》（法释〔2014〕14号，已废止）规定，"医疗机构、医疗机构工作人员明知是假药、劣药而有偿提供给他人使用，或者为出售而购买、储存的行为，应当认定为刑法第一百四十一条、第一百四十二条规定的'销售'。"司法解释把"销售"从交易行为变成储存行为，这直接导致销售行为未遂形态的变化——只要买回来把货放到家里，就已经构成销售行为的既遂。但按照生产销售伪劣产品罪的有关规定，在没有卖出案涉产品时，货值金额并不是违法所得。所以，可以认为，对行为的扩张解释直接引起司法实践中对犯罪停止形态的判断标准的混乱。又如，关于生产行为，2022年《药品犯罪司法解释》第六条规定："以生产、销售、提供假药、劣药为目的，合成、精制、提取、储存、加工炮制药品原料，或者在将药品原料、辅料、包装材料制成成品过程中，进行配料、混合、制剂、储存、包装的，应当认定为刑法第一百四十一条、第一百四十二条规定的'生产'。"司法解释认为，包装行为也属于假药生产。实际上，对假药的包装在理论上应属于生产假药的帮助行为，但司法解释现在直接把它定为生产行为本身，跨过了帮助行为和实行行为之间的界限。综上，由于立法中对行为类型的规定较少，目前只能通过扩大解释尽可能地把实践中出现的行为囊括进去，这就容易在司法实践中引起混乱。

（三）实害犯、危险犯相结合的立法模式

理想的立法状态是实害犯、危险犯相互搭配，共同构建一个严密的保障体系。但客观上，在实害犯评价规则的药品犯罪体系中，由于因果关系判断规则的缺失，司法者仍难以达到理想的事实认定状态。

（四）加重情节类型丰富

1997 年《刑法》设立了生产、销售假药罪，但可导致其法定刑升格的加重情节里只有"对人体健康造成严重危害"的要件。2011 年《刑法修正案（八）》修订时，立法者修改为"对人体健康造成严重危害或者有其他严重情节"，即将情节严重和危害结果一并作为加重情节。此后，数额问题开始成为影响假药劣药案件的重点。据统计，被判处十年以上有期徒刑的生产、销售假药案件，基本都是因为数量太大。山东某案件的销售金额就达到 1500 万元。但从司法适用的标准看，缺少一个销售金额的具体认定标准。

三、药品犯罪在实践层面上的特点

（一）重形式评价、轻实质评价

为什么"重形式评价、轻实质评价"呢？因为实践中涉假药案件里的很多药品是用各种非法添加物拼凑而成的，以不同的原料、不同的辅料进行拼凑，危害性应当具体而论。但司法实践中往往不过于关注它的成分，而考虑的是，只要符合假药概念，认定过程即告完成。因为，国家药品监督管理局出具的相关行刑衔接工作办法指出，最终的认定结论必须为"是假药还是劣药"，并不要求进行危害性分析。

药品犯罪中决定实质危险程度的是药品的风险，其影响因素有"安全、有效、质量可控"。"安全"是指药品成分本身是无公害的，可以把副作用控制在有效范围内。"有效"是指可以治疗疾病。但我们现在对于假药和劣药的评价，均忽略了对安全性、有效性缺损的分析，仅从概念上分析案涉物质符合何种类型。行为人以玉米淀粉冒充抗癌药，和行为人销售境外未上市的抗癌药，两种情节的危害性肯定是不同的。实践中，办案机关会将这两种药都评价为危害人体健康的"假药"。可以说，各种问题药品的评价标准缺少相应的解释学论证，导致在行政认定层面缺乏明确的指引，也导致评价标准单一化。

（二）主观认知的复杂化，主观明知的扩大化

"齐二药案"中，采购员在采购过程中未认真履行职责，致使问题原料进入生产流程。也就是说，采购员没有履行药品进货时的审查义务。法院由此认定行为人主观上存在过失。但根据 2022 年《药品犯罪司法解释》第十条规定，向不具有资质的生产者、销售者购买药品，且不能提供合法有效的

来历证明的，可以认定行为人有实施相关犯罪的主观故意。所以，"齐二药案"放现在很可能会被认定为生产、销售、提供假药罪。

此外，逃避检查是一种非常容易入罪的情形。例如，行为人开设药店，与前来检查的执法人员发生冲突，抗拒执法人员入店检查，结果执法人员入店后，碰巧发现店内存在假药。此时，抗拒检查就很容易被认为具有销售假药罪的故意。又如，行为人曾实施过危害药品安全的违法行为，可能更容易被处罚。可以认为，犯罪故意类型的单一化，主观明知认定在某种程度上的迫切性，导致实践中倾向于采取上述认定方式。这种主观明知认定范围的扩大化，不单在药品犯罪中存在，在食品犯罪中也存在。2022年《药品犯罪司法解释》制定前征求意见的阶段，我们当时提出：只有"生产、销售不符合安全标准的食品罪"案件，才能适用以"义务不履行""抗拒执法人员检查"等推定犯罪主观方面的认定方法，而"生产、销售有毒有害食品罪"不可以。因为，"义务不履行""抗拒执法人员检查"等许多行为和"有毒有害食品""假药"这一类具体的概念并没有必然的内在联系。

（三）危险评价的类型化与扩大化

这个特点针对的是新增的妨害药品管理罪。该罪增加了"足以严重危害人体健康"这一要件。2022年《药品犯罪司法解释》对此采取了扩大化、类型化的方式加以解决。例如，关于涉药黑作坊案件，2022年《药品犯罪司法解释》第七条第（二）（三）（四）项规定，在国内无证生产药品可以认定为"足以严重危害人体健康"。我们今年查处过一批被举报的制药黑窝点，从许多黑窝点中搜查出的产品中没有检出常见的化学药品。这是因为，药监部门在检测时不可能对所有的化合物均进行检测，只能检测案涉的这一类药一般常见的非法添加的化学成分类型。但黑作坊往往不添加那些常见的化学药物成分，例如，他们在非法生产的性保健药里面不添加西地那非，而是添加其他那非类物质，仍可以达到他们所宣传的效果，却让药监部门很难查出来。

还有，2022年《药品犯罪司法解释》第七条第（三）项提到"涉案药品的适应症、功能主治或者成分不明"的情节，可黑作坊经营者在包装上把适应症、功能主治、成分标注得很清楚，但案涉物质是不是真的符合标注内容，执法人员往往无法认定。在这种情况下，司法解释中的规定也无法适用。

2022 年《药品犯罪司法解释》第七条第（二）项涉及"本解释第一条第一项至第三项规定情形"，所针对的是特定风险，即"（一）涉案药品以孕产妇、儿童或者危重病人为主要使用对象的；（二）涉案药品属于麻醉药品、精神药品、医疗用毒性药品、放射性药品、生物制品，或者以药品类易制毒化学品冒充其他药品的；（三）涉案药品属于注射剂药品、急救药品的"。但实践中行为人如果并非生产上述针对特定人群的药品，而是生产普通药品，比如感冒药、牙疼药、降糖药，则该条适用也非常困难，而实践中容易出现扩大解释的情况。在最高人民法院发布的刑事审判参考第 1493 号指导案例中，涉案产品是抗癌药，裁判者采取了对"危重病人"进行扩张解释的思路，把癌症病人解释为危重病人，由此证明该公司生产的药品足以严重危害人体健康。但癌症患者与危重病人是两个概念。危重病人表现的是危险程度，癌症患者表现的是病人所患疾病的类型。两者之间并没有必然联系。

司法实践中的另一个问题是没有考虑药品类型。药品的类型有很多。例如，行为人用玉米淀粉制造假银翘片，这对人体是不会有伤害的。司法实践对"足以严重危害人体健康"的解释重点落在"足以危害人体健康"，而忽视了行为危害程度上的"严重"。因此，目前对"足以严重危害人体健康"的解释里并未区分药品类型。我们认为，应当考虑药品的类型，比如处方药与非处方药的区分。《德国药品法》中就明确规定了针对处方药的刑事评价：违法销售处方药，可能直接判处一年以下监禁。但我国的药品犯罪刑法评价中并未考虑处方药与非处方药的区别，而是将所有类型的药品都纳入统一的评价标准。

四、药品犯罪的规制难点

（一）主观明知的推定

犯罪故意要求认识因素和意志因素。"明知"在生产、销售、提供假药罪中的具体内涵是"明知这是假药"。但实际上，大多数案件中的被告人是不会承认"明知"的，所以如何证明"明知"自然就是难题。实践中，行为人都会有意识地利用"明知"的证明难度，排除自己被判处故意犯罪的可能性。相关的认定规则仍有较大的发展空间。2022 年《药品犯罪司法解释》第十条先规定一个结合被告人从业经历、认知能力、药品质量、进货渠道和价格、销售渠道和价格以及生产、销售方式等事实的总体评价标准，但随后又列举了直接推定而不考虑综合评价的犯罪故意认定标准。虽然该条款提供了犯罪故意的认定路径，但如何在具体案件中适用，仍然有待建立更合理的标准。

（二）认定与鉴定

《刑法修正案（十一）》对药品犯罪的调整带来的最大影响之一，就是刑法对"假药"的评价如何与《药品管理法》对"假药"的评价调和。2022年《药品犯罪司法解释》第十九条提到，"《刑法》第一百四十一条、第一百四十二条规定的'假药''劣药'，依照《药品管理法》的规定认定。"但在具体认定中仍有一定难度。有一种疑难情形是，行为人研发了某药剂，宣称其有止痒、保湿、治疗咽炎等多重功效，可喷洒、可涂抹、可内服，并以商业秘密为由对成分加以保密。这种案涉物质既像食品，又像药品，所以出现了难以鉴定的情况：食品检验鉴定机构、药品检验鉴定机构均认为自己没有鉴定资质。2022年《药品犯罪司法解释》第十九条规定，对以非药品冒充药品、以他种药品冒充此种药品的，"能够根据现场查获的原料、包装，结合犯罪嫌疑人、被告人供述等证据材料作出判断的，可以由地市级以上药品监督管理部门出具认定意见"，可以不做检验。只要有笔录，有现场查获的原材料等其他证据，即可完成对"假药"的认定，无须检验。

当然，上面这类案件属于简单案件。难点在于，随着《刑法》条文的修改，我们是否及时关注到刑法与行政法在概念内涵上的关系？这就涉及"假药"的实质解释问题。例如，《药品管理法》认为，药品成分含量不符合国家标准的是劣药，那么，假如某药品的主要成分、主要辅料、配料的标准比例是 $40:50:10$，而行为人在生产过程中将其改为 $98:1:1$。从概念来看，其符合国家对药品成分的规定，但从疗效来看，这种药品似乎又没有功效。那么这究竟是假药还是劣药？如果按照司法解释的观点，似乎评价为劣药比较合适，但如果从刑法的实质判断的角度来讲，它似乎又符合假药的标准。这类问题的实质是一个关于刑法解释立场的问题。个人认为，由于药品需要考虑有效性，所以，虽含有活性成分，但经鉴定没有疗效的，可以作为"假药"处理。当然，如果要采用复杂的教义学标准，那么，$98:1:1$ 可以被理解为假药，那将比例改成 $20:80$ 呢？答案可能就不同了。数值变化的边界是多少？也许在刑法解释论的角度，风险评估和科学性评价需要医疗评价机构参与。所以这两年我们也在与各个市场监管部门合作，旨在推动一些标准的建立。

（三）进口药案件的认定与因果关系的分析

根据 2022 年《药品犯罪司法解释》第七条第（五）项的规定，未取得药品相关批准证明文件进口药品或者明知是上述药品而销售，涉案药品在境外也未合法上市的，可以认定为"足以严重危害人体健康"。此时，如何查明案涉药品在境外是否合法上市？这涉及国际刑事协助的事项，对其查明并非易事，从国内到国外需要一套流程。所以，对境外上市情况较难查明，近年来也很少有与未经批准的进口药相关的案件。

另外，最大的难点不在于境外上市情况的查明，而在于案涉药品"进口药"身份的确定。要适用 2022 年《药品犯罪司法解释》第七条第（五）项，先要确定"进口药"的身份，进而查明该药品是否在境外合法上市。行为人在国内生产，在包装上贴上境外药品的标签，不属于进口药。现实中，执法部门很难查到案涉药品的生产状况。我们要解决的问题是，在查获带有外文包装的药品，且经查询该药品名称在国外合法上市的药品名录中查不到，此时能不能仅以外包装来认定其"进口药"身份？这是很难的。所以针对这种情况，刑事法要建立黑作坊所制药品、无证生产药品与进口药的关联关系。当证明不了案涉药品是"进口药"的时候，办案人员可以直接按照无证生产、销售问题药品加以处理。当销售端的人不能按照药品管理法规的义务来证明自己所销售的药品来自境外，执法人员也不能证明药品来自境外的情况，则应作为国内无证生产药品加以处断。当然，即便包装是真的，也不能说药就是真的，因为是不是真药是需要检验的。总之，要把境外药品和境内药品在刑法层面上建立联系，如果理论上没有研究，那么实践中针对境外药品的规制就存在漏洞。只要企业保持沉默，主张自己什么都不知道，就难以认定其中的因果关系。

现在的药品犯罪理论中还缺少因果关系理论的给养。刑法的因果关系涉及行为与结果之间的联系，结果是危险的延伸，是危险的现实化。药品犯罪的特点在于，药品本身的危险是不确定的。以非法添加西布曲明的减肥产品为例，西布曲明的确是一种药，但会使用药者血压升高，诱发心脏问题，严重情况下可能危及生命。但在江苏省宜兴市人民法院（2019）苏 0282 刑初 1157 号刑事判决书所记载的"西布曲明致死案"中，在服用药物后死亡的服用者体内有一个特殊的肾上腺嗜铬细胞瘤，显然，这就使得该案中的危险与常见的危险类型不同。辩护人提出，医疗行为中使用甲泼尼龙可能是致其死亡的原因。这类案件中往往都有介入因素，所以需要在刑法层面建立起因果关系的判断规则。北京市海淀区人民法院（2018）京 0108 刑初 1789 号刑事判决书所记载的案件被称为国内客观归责适用的第一案。在该案中，被害人在被告人所经营的美容店内做吸脂手术，过程中被害人因注射麻醉药物导致不适。被告人在将被害人送往医院治疗后，冒充被害人的姐姐，在医院下达的《病危病重通知书》《自动出院或转院告知书》上签字，不顾医务人员的劝告，强行将被害人接出医院，并用私家车将被害人送回其暂住地，导致被害人未及时得到医治。后由于被害人病情严重，被告人又将被害人送往另一家医院救治，后被害人在医院死亡。对该案中的因果关系如何评价是一个难题。最终法院采用了客观归责理论进行分析。法院认为，被告人制造并实现了法所不容许的风险，即在不具有医师执业资格的情况下，为被害人注射了利多卡因等处方类药物，致使后者因药物中毒而死亡。而后，从构成要件的效力范围来看，死亡结果不能由第三人负责，也不能由被害人自我负责，故而该死亡结果应归责于被告人。被告人的行为符合过失致人死亡罪的客观构成要件。当然，相关因果关系理论也适用于本案。

（四）回收药品问题

目前，司法人员针对涉及普通药品经营的案件已不再适用非法经营罪，而是只针对两类药品案件适用非法经营罪：一类是麻精药品类案件，另一类是兴奋剂类案件。2022 年《药品犯罪司法解释》呈现的最大变化之一是删除了两个非法经营条款：一是无证经营药品，二是以生产、销售药品为目的，为他人提供不符合标准的原料和辅料。上述两个行为在 2014 年至 2020 年是按照非法经营罪论处的。那么，对于回收药的无证经营药品行为如何处理？这是刑法评价的难点。2022 年《药品犯罪司法解释》第十三条规定应以诈骗罪和掩饰隐瞒犯罪所得罪进行规制，但实践中的难点在于，真正的经营者往往是散户，他们一次只拿出一点来卖。例如，在街边站着卖药的人身上只带一两个药瓶子，甚至只带一张纸。此时查证就十分困难。所以问题在于，当删除非法经营行为类型之后，仅靠诈骗罪和掩饰隐瞒犯罪所得罪这两个非涉药的罪名能否真正处理现实中的乱象？是否有必要对处方药、麻精药品给予特别规制？这些都需要进一步研究。

（五）传统中药领域的假劣药品问题

中药属于药品犯罪领域的特殊话题。我们长期以来所关注的标准是围绕着西药的，但黑作坊所生产的有许多是中药。所以，从这两年发生的药品犯罪案件和药品管理相关法律法规所提出的概念来看，还是有对涉中药犯罪刑事监管的需要的。

例如，"以非药品冒充药品"的问题。什么是非药品？有观点认为，"非药品"是"不具备药品管理法规定的生产条件所形成的，且不具有疗效和安全性、稳定性的物质"。但如果按照这一概念，非药品不仅包括假药，也包括劣药。我认为，问题的根源在于，提出这个观点的论者忽略了"药品"和"安全药品、合格药品"的界限。"药品"作为刑法中的重要概念，相关的教义学研究有待重视。已有研究不论分析法益，还是判断危险性、结果归属，都不能忽视真正的核心问题，即"药品"概念的界定。按照《药品管理法》的规定，安全药品是安全、有效、质量可控的，所以不安全药品是不满足这些条件的药品。但药品的概念是什么呢？按照《药品管理法》的规定，药品"是指用于预防、治疗、诊断人的疾病，有目的地调节人的生理机能并规定有适应症或者功能主治、用法和用量的物质"。其中并没有强调需要有安全性、有效性。因此，"非药品"这一概念的核心不在于是否安全，而在于是否对外宣传以治疗人的疾病为目的。通俗地讲，"非药品"进入市场，所标注的身份就不是为了治疗人的疾病的。实践中许多案涉产品在能否被认定为药品的问题上引起了巨大的分歧。

在"侯某某生产销售假药案"中，行为人在家里自制抗癌药，标注为抗癌一号、抗癌二号加以售卖。该案涉案金额特别巨大，有1500万元之多。有观点认为，如果该案中的行为人被判处生产、销售假药罪，之后关于中药领域生产、销售假药的案件数量将会增长。因为，没有任何证据显示该案涉及的"药品"属于化学药品或添加了化学药品，其可以被认定为纯中药方剂。

被告人的辩解容易使人产生困惑：被告人辩称，自己的药品是食药同源的，小孩都能服用，所以不应以生产、销售假药罪论处。但药可不是谁都能服用的，小孩不能随便服用。实际上，食药同源的产品在没有达到某些标准的情况下可能被认定为食品原料，如果将其调配后以药品名义售卖，被调配的物质就很可能落入"以非药品冒充药品"类的假药范畴。由于药监局仅给出结论而没有分析过程，所以其中的思路我们不得而知。

上面这个案件的特殊之处在于，案涉物质没有检测出化学药成分，且似乎还具有一定的疗效，卖了很长时间，市场反应还挺好。该案件揭示出一种困境：按照无化学药的纯中药配方配制药品，在什么情况下可以评价为中药，进而评价为假药？如果该案件中出现的药品不是抗癌药，也并非针对儿童，如何判定是不是假药？其中的评价其实很难。我们现在所有的认定体系都是围绕西药展开的，而针对中药（包括中药领域的中药材、中药饮片和中成药）的"假药"认定，目前缺乏统一的标准，各地目前的情况也不相同。

五、药品犯罪的规制要点

联系理论与实践以助力刑法对涉药犯罪的规制，值得学界关注。回顾过去几年，刑法理论界对药品犯罪的关注点往往是法益、立法后的竞合问题、新罪名的教义学分析等，这些理论界中热度较高的问题在刑法修订之前已有开创性的研究，但从我的了解来看，理论侧重点与实践需求点之间存在落差。实践需求可以归纳为以下几点。

（一）假劣药构成要素的内涵阐释

2022 年《药品犯罪司法解释》虽然明确了假劣药的内涵应与行政法规保持一致，但仍然有一些疑问亟待解决。例如，对"以他种药品冒充此种药品"的情形。在《药品管理法》修改前，立法机关就明确说明，"此种药品"应当是符合国家标准的，以不符合国家标准的他种药品代替"此种药品"，案涉药品就会被认定为假药。但从近两年最高院和公安部办理的案件来看，假药的含义已经扩张。例如，在某案件中，行为人在药品中添加了化学药，但对外打着纯中药的旗号售卖。最终办案人员的认定是：以混合有化学药的药品冒充纯中药，属于"以他种药品冒充此种药品"。这种解释超出了立法机关的预设。我发现，在此案件之后，行政机关也采纳了这种观点。所以，司法实践的操作可能会比理论研究更超前一些。又如，假药与劣药的内涵需要被规范。刚才我提及的那个用 9 种治疗牙痛的药合成一包药的案件，这样的案件能定性为生产、销售假药案件吗？我认为，刑法上的评价应分析行为人所对外宣传的适应症与真药是否一致。如果行为人对外宣传的适应症超出原来采购的 9 种药品的适应症，就不排除生产、销售假药罪成立的可能性。因为，《药品管理法》对假药的定义中的第（四）项就是"药品所标明的适应症或者功能主治超出规定范围"。

（二）加重犯视角下对销售金额的认定

涉药犯罪另一大集中问题就是如何认定销售额。关于这个问题，我们的精力可能更多地集中在"销售"的范围，就是通过违法所得、成本核算分析是否卖出去了，"销售"范围包括哪些，赠药是否可以作为销售计算等。但实践中证明销售情节的难点在于，如何对查获问题药品前已经销售的数额加以认定。曾有某地的公安机关为了调查案件，证明销售经营数额，在一个养猪场附近蹲守了半年，用无人机拍摄，暗中对每天的交易数额加以记录，如此记录固然有效，但侦查机关都照此侦查是不可能的。所以，刑法理论如何进一步挖掘销售金额的证明规则，是值得尝试的。

除了上述内容，因果关系的问题、行政拘留的适用问题等也值得研究，由于时间关系，在此不再过多展开。

六、结语

学界对涉西药犯罪与涉中药犯罪的研究力度存在差异，在个人药品犯罪与单位药品犯罪上的研究力度也有区别：学界更偏向对个人犯罪的研究，而对单位犯罪的研究较少。在犯罪行为上，学界对于无证经营、无证生产的研究要远多于对有证生产、有证经营的研究。结合我的研究经历，我一直有种感受：犯罪研究就像是创新药，它在挖掘最实在的社会资源，当然是最难的，但也是最重要的。而学界目前的研究更像是仿制药；对传统刑法理论和成熟案例资源的挖掘有点类似于中药。所以我认为，我国对药品犯罪的研究方向还需要仔细斟酌。

——与谈环节——

与谈人·于冲

谢谢张伟珂老师。张老师对药品犯罪的研究是非常突出、卓越的。听了张老师的报告后，我受到很大的启发，尤其是张老师报告中涉及中药犯罪认定的部分。

我曾多次主持国家药品监督管理局委托的关于药品犯罪刑法修正或司法解释的课题，在这个过程中，我发现，经常会有一些地方药品监督管理局向国家药品监督管理局请示，反映他们在执法过程中遇到的涉中药案件，并对这类案件能否以生产、销售假药罪定性感到困惑。比如，某省的药监部门曾经遇到如下疑难案件：行为人为了控制成本，把一服中药包里最重要的一两味药换成廉价的替代品。当时办案人员的疑惑是，这算不算是假药？如果是假药的话，属于《药品管理法》中四类假药中的哪一类？该案的情节看似属于"以他种药品冒充此种药品"或者"以非药品冒充药品"的情形。但案涉的一个药包是由十几味药拼凑在一起的，其中的一味药是否属于药品？还是说，只有配制成了一整包的药才叫作药品？目前，我国对假药的认定标准侧重于西药。那么以后立法时，是不是需要专门给予中药以一定的重视？尤其在标准的设定上，是不是仍然要严格地以西药为标准依据？需不需要考虑以中药为基础的标准？

关于《刑法修正案（十一）》所增设的妨害药品管理罪，当时出现了山东的问题疫苗事件，这个案件中出现的问题疫苗不能被认定为假药，且因为并未发现损害结果而不能被认定为生产、销售劣药罪，所以该案按照当时的药品犯罪体系很难定罪。该案中的行为人只是违反了对疫苗存储环境的要求，在运输过程中进行了数据篡改，伪造了疫苗通过冷链加以运输的记录。当时苦于这个问题，2017 年，《最高人民法院 最高人民检察院关于办理药品、医疗器械注册申请材料造假刑事案件适用法律若干问题的解释》发布，重点规制注册、运输等过程中的数据造假的认定问题。但是很遗憾，该司法解释出台后的实际适用非常少。当然，这并不是说我们起草的司法解释不好，而是因为它确实不好用，能够符合所列条件的案件几乎没有。后来赶上《药品管理法》的修订，立法者把所谓的"拟制假药"从假药中剥离而出，只保留四类假药。在《药品管理法》修订与《刑法修正案（十一）》颁布的契机下，妨害药品管理罪的立法就启动了。在《刑法修正案（十一）》的制定中，我们把相关的数据造假行为与在"陆勇案"影响下而被剥离出"假药"范围的情形纳入妨害药品管理罪。目前，我国的药品犯罪体系实现了秩序法益与生命健康法益的分类保护。这两个法益原本是以杂糅在一起的形态被保护的。当时我们认为，在两者杂糅的情况下，秩序法益是没有被保护好的，因为，秩序会受制于位于其背后的生命健康法益。若没有生命健康法益的保护，对秩序的保护就没有那么名正言顺。反过来也是这样：对没有违反秩序但侵害了药品安全和生命健康法益的行为，在法益杂糅的情况下是无法治理的。可以说，如果把两种法益纠集在一起，就会造成"两边都尴尬"的局面。所以我在当时提出，不妨将两者分类保护。

妨害药品管理罪目前在多地已有适用。但问题是，该罪的第一种情形是"生产、销售国务院药品监督管理部门禁止使用的药品"，这就要求案涉药品具备禁止性，于是就牵涉到违法性认识问题。药品犯罪的行政犯属性可能比非法持有枪支罪更强，因为一般而言，只要行为人认识到案涉物品是以火药或者气体为动力的枪形物，就可以构成非法持有枪支罪的违法性认识。但"禁止使用的药品"不是一个简单的"物"的概念。我国刚在 2023 年 10 月把依托咪酯列为国家管制的第二类精神药品。这就涉及一个问题：在销售含依托咪酯电子烟油的案件中，若要构成妨害药品管理罪，是否要求行为人明知依托咪酯属于国家禁止生产的药品？当然，我们一般认为，人不能因为不知法而免责，既然国家已经公布了，行为人就应当明知。如果是从事医药行业的人员，那就具有应当明知的义务。但我们也可以说，"禁止使用的药品"的行政违法性很强，因为，妨碍药品管理罪是破坏秩序的犯罪。这样一来，可以思考的是，对于这样的秩序犯，在其将秩序法益从原有的生命健康与安全法益中剥离出来独立保护的时候，其行政犯属性是不是要进一步加强？这确实是一个新问题。这个罪名与原来的药品犯罪最大的不同在于，其具有明确的规定。该罪的对象不是物，而是秩序。它是一个反秩序性质的犯罪。那么，这种犯罪是否属于一种区别于其他药品犯罪的规范？当然，当时立法的时候很简单，但现在回过头反思，就发现在实践中还有许多新问题。听了张老师的讲述，我获益匪浅。这次的讲座重新燃起了我对药品犯罪进一步思考的动力。大家可以思考的是，在融合了抽象危险犯、具体危险犯、实害犯的药品犯罪体系中，不同类型的药品可能会得到怎样的处理？这个问题还是有很大研究价值的，谢谢大家。

与谈人·郑洋

感谢邀请，接下来我根据刚刚张老师的报告，结合自己的一些想法与大家做一个简要的分享。

一是药品犯罪中推定明知的应用。我认为，这是一个很好的选题，如果大家学习刑法或者是学习刑事诉讼法，都可以重点关注它。因为，刑事推定是根据所证明的基础事实认定推定事实的法律方法，但它不属于司法证明。实践中推定明知的滥用是常见的。证据法认为，在推定明知中，基础事实与推定事实之间不一定具有必然性，但司法解释中大量规定推定明知。现在关于推定明知的论文大多是刑法学者在写。当然，刑诉法学者也有。不过，实践中对推定明知的认定是不是准确，这是值得进一步研究的问题。

二是假药的认定问题。对此，我也存在疑惑。在我的认识中，要认定案涉产品是假药，应先认定其为药品，或者与药品具有很高的相似性。对将玉米淀粉宣传为抗癌药，毫无治疗功效，但对人体毫无危害的这种案件，我认为应该以诈骗罪加以定性。而且，实践中对于将压片糖果当作壮阳药、降压药或减肥药出售的行为，也被普遍认定为诈骗罪，原因之一是，这类产品压根儿就不属于药品范畴。

前段时间，我接触到一个与生产销售假药案非常相似的案子。但案涉的产品不是药，而是保健品。行为人成立了一家公司销售减肥套餐产品，仅以"减肥产品"而非药品的名义对外宣传。这些套餐由保健食品、代餐食品和营养素组合搭配而成。在销售的过程中，该公司使用了一些 PS 处理过的图片，有夸大宣传。该案涉案金额极大，达 20 亿元，涉及消费者 50 多万人。

该案的特殊之处在于，药品、食品中间还有一个过渡地带，就是保健食品，其和食品、药品均存在不同。根据《中华人民共和国食品安全法》（以下简称《食品安全法》）与国家卫生健康委员会制定的相关条例，保健食品必须具有特定的功效，且必须得到国家认证。例如，我们常见的东阿阿胶就是保健食品。公安机关认定该案可能构成诈骗罪的核心理由是行为人将普通食品在保健食品销售的框架下出售。因为按照规定，普通食品是不能宣称任何功效的，例如，我是卖山楂片的，虽然山楂客观上有一定的健胃消食功效，但我不能宣称它有健胃消食的保健功效，因为这是违法的。如果我如此售卖，就涉及违法犯罪，至少违反《中华人民共和国广告法》（以下简称《广告法》）。而且，在该公司的销售额中，真正具有减肥功效的保健食品仅占销售额的十分之一，其余十分之九都来自代餐等普通食品。

当时，我们对这个案件的定性非常困惑。主要原因在于，该案的行为人并没有宣称自己售卖的是"减肥药"而是减肥套餐产品。目前，唯一经过我国国家认证的减肥药品是奥利司他。我们当时认为，应对涉案产品有无减肥功效进行认定，因为我们考虑到，顾客购买案涉产品的唯一目的就是减肥。如果把没有任何减肥功效的"减肥产品"售卖给顾客，则肯定构成诈骗。但是，该案的产品究竟有无功效很难说。本案的套餐中确实存在具有减肥功效的部分保健品，而减肥保健产品是国家认证具有减肥功效的产品，但实际的减肥功效具体到每个人又因人而异。当时，公安机关寻找的被害人是 200 多个要求退款的消费者，被害人是退款者，其所反映的情况肯定是"没有任何功效"。但该案涉及的顾客数量是 50 多万人，这就是该案的复杂性所在。总的来说，我认为这类案件与生产、销售假药罪的案件有一定的类似之处，但也存在很大不同。实践中这种案例很多，大家可以将它们作为研究课题。我的分享主要就是这些，谢谢！

主讲人·张伟珂

感谢两位与谈老师的精彩发言。我再作一点补充。在打击食药犯罪的案件办理过程中，有三个理念绝对与其他案件不同：一是科学原则，二是风险预防，三是安全至上。

第一个理念是科学原则。食药犯罪中经常涉及不同的化学成分所带来的影响，由此，在科学层面准确识别、判断、评估案涉物质的安全性十分重要。

例如，食品领域有一种大家可能都没听说过的有害物质，叫作铜绿假单胞菌。根据国家标准，饮用水中不能含有该物质。根据《最高人民法院 最高人民检察院关于办理危害食品安全刑事案件适用法律若干问题的解释》（法释〔2021〕24 号，以下简称 2022 年《食品犯罪司法解释》）第一条，如果所生产、销售的食品含有严重超出标准限量的致病性微生物、农药残留、兽药残留、生物毒素这样的物质，就构成《刑法》第一百四十三条规定的"足以造成严重食物中毒事故或者其他严重食源性疾病"。这就涉及铜绿假单胞菌的定性问题。因为国家规定饮用水中禁止含有该物质，那么其肯定是有害的。但是否可以认为，由于其属于国家规定的禁止在食品中含有的物质，就认定其属于刑法上"足以造成严重食物中毒事故或者其他严重食源性疾病"的物质？通过查阅资料，我们发现，2021 年国家针对该物质出台了一个文件，认为该物质的确是有害物质，但是，其有害是有特殊性的。即，如果不慎饮用、服用该物质的个体的胃肠道没有糜烂，那么，该物质通过饮用水进入胃肠道后将被自然地排泄出体外，而不会对人体造成伤害。如果不慎饮用、服用该物质的个体有胃肠道糜烂的情况，则该物质会随着胃肠道糜烂处的毛细血管进入体内，进而危害人体健康。所以，基于该物质的致害性和特殊性，国家市场监督管理总局按照世界卫生组织的评估，并未将其纳入致病性微生物的范畴。总而言之，若缺乏科学评估，将给案件办理带来困难。

第二个理念和第三个理念与预防有关。食药领域里有一个其他领域没有的特点：只要是无法证明安全的，就是有风险的。当然，此处的"风险"是基于推定。任何一种食品、药品均要经过安全评估与验证，国家所设定的一切义务与规范也都是为了确保产品的安全性。所以，当行为人绕开规范让产品流向市场时，就违反了保障安全的义务，所涉及的产品就可以被评价为"有风险""有危险"。至于此处的"危险"能否达到刑法中"足以严重危害人体健康"的程度，则是另一码事。我们可以将案涉产品在不同的类型下进行评估。在推定之下，行为人要证明自己的产品是安全的，有下面几个途径：

一是"历史证明"，例如，如果能证明自己的产品是根据"民间传统配方"（《关于办理危害药品安全刑事案件适用法律若干问题的解释》第十八条）生产的，就可以在无须临床验证的情况下被认证为是安全的；二是"程序证明"，比如"经过备案"，证明案涉药品对用药人有效。证明义务被归于哪个主体呢？公安机关是可以调查的，但公安机关对此基本无法查明。这是因为，如果案件中的行为人在销售过程中没有台账记录，那无法全部查明，此时，义务只能转嫁给安全主体。但这还需要建立一系列评估规则。有一个案件与之前提到的"侯某某生产、销售假药案"类似，就是"倪海清案"。该案中的销售额达 500 余万元，但其中没有一个病人因服药而死亡，根据病人的反映，案涉药品效果极好。但办案人员最后还是将案涉药品认定为假药，该案被认定为生产、销售假药案件。这就与"侯某某生产、销售假药案"形成对比，侯案所涉的物质没有被认定为民间传统配方，是被直接认定为假药的。我认为，这类案件，即使案涉药品是按照民间传统配方生产的，在没有经过备案等正当程序的情况下，从公众的用药安全方面考虑，可以推定该药品具有危险或风险。如果行为人想证明自己的药即使没有经过备案这样的程序也是安全的，则可以进行安全认证。总而言之，食品、药品领域的犯罪规制与其他领域的犯罪规制不同。

对于"以非药品冒充药品"的案件，不一定必然认定为诈骗。因为，诈骗罪的认定存在数额上的门槛，而实际上被查获的"以非药品冒充药品"行为的获利数额未必能达到诈骗罪的认定门槛。在这种情况下，如果一律将"以非药品冒充药品"的行为认定为诈骗罪，就可能导致行为人针对性地将经营模式分散化以规避处罚。例如，一次仅卖给顾客只能吃两天的药，让顾客两天之后再找自己买。如此，将导致办案人员在认定上陷入困境。

保健食品领域的案件认定在实践中分歧也比较大。保健食品的特点是改善人体机能，它的重点在于"改善"，在国外，这种食品被归类为"功能食品"。而药品功能重在"治疗"。所以，可以用概念区分两者。只要行为人对外宣称自己的产品功能是治疗的，就可以将案涉产品归为药品。而如果行为人对外宣称的功能是"改善"，就可以将案涉产品归入保健品的范畴，这是行为人非有意规避的最理想的状况。而现实中，行为人都会对此进行规避。

"不规避"的情况是，行为人直接拿着印有保健食品批号的产品对外宣称可以"治疗"疾病，这种情形当然是以保健食品冒充药品，即"以非药品冒充药品"，认定问题就被解决了。而实践中有一种比较难以认定的情形，就是所查获产品的包装上没有任何批号。实践中，办案人员往往会从三个角度认定：一是包装，二是对外宣传，三是标识。涉保健品犯罪的罪名主要有两个：一是生产、销售有毒有害食品罪，二是生产、销售假药罪。前者的案情基本上行为人不会对外宣传案涉产品能治疗疾病，行为人在宣传中强调的一般是案涉产品能改善人体的生理机能。

对于与中药制剂有关的妨害药品管理罪的问题，我认为，"足以严重危害人体健康"的标准可能会导致该罪适用扩大化。本来，在中药里加入化学药品未必有害人体健康，但现有的实践是只要在中药里检测出化学药，都能认定为"足以严重危害人体健康"。这在某种程度上是对现实情况的忽视。我国目前的中药制剂并不都是纯粹的中药制品，生产者会根据各种配方开发一些新的药品品种，此时加入所谓的"化学药"并不一定都是危害人体健康的。

与谈人·陈昊

非常感谢张老师的精彩演讲，刚才几位与谈老师的发言使我颇受启发。在对张老师的论著进行阅读后，我有几点体会。

第一，涉药犯罪需要学界的精细化研究。目前，刑法学界的研究方向可能集中在法益、规范保护目的、行为类型判断以及情节严重的认定等内容上。但实际上，前置法的规定十分细致。例如，许多刑法学者所理解的药品注册申请是针对新药上市的注册申请，但是，在《药品管理法》中，除了药品注册制度，还有药品变更制度，变更还可以被分为两类，一类是需批准的变更，另一类是仅需备案的变更。注册申请与变更都可涉及数据伪造，从形式上，两种行为似乎都符合妨害药品管理罪的行为类型。但实际上，这种情况可能就会造成刑法的打击面过度宽泛了，可能也和"足以严重危害身体健康"的限制背道而驰。

第二，我们要坚持法秩序统一性原理。其实，刑法参考前置法时并未局限于《药品管理法》，有关的前置法还有《中华人民共和国中医药法》（以下简称《中医药法》）、《食品安全法》。《药品管理法》修改前后的刑法认定标准存在一定差异。

　　第三，关于我国"明知"认定模式的思考，我有一些不成熟的想法。我国司法实践对"明知"的认定大部分采用司法推定的模式，帮信罪等犯罪的认定中都存在推定的惯例。有许多学者认为，司法推定的模式是不妥当的，因为扩大了犯罪圈。但我认为这种模式本身无可厚非，因为在具体的实践中出现问题，以罗列情形的方式进行推定，"只要满足其一即可"的模式下，许多被罗列的情形实质上已经与药品的安全性、可控性没有紧密关联了。在这种情况下，仅依照一个形式标准可能出现过分扩大打击范围的问题。

　　第四，我想对"情节严重"的判断提出一些自己的浅见。关于"情节严重"的判断也涉及同样的问题：我国实践中关于"情节严重"的认定模式也是罗列情形，只要满足其中一种情形即可认定。这种模式确实具有稳定性和法安定性，但在我看来，这种模式体现出对司法工作人员的不信任，反映出法律制定者担心在实践中实质标准会被司法工作人员随意适用。对此，我希望把裁量权更多地交给司法工作人员，让他们在列出的可参考因素中进行综合判断。

主讲人·张伟珂

　　感谢陈昊博士的发言，我对陈昊博士提到的要点进行回应。

　　对于第一个要点，我的观点是，法律理论的研究非常重要。但理论界对实践的反哺还不够，可能忽略了实践诉求。请大家思考下面两个例子：若我将自己私人所有的两瓶药卖给你，这两瓶药即使有害健康，能否将我的售药行为认定为销售假药罪？又如，中药领域里有一种服务叫作"代煎"，中药代煎者会有一个门面，在顾客配好中药以后，可以帮顾客熬煮制剂。一般而言，代煎中药者都有资质。那么，如果一个并没有代煎中药资质的行为人在中医院门口设了个摊点代煎中药赚钱，这是否属于"生产假药"呢？在对这两种情形进行判断时，如果脱离"销售"的市场性，则无法判断。对销售行为，司法解释中有"有偿交易"这个概念，但并不是所有的有偿交易都是销售。刑法上有"出售""拐卖""贩卖"这样的概念，我们当然不能把"拐卖妇女"说成"销售妇女"，"贩卖毒品"说成"销售毒品"。这些概念的差别不在于有无交易，它们的差别在于，销售是经济活动，发生在市场领域，是持续性、计划性、营业性的。所以，"销售"假药罪不可能没有"市场经济秩序"这一法益的存在。

对妨害药品管理罪，在设立该罪的过程中，我们曾向全国人民代表大会提过建议，主张把妨害药品管理罪从《药品管理法》第一百二十四条中抽离出来作为独立罪名加以规定。本来，最适合该罪的立法技术是将其规定为数额犯，或者是规定为纯秩序犯加上"情节严重"的要件。但立法最终选择了危险犯的思路。这样立法产生一个问题：本来，秩序犯的可罚性依据重在违法性的量，但立法文本的最终呈现说明立法者侧重于从保护用药者的生命健康的角度设置可罚性依据，而非纯粹从量化的角度来考虑可罚性依据。所以我认为，妨害药品管理罪的保护法益是生命健康和市场秩序，两者同时存在，不是非此即彼的。

对于第二个要点，我认为，我们的确需要对前置法有大量的了解。我对这点深有感触。我们团队曾受公安部、市场监督管理局委托，制定食品、药品犯罪的行刑衔接办法。当时在全国调研了两年，后来有许多规范性文件都是以此为模板做出来的。调研中我们了解到，食药领域的违法犯罪规制远远不是四五个法条所能承载的。那几年，我们连《生猪屠宰管理条例》都得去琢磨，了解肉类合格与不合格的判断标准。2022年《食品犯罪司法解释》第一条，关于生产、销售不符合食品安全标准的食品，"足以造成严重食物中毒事故或者其他严重食源性疾病"的认定标准中有一项是"属于病死、死因不明或者检验检疫不合格的畜、禽、兽、水产动物肉类及其制品"。问题是，如何理解"检验检疫不合格"，我们对《生猪屠宰管理条例》及其应用进行了研究，发现感官指标不合格、理化指标不合格都属于"不合格"。但"感官指标不合格"是什么呢？就是摸起来有点黏，看起来颜色不正。但这种情况不会危害人体健康。所以，后来司法机关认为，必须是理化指标不合格才能被认定为"足以严重危害人体健康"。基于类似的逻辑，2022 年《食品犯罪司法解释》第十七条专门设置了有关"畜禽注水"的内容。被注入畜、禽肉的水是有差异的，被注入的水可以是生活用水，也有可能是污水或者药水，也就是说，并不是所有的注水肉都会危害人体健康。司法解释的该条款正是基于此将各种情形区分开的。总的来说，如果不了解前置性的针对药品的行政监管，对药品犯罪刑事责任认定的把握就会出现问题。

对于第三个要点，我认为，推定的规则不仅存在于食品、药品领域。最高人民法院的刑事审判参考发布过一个典型案例：行为人与被害人是住在同一个宿舍的闺蜜，她们晚上在宿舍里一起玩闹，其中一个说："我听说，把枕头捂在脸上的时候会有窒息的快感。"于是，行为人就对受害人照做了该提议，导致受害人窒息身亡。行为人随后被公诉。在法庭上，行为人的辩解是："我们俩认识这么多年了，每天做什么都在一块儿，我怎么会有意地杀害她呢？我至多构成过失致人死亡罪。"但检察院认为，行为人构成故意杀人罪。我同意故意杀人罪的定性观点。这里的逻辑就是故意的推定。因为行为人提议进行的是一个极其危险的行为。虽然这一行为不像拿刀抹脖子那样激烈，但仍然可以认为，这一行为就是直接故意的行为。比如，假如我拿刀劈砍对方颈部，随后我辩解说："我不想杀害对方啊，我就是过失。"那我的这种辩解肯定是靠不住的。对于带有高度危险性，但又尚未达到一刀致命的强度的行为，在认定为具有犯罪故意的过程中往往都含有一些推定的色彩。但如果是在某些特定场合，比如散打比赛运动员双方进行体育搏击，这时就不能排除过失犯的成立。可以认为，在成立犯罪需要主观明知的场合，都能容许推定的存在。所以我认为，推定规则本身没有问题。有问题的是，将推定事由纳入司法解释的时候扩大对于推定事实的选择，从而导致推定结论产生扩张。因为司法实践的现状是，一旦拥有某个推定规则，就不考虑其例外，不考虑基础事实与预设结论之间的联系可能并不紧密。总之，推定规则本身是好的，但在司法实践中容易被滥用，也就是"扩大化"。所以，如何用好推定规则，是值得去探讨的。

——提 问 环 节——

Q1：涉麻精药品、电子烟、兴奋剂的案件所涉及的犯罪，是否存在与毒品犯罪与非法经营罪的竞合问题？

张伟珂：最高人民法院于 2014 年召开的全国法院毒品犯罪审判工作座谈会上形成的《全国法院毒品犯罪审判工作座谈会纪要》里明确说明，"行为人出于医疗目的，违反有关药品管理的国家规定，非法贩卖上述麻醉药品或者精神药品，扰乱市场秩序，情节严重的，以非法经营罪定罪处罚。"司法解释坚持趋向性和目的性的判断。即，如果行为人以医疗为目的，则首先可以考虑认定为非法经营罪，但这不是必然的，而只是一个趋向。我认为，这一定性观点在实践中比较合理。但是，现在容易出现的问题是，行为人在某个麻精药品"互助群"中贩卖药品，在不确定群友是病人还是毒贩的情况下，行为人完全有可能被毒贩利用而为其提供了麻精药品。此时，行为人能否被认定为贩卖毒品罪？这里其实也涉及主观明知的推定或判断。我认为，不管是否有经营资质，除了故意的贩毒行为，任何人从事麻精药品经营都应当具有审查、核实购买方身份的义务。因为，既然是以医疗为目的，那就要审查、核实购买方的身份和自身的业务，从销售的数量到限制目标客户的身份等。如果没有尽到合理义务，案涉麻精药品直接流向贩毒人员，那么，认定行为人具有贩卖毒品的故意还是很有可能的。行为人放任麻精药品流向会造成极大的社会风险。在此，非法经营罪的成立空间远比贩卖毒品罪更加严格，两者不单是并列关系。

但也有观点认为：如果行为人销售给"病人"的药物量非常大，超过了"病人"短时间内能服用的量，似乎应当认定行为人所售药品不具有医疗目的。我不赞同这种观点。因为，这种情形与非法持有毒品罪不同。当初，毒品犯罪领域的认定规则是，当行为人持有的毒品量过大，远超用于自行吸食量的合理范围时，可以认定为非法持有毒品罪。这种认定规则是为了解决毒品来源不明、去向不明的问题。但是，非法经营罪与此不同。假设行为人和患者或者患者家属的关系很好，原本行为人只会卖给普通患者两天量的药，但是，行为人由于知道该患者长期服用，于是一次性向患者卖出了能服用两个月乃至三个月的药。这时，办案人员就不能以"量大"为理由认为行为人卖出药品的行为超出了医疗目的。

《刑法修正案（十一）》颁行之后，非法经营罪和妨害药品管理罪在教义学中讨论较多。非法销售麻精药品的，应当适用非法经营罪还是妨害药品管理罪？我认为，需要区分生产的地点是在国内还是国外。如果案涉药品是在国内无证生产的，该药品在生产出来后，首先应当结合案情判断是毒品犯罪还是药品犯罪，如果是药品犯罪，那么还需要进一步考虑是非法经营罪还是妨害药品管理罪。而对于实践中多次出现的涉进口药品案件，由于进口行为并非生产行为，所以，对涉进口药品案件就不能适用 2022 年《药品犯罪司法解释》第七条第（二）、（三）、（四）项，而只能适用针对入境药品的评价规则。此时，如果涉案的进口药品已经在境外合法上市了，该案的行为人就不能构成妨害药品管理罪。但是，如果涉案的药品是国外新研发的麻醉药品，处于临床阶段，尚未上市，而国内将该药品已经纳入管控范畴，此时，该案面临着妨害药品管理罪、非法经营罪与贩卖毒品罪的竞合问题。面对这三个罪的区分，我们不仅要考虑案涉药品的用途，还要考虑药品的来源是境内还是境外。

Q2：医药代表是处于药品厂家和医院之间的重要角色，对于其刑事风险应当如何进行预测和防护？

张伟珂：第一，涉药企业要建设完备有效的管理体制和合规文化，其中，最重要的就是对员工的反腐败告知和培训义务。企业一定要建立贯彻这一义务的体制机制。第二，企业内部应当建立风控机制，包括预防腐败的独立性机构。一般来说，风控机构会被设置在合规部门或法务部门之下，这在形式上有着很大的独立性。但是，我们在与某些药企接触的时候，看他们企业员工与高管的座次安排，以及高管的行为态度，就知道该企业风控机制的独立性恐怕非常低。第三，公司内部应当建立专门的调查程序，即，如果有反腐败的线索，无论这个线索来自内部还是外部，企业内应当有程序支持和人员应对。

Q3：目前，最高人民法院、最高人民检察院在 2017 年发布的《关于办理药品、医疗器械注册申请材料造假刑事案件适用法律若干问题的解释》被

废止了。在这个司法解释被废止后，如果在为药品申请注册的资料中造假或采用其他欺骗手段，是否还能适用"提供虚假证明文件罪"对其进行处罚？

张伟珂：我们认为，将这个司法解释文件直接废止会带来问题。司法解释制定者完全可以仅把文件中有关"提供虚假证明文件罪"的条款加以废止，但现在的情况是，该司法解释整体被废止了。其实还是有成立提供虚假证明文件罪的空间的。该司法解释文件制定时，我们也曾参与讨论，并从法理上论证过药品申请注册的资料造假能否被认定为"提供虚假证明文件罪"。临床数据等资料的造假，既有第三方进行的造假，也有医院、第三方串通而进行的造假。所以无论是医院还是第三方的数据评估、提供、分析、申报机构，都负有一定的义务。而且，临床试验周期很长，这也为有关的数据造假提供了土壤。所以，司法解释中的这个条款并非拟制规定，而是一个注意规定。它在法理上是说得通的，只是以司法解释的形式将其进行明确。基于此，我认为该罪名是可以适用的。

Q4：中医药强调药方，而一些涉案的中药生产、销售者并未对药方进行备案。在中医药的特殊性质之下，如何对此类案件进行认定？

张伟珂：根据《中医药法》第五十六条第二款的规定，"医疗机构应用传统工艺配制中药制剂未依照本法规定备案，或者未按照备案材料载明的要求配制中药制剂的，按生产假药给予处罚。"根据我的理解，这种情形虽然属于需要行政处罚的"生产假药"，但还不能认定为刑法中的"生产假药罪"。因为，《刑法修正案（十一）》的修订使假药的判断走向实质化，此后，不会再有因程序监管上的问题而被视为假药的情形了。所以，不能因为没有按照《中医药法》第五十六条第二款的要求备案就认为行为人构成犯罪。但是，如果行为人在备案后，没有按照所备案的标准进行生产，这就涉嫌生产、销售假药罪。

Q5：如果行为人直接用张仲景的药方制药，这是否算对药方经过了"备案"呢？

张伟珂：《中医药法》第五十六条第二款的"备案"区分了医疗单位和个人。"个人"的制药行为是没有"备案"这一说的。个人家中私藏的百年秘方不可能拿出去备案。而医疗机构是有备案条件的。所以，如果行为人个人用张仲景的配方直接制药，则不一定适用《中医药法》第五十六条第二款，但可能构成妨害药品管理罪。因为需要有人认定行为人使用的是张仲景的药方。现在的问题是，根据司法解释的规定，需要由市级以上的机关认定民间传统配方，但也许是我们调研的地方比较少，我们在多地调研时发现，几乎没有一个地方能够认定民间传统配方。目前，学界对中医药领域没有理论投入，对此还需要加以研究。

Q6：如果病人从国外代购麻精药品进行自救，尚未达到非法经营罪的数额，应当如何处理？

张伟珂：根据非法经营罪的相关司法解释，非法经营罪的构成肯定要考虑案涉药品的金额。目前学界有一个新的争议亟待解决：走私进口的麻精药品在以其他名义到达海关后，海关将所涉药品原路退回，在此过程中，药品并未入关。该案件能否作为刑事案件处理？这是值得研究的。

主持人·涂欣筠

通过本期讲座的主讲、与谈和提问环节，相信各位同学对药品犯罪领域的规制有了更多的了解。今天的活动到此就圆满结束了，谢谢各位嘉宾和到场的同学们，我们下期再见。

新型操纵证券市场犯罪的刑法规制

主讲人：商浩文（北京师范大学法学院暨刑事法律科学研究院副教授）

与谈人：耿佳宁（中国政法大学刑事司法学院副教授）

　　　　杨绪峰（中国政法大学刑事司法学院讲师）

　　　　彭　鹏（北京融铁律师事务所创始合伙人、执行主任）

　　　　周致力（北京紫华律师事务所合伙人、证券刑事业务部主任）

主持人：毛逸潇（中国政法大学刑事司法学院师资博士后）

主持人·毛逸潇

非常感谢同学们的热情参与，也非常感谢王志远老师为我们搭建这个平台。今天的讲座是"斜阳侧帽·学者论道"青年学者系列讲座第六期，题目是《新型操纵证券市场犯罪的刑法规制》。

首先为大家介绍本期的主讲人和与谈嘉宾。今天我们非常荣幸邀请到商浩文老师作为本期主讲人。商老师不仅是北京师范大学法学院副教授、博士生导师、法学博士、最高人民法院第四批挂职学者，还是国家层面涉案企业第三方机制的监督评估专业人员，主要研究领域为经济犯罪治理、反腐败与监察法治，主持多项国家社科基金、国家高端智库等省部级课题，在《中国法学》等法学核心刊物上发表文章多篇，论文多次获奖。下面再为大家介绍本期讲座的与谈嘉宾。第一位与谈嘉宾是耿佳宁副教授。耿老师是中国政法大学刑事司法学院硕士生导师、刑法学研究所副所长、意大利罗马大学法学博士，在此前举办的第一期博士生论坛上曾为我们做过讲座，相信大家印象深刻，对耿老师非常熟悉。第二位与谈嘉宾是来自中国政法大学刑事司法学院的杨绪峰老师。杨老师是硕士生导师、清华大学法学博士，主要研究领域为刑法教义学和比较刑法学，我们也非常荣幸能够请到杨老师来担任本期的与谈嘉宾。第三位与谈嘉宾是彭鹏主任，彭主任是北京融理律师事务所创始合伙人、执行主任，主要执业领域为经济与职务犯罪刑事辩护、刑民交叉争议解决。第四位与谈嘉宾是周致力主任，周主任是北京紫华律师事务所合伙人、证券刑事业务部主任、第四届海淀区律师协会金融证券研究会副秘书长、北京市犯罪学研究会会员。请大家用热烈的掌声欢迎主讲人和与谈人！下面让我们有请商浩文副教授为我们作精彩讲述，欢迎！

——主 讲 环 节——

主讲人·商浩文

谢谢毛老师。各位老师、各位同学，大家下午好！非常荣幸能在王志远老师的安排下就"操纵证券市场犯罪"与大家进行交流。也非常感谢在金融犯罪、法教义学方面有深厚研究的专家学者、实务界的两位大咖前来与谈。特别是周主任和彭主任，在金融犯罪方面有非常深入的研究，在实务中也接触到不少相关的案件。周主任所在的紫华律师事务所在金融犯罪圈中很有名气，彭主任在金融犯罪领域也开展了很多研究。

就我个人而言，我开始金融犯罪研究的时间还不长。我曾在中央财经大学工作过几年，对金融法学方面的跨学科研究较为关注，此后又接触了相关的实务案件，因此近年来逐渐将自己的研究方向向证券犯罪靠拢。我认为，金融犯罪领域具有研究契机，同时研究也具有较大难度。之所以说其具有研究契机，是因为当前国家对金融犯罪非常关注，这在立法、执法和司法方面都有明显的体现。当然，经济犯罪方面的研究难度确实很大。证券犯罪不是单纯的刑法学问题，也不是单纯的法学问题，很多知识可能需要依靠刑法学之外或法学之外的经济学、金融学等知识进行铺垫。如果缺乏相关基础知识，就有可能会对相关的法律适用问题或者一些基本概念、范畴产生不当理解，进而在具体案件的认定上得出不当结论。以上是我这几年研究金融犯罪得出的深切体会。研究证券违法犯罪的难度大，当前此领域的专家学者在全国范围内也不多见。华东政法大学的几位老师在金融犯罪方面的研究做得较好，但从全国来看相关方面的研究确实不太多。如果在座的各位同学有兴趣，也可以将研究方向适当地往这方面靠拢，金融犯罪的学术研究与发展需要我们大家共同关注。

对于证券犯罪，我们国家近年来给予了非常多的关注。从刑法立法修正的情况来看，《刑法修正案（十一）》之前的相关立法对证券犯罪主要关注的是内幕信息犯罪，对于其他方面，如证券欺诈、虚假陈述等涉及得较少。但《刑法修正案（十一）》对证券犯罪进行了大篇幅修改，对欺诈发行证券、违规披露、披露不重要信息、操纵证券市场、提供虚假证明文件等相关罪名，根据现实情况都进行了及时的更新。其无论是入罪标准的修改，还是法定刑的调整，包括犯罪主体的扩大，都体现了我国就此领域犯罪活动从严打击的立场。这体现了时代发展需要，同时也对研究金融犯罪提出了新的课题。

在行政执法、刑事司法方面，国家也进行了很大的改革。从中央层面来看，中央办公厅、国务院办公厅发布了《关于依法从严打击证券违法活动的意见》等文件，对从严打击证券违法犯罪活动作出有关要求，明确提出对证券犯罪"零容忍"，要求加大对证券犯罪的刑事惩戒力度。此外，最高人民检察院在证监会设立了驻会检察室，其具有以下职能：第一，加强执法机关与司法机关的协作和制约；第二，强化检察机关证券期货犯罪案件的办理工作；第三，指导地方检察机关证券期货检察专业化建设；第四，开展证券期货违法犯罪问题研究、预防和治理工作。

大家可能听说过，在证券违法犯罪活动中，之前可能存在行刑衔接不畅的问题。我此前参加过一个相关课题，对证监会近几年作出的行政处罚案件进行了梳理，开展实证研究，发现按照当时的立案追诉标准，很多已经达标的案件实际上没有进入刑事司法程序，这就导致当前研究证券犯罪能找到的相关裁判案例非常少。可能证券信息犯罪案件相对比较多，但欺诈发行等方面的犯罪，裁判案例确实非常少。这体现了我国在证券违法犯罪方面存在行刑衔接不畅的问题。最高人民检察院在中国证监会专门设立驻会检察室就是为了改变这一现象，旨在加大对证券犯罪行政执法与刑事司法的协调。最高人民检察院和证监会还共同通过了行刑衔接的文件，这对后续证券犯罪的查处会产生很大影响。两位从事实务的主任可能感受到近年来此类案件大幅增加，这正是执法力度加大的结果。从中也可以看出，证券犯罪研究具有较大空间。除了上述内容，最高人民检察院和证监会还联合发布过一些典型案例，最高人民法院也发布过相关的指导性案例，这都体现了国家对这方面的关注。

在案件管辖方面，并不是每个法院都有证券犯罪案件的管辖权。以北京市为例，证券期货犯罪由北京市第三中级人民法院、北京市人民检察院第三分院集中管辖。之所以如此安排，是因为该类案件的专业性特别强，需要集中力量进行集中管辖。由此可以看出，我国在执法司法方面对证券违法犯罪活动的惩治力度空前加大。在座的各位同学若对此感兴趣，可以多多关注。随着新情况的出现，特别是发行注册制的全面铺开，当前的证券违法犯罪领域确实有很多新情况、新问题，需要我们给予高度关注，希望能有更多的学者加入证券犯罪研究的行列。

新型证券犯罪有很多类型，因为今天讲座时间有限，与主办方沟通之后主要选取了两大部分作为讲座内容。一是相对宏观的一个问题，即新型证券操纵行为与法益侵害；二是从新型犯罪中选取了较为典型的虚假申报操纵犯罪与大家进行简单交流。

一、新型证券操纵行为入刑对证券犯罪法益侵害的影响

《刑法修正案（十一）》对证券操纵犯罪的行为方式进行了修改。新条文中列举的前三种是传统的证券操纵犯罪行为方式，后三种"虚假申报操纵""蛊惑交易操纵"和"抢帽子交易操纵"则是新增加的证券操纵犯罪行为方式。实际上，这些增加的新型操纵方式早在2019年公布施行的《最高人民法院 最高人民检察院关于办理操纵证券、期货市场刑事案件适用法律若干问题的解释》中就进行了规定。通过立法，这些行为类型以刑法叙明条款的方式作为法定的行为类型纳入规制范围。

三种新型证券操纵行为方式入刑，对传统证券操纵犯罪的法益形态产生了很大冲击。传统观点认为，证券操纵犯罪侵害的法益是金融监管秩序。"连续交易""约定交易"和"自买自卖"三种传统操纵行为客观上是以证

券交易行为来直接影响证券交易价格和交易量，其操纵性在本质上体现为直接量操纵。在当时的金融监管体制下，即所谓的"强监管"模式下，行为侵害的法益表征为国家对证券市场的管理秩序。

但对于新型证券操纵行为而言，传统的"秩序法益"已不能准确界定新型证券操纵犯罪。例如，运用高频交易等金融工具频繁实施的报撤单行为客观上有可能是新修订的《证券法》中规定的价格发现和交易策略的程序化交易方式，从秩序法益的角度考量，此种行为往往会对证券市场的监管秩序造成损害，有可能得出构成《刑法修正案（十一）》中新增的虚假申报型操纵证券犯罪的结论。但这一结论并不妥当，因为程序化交易属于法律中规定的金融工具创新方式，对于提升证券市场效率具有积极作用。

犯罪的本质是侵犯法益，刑法的目的是保护法益。法益对于刑事立法中的犯罪构成要件具有解释功能，对构成要件能起到实质解释作用。法益所承担的功能要求其应当能够解决该罪的处罚范围，对司法实践中达成共识的违法犯罪行为澄清边界。因此，在刑法最新修正后，需要重新定位证券操纵犯罪所侵害的法益，才能准确界定犯罪的本质，妥当确立刑法规范的处罚范围。

二、证券操纵犯罪的法益界定

（一）证券操纵犯罪法益侵害的时代省思

1. 证券市场管理秩序并非证券操纵侵害法益的本体

证券操纵犯罪的法益本体到底是什么？法规范所保护的法益应当是一种核心利益，且这种利益能够具体还原。但证券交易秩序并不能还原为具体的利益，不能作为利益的本体，而只是利益得以实现的外部条件，是为了更为周延地保护核心利益的辅助手段。对于秩序法益，提出的批判很多，结合时代发展特点，其弊病会更加明显。

2. 秩序法益难以发挥犯罪构成界限定位的作用

法益需要起到区分适法行为与犯罪行为的作用。根据法秩序统一性，如果一个行为构成刑事犯罪，那么其在行政法上也应是一个行政违法行为。如果行政违法都不构成，那么很难将这种行为作为犯罪处理。在这样的情况下，这种秩序法益恰恰难以保持法秩序统一性。例如，上市公司股份回购，本身是资本市场的一项基础性秩序安排，在客观行为上体现为上市公司通过资金和持股优势连续买卖股票，这可能会对市场监管秩序造成损害，那么就会出现行政上不违法，但刑事上作为犯罪处理的情况。

3. 证券发行注册制等资本市场改革对秩序法益产生消解效应

在 1997 年证券操纵行为入罪时，我国采取的金融监管模式是"管制模式"，其特点是强调以政府为主导，计划经济色彩浓重，国家作用于交易之前的市场准入环节。这在证券注册发行中就体现为审批制和审核制。但近年来，我国在监管模式上发生了改变，强调突出市场的主导作用，重点规范市场主体的交易行为，防止出现市场失灵行为，目的是构建符合市场经济特征的金融体系。对此，证券市场进行了很多改革，其中最典型的就是证券发行注册制改革，这一改革现已全面铺开。在该改革下，目前的证券市场准入已不太进行实质审核，备案即可，即所谓的"注册制"。国家发挥作用的环节则后移到市场交易中。在证券发行注册等资本市场改革的背景下，原有的秩序法益已经失去其赖以存在的制度基础。

（二）证券操纵犯罪法益侵害的确证：证券市场效率

1. 基于行为危害的法益侵害判断：证券操纵的可归责基础

证券市场是一个自由的市场，关于行为到底对证券市场产生了怎样的影响，需要结合行为模式予以判断。证券操纵行为的危害主要在于破坏了证券市场正常的价格形成机制，影响了市场的流动性，损害了市场资源配置的效率。

第一，证券操纵行为破坏证券市场正常的定价机制。如果证券市场是一个正常有效的市场，那么证券市场的价格是由买方、卖方通过市场形成的。但在证券操纵的过程中，这些操纵行为人通过资金、信息、技术等相关优势对市场产生了一种控制。在被控制的市场中所产生的价格，并不是由市场驱动形成的，而是人为操纵产生的，此时证券的价格无法体现证券的价值。这种操纵行为会导致一般投资者对市场产生错误判断，从而影响市场的资源配置这一基础性作用。

第二，证券操纵行为影响证券市场的高流动性。市场因流动而有效，流动性是衡量金融市场质量的最重要标志之一。在正常情况下，价差越小，流动性越高。操纵行为人通过对证券价格施加压力增加了市场的波动性，投资者感知到波动性后的投资策略会趋于保守，一般会在远离最佳买入、卖出价的价格上进行交易，减少流动性供给，进而增大买卖价差，降低证券交易的流动性。

2. 基于经验事实的法益确定：证券市场效率

证券市场效率是证券市场功能发挥作用的表征，是衡量证券市场资源配置、运作规范程度与市场完整性的重要指标。由于证券操纵行为的危害主要在于破坏了证券市场正常的价格形成机制，并且影响了市场的流动性，而二者实质上损害的是证券市场效率，因此证券操纵行为实际上损害的是证券市场效率。将证券市场效率作为证券操纵犯罪的保护法益，符合证券操纵行为的危害机制，且对刑法条文中明文规定的操纵行为具有涵摄性。

连续交易、约定交易和自买自卖等传统操纵方式中，行为人直接通过证券交易行为影响证券交易价格和交易量，进而扭曲证券价格，影响市场流动性，损害了证券市场交易。新型证券操纵行为也体现了对证券市场效率的破坏：在蛊惑交易操纵中，行为人利用投资者存在的迷信内部消息、追捧热点信息的心理，通过公开传播虚假、重大误导性信息，诱导投资者进行证券交易；该虚假或不确定的重大信息致使证券价格失真，加剧了证券市场的波动性；在抢帽子交易操纵中，行为人利用其身份优势作出的评价、预测或者投资建议等不符合标的证券的真实情况，诱导普通投资者进行证券买卖，也会导致证券价格失真，加剧证券市场的波动性；在虚假申报操纵中，行为人"不以成交为目的，频繁或大量申报并撤销申报"，其核心特征是通过不以成交为目的的挂单影响证券交易的数据，进而诱骗其他投资者交易或者放弃交易，使证券价格偏离其基本面，加剧了证券市场的波动性。所以，无论是传统的证券操纵行为方式，还是新型的证券操纵行为方式，其行为实质都是破坏证券市场效率。

三、证券操纵犯罪定量标准的审视

（一）定量标准的形式化

在刑事司法实践中，将证券市场效率作为证券操纵犯罪的法益，对正确认定犯罪具有非常重要的作用。此前出台的司法解释，无论是 2019 年的《最高人民法院 最高人民检察院关于办理操纵证券、期货市场刑事案件适用法律若干问题的解释》，还是 2022 年修订的《最高人民检察院 公安部关于公安机关管辖的刑事案件立案追诉标准的规定（二）》，对证券操纵犯罪认定采取的都是"定性＋定量"的混合认定模式。因此，在司法实践中，对涉案行为模式的市场操纵法律性质进行定性后，则依据《最高人民法院 最高人民检察院关于办理操纵证券、期货市场刑事案件适用法律若干问题的解释》等定量标准的规定确定市场操纵是否构成"情节严重"考虑定量因素。定量标准是法益侵害的具体体现，但现有的定量标准并不能准确反映法益侵害程度。以虚假申报操纵为例，违法所得数额在 100 万元以上则构成"情节严重"。在高频交易的情况下，行为人通过程序化交易很容易就能盈利 100 万元以上，但从证券市场整体来看，这一行为并不必然会对证券交易价量产生实质影响，更难对证券市场效率产生损害。因此，当前的定量标准并不能从实质上反映出"情节严重"，有形式化判断之虞。

（二）定量标准的实质建构：市场波动程度之合理判断

由于定量标准存在形式化判断之虞，在此我们引入"市场波动程度"这一概念作为操纵证券市场犯罪定量的实质判断标准。市场波动程度是反映金融市场运行效率的关键指标。将市场波动程度作为证券操纵犯罪的实质标准，在一定程度上更能反映证券操纵行为所导致的危害。如前述所言，操纵行为的法益侵害体现在市场价格的扭曲和降低流动性两方面，从这两个方面破坏市场效率。而市场波动程度恰恰是体现这两个方面的重要因素。在正常的市场中，受经济因素的影响，会出现一些正常的市场波动，但如果有证券操纵行为发生，价格的偏离幅度可能会更大。如果能把市场波动程度作为定量的实质判断标准，其更能体现行为的实质危害性。

2007 年中国证监会印发的《证券市场操纵行为认定指引（试行）》虽然已经废止，但其中有一些评判规则仍然具有参考价值。该指引第十四条明确指出，影响证券交易价格或者证券交易量，是指行为人的行为致使证券交易价格或者交易量出现异常、虚拟的价格水平、虚拟的交易量水平和明显偏离等。这里面也是基于波动程度来判断行为是否影响证券交易价格和证券交易量。又如，欧盟法院打击金融犯罪，在评估内幕交易法律制裁强度环节时，也是高度重视与内幕信息有关的金融工具交易价格事实上的变动情况，并将其作为法律制裁的重要尺度。当前，随着金融数据、金融技术的发展，对市场波动程度的测量已具有现实可能性。上海证券交易所和中证指数公司于2016年11月28日推出了上证50ETF波动率指数，又称为"中国波指（iVIX）"，该指数可以基于相关的金融模型对中国股票市场未来日、周和月波动率进行预测。如果我们能把市场波动程度作为法益实质侵害的判断标准，有可能会使相关犯罪认定更加合理。当然，在具体判断时要考虑不同市场其波动程度是不同的，比如短线操纵、长期操纵其选取的判断指数可能就有所区别。

我们要求坚持"形式入罪、实质出罪"、做到"合法入罪，合理出罪"。如果能够在证券操纵犯罪的定量标准中确定这种双层次的标准，可能在贯彻相关理念方面，效果会更加明显。当然，对于律师辩护也会更加有利。

四、虚假申报操纵犯罪的新样态与司法挑战

随着时代的发展，虚假申报操纵的行为样态发生了新变化。不同国家对于虚假申报操纵的表述不一样，在英国和美国其被称为"幌骗交易"，在我国的一些官方文件里则被表述为"虚假申报操纵"。无论采取何种名称，其所指的都是这样一种行为：操纵主体通过不以成交为目的的申报或撤单，制造特定时段内虚假的证券供求关系，影响该时段内证券交易价格或者交易量，通过反向交易获利，扰乱正常的市场价格形成机制，破坏资本市场秩序。当前，随着金融科技的发展，特别是高频交易技术的发展，虚假申报操纵往往会与高频交易技术相结合，加大司法认定的困难程度。

大家有兴趣的话可以关注以下几个案例。第一个案例是美国证券市场于2010年5月6日发生的闪电崩盘案。该案中，行为人滥用高频交易技术进行虚假申报导致整个市场临时停盘。第二个案例是柯西亚案。这是全球首例针对高频交易操纵行为的刑事指控案件，美国法院裁定被告人柯西亚（Coscia）利用高频交易实施的幌骗罪成立。第三个案例是上海伊士顿国际贸易有限公司操纵期货市场案。其也是利用高频交易系统实现了虚假的申报撤单。

虚假申报操纵具有不同于传统操纵行为的特点，在司法认定中存在一些难点。

第一，虚假申报操纵行为定性的差异化。前述三种传统操纵方式体现的是行为人以证券、期货的交易来直接影响证券的交易价格和交易量，交易行为对价量控制直接施加了具有决定意义的影响。但虚假申报操纵者实现对证券市场控制的关键在于通过报撤单行为影响投资者证券买卖决策，因而，其对于证券市场交易价格的控制只能是一种预期，很大程度上依赖于对普通投资者的诱导交易。因此，能否实现虚假申报操纵的目的，在很大程度上依赖于其他投资者作出的投资决策，这对证券市场的影响具有间接性。

第二，虚假申报操纵入罪标准的复杂化。虚假申报操纵的入罪标准主要有两个：一是违法所得，二是虚假申报撤单量。其中，违法所得数额的认定较为复杂，往往是司法实务中认定的难点。例如，违法所得数额究竟是以撤回申报量超过50%标准的交易日当天的获利为计算标准，还是以操纵证券行为实质关联建仓时间到出售时间为范围来计算违法所得？又如，计算违法所得数额是否应当扣除操纵行为过程中的损失数额？特别是高频交易行为中，行为人一次操纵了好几只股票，有的股票有盈利，有的股票有损失，这时如何计算违法所得？

第三，虚假申报操纵主观认定的客观化。对于虚假申报操纵主观目的的认定，世界各国包括我们国家在内，都要求"不以成交为目的"。最高检在2020年11月6日发布的"唐某博等人操纵证券市场案"的典型意义部分明确指出，司法实践中要着重审查行为人的主观目的、是否进行反向交易、相关交易数据、申报撤单之间的关联性等情况，综合判断行为性质，要准确把握虚假申报操纵行为和合法的报撤单交易行为的界限。这实际上采用了通过相关的客观方面来推定行为人主观目的的刑事推定技术。

五、虚假申报操纵的刑事司法认定路径

（一）科学界定证券市场操纵犯罪本质的实质内涵

1. 证券操纵犯罪的实质

此前，我们可能会认为证券操纵犯罪的本质是价量操纵或者证券欺诈，但其已经无法涵括新型操纵行为。当前学界一种较普遍的观点认为，证券操纵的本质是滥用市场优势。因为，无论是行为最后所造成的对价格形成机制的影响，还是对市场流动性的影响，都是通过利用市场优势进行控制来达到目的的。例如，在虚假申报操纵中，行为人是利用了其对高频交易技术的掌控来影响证券交易价格的价和量。再比如，在连续交易、自买自卖、约定买卖等行为方式中，行为人是利用资本优势或持仓优势形成对证券市场的控制的。

2. 资本市场融通变革下系统性风险的事前防范

针对资本市场融通趋势下市场操纵风险的系统性演变，事前的防范更为关键、有效。因而，对市场操纵本质的认知应从关注操纵结果的价量控制以及操纵行为的欺诈，转向关注操纵的实施条件。将市场操纵的本质界定为滥用市场优势地位，可以将证券市场的风险关注提前至操纵实施条件，更有助于设置事前主动的防御性风险监管制度，规避既有监管制度存在的微观局限和事后惩治不足的缺陷。

3. 新型证券操纵犯罪刑事规制的现实需要

相对于价量操纵和欺诈操纵，"滥用优势"的概念具有更强的包容性，能够较为全面地涵括新型操纵行为。在"滥用优势"的操纵证券犯罪本质界定下，不仅传统的价量操纵行为体现为行为人对资金、持股、持仓优势的滥用，而且新型的"抢帽子"交易、信息型操纵、虚假申报操纵中行为人也表现出对信息、技术等市场优势的滥用。

（二）合理确定虚假申报操纵入罪标准的判定规则

1. 以市场优势的滥用作为违法所得认定的基本原则

违法所得的计算应当以被滥用优势的价值转化为衡量基础，根据被滥用的不同优势进行计算。例如，考虑到虚假申报短线交易的特点，对于在开盘竞价或者盘中阶段的操纵行为，应当将操纵行为实施的当日最后一笔平仓行为发生的时间确定为操纵影响消除的时间；而对于发生在收盘竞价阶段的操纵期间的认定，由于行为人主要是为了控制收盘价，应将行为人在收盘价形成的后一个交易日的最后一笔平仓行为发生的时间认定为操纵影响消除的时间，以此计算最后的违法所得。

2. 违法所得的认定坚持整体性评价的判断方法

违法所得是刑事处罚的重要标准之一，对其认定应当坚持整体性评价判断方法。因此，滥用市场优势的整个阶段都应认定为违法所得的计算范围，不应以行为构成犯罪的时间点作为违法所得的计算范围，而要以证券操纵整个阶段获取的所有利益计算违法所得。

（三）综合考量虚假申报操纵主观认定的客观要素

基于虚假申报操纵主观认定困难和司法效率的考量，虚假申报操纵行为人主观目的"不以成交为目的"的证明也可以考虑进行刑事推定。在此，应当依据订单的持续时间、实际的成交量、交易的数据统计等"间接证据"来认定行为人主观上是否具备"不以成交为目的"的主观目的。

1. "不以成交为目的"的核心判断标识：是否具备相应的反向交易行为

反向交易行为是虚假申报操纵里面最典型的判断标准，没有反向交易，可能就不存在虚假申报操纵。因此，在判断行为人是否有"不以成交为目的"的主观目的时，最核心的就是判断其是否具有反向交易行为。当然，有反向交易行为不一定意味着有虚假申报操纵，但这不影响反向交易行为可以作为判断行为人主观上是否有"不以成交为目的"的核心标准。

2. "不以成交为目的"的时间判断标识：订单的市场存续时间

如果行为人的大额订单在市场上持续的时间较长，就表明行为人具有成交订单的主观目的；相反，如果大额订单存续的时间较短，频繁报撤单，则很大程度上能够反映其主观上"不以成交为目的"。因此，订单的市场持续时间也可以作为我们判断的标准之一。

3. "不以成交为目的"的技术判断标识：成交委托比

在通常情况下，操纵行为表面上都会表现出不符合经济理性的状态。如果行为人的大额订单成交率与小额订单成交率存在显著差别，或者下单量和成交量的比率远高于普通投资者或者一般的正常高频交易者，则可以判断行为人通过高频交易下单并不具备真实交易的目的，即主观上"不以成交为目的"。

4. "不以成交为目的"的排除性因素：推定事实的反驳

当然，以上都是刑事推定。刑事推定的基本构造是"基础事实 + 常态联系→推定事实"。但这里的常态联系并不具有必然性，而是具有或然性的，所以此处应当允许对其反驳。即行为人或其辩护人可以对此提出正当抗辩事由。例如，当事人为了履行强制平仓义务，在证券股价跌停的情形下仍大量申报卖出，此时可以构成正当抗辩事由，不应认定其具备虚假申报操纵犯罪"不以成交为目的"的主观目的。

以上是我的汇报，谢谢大家！

——与 谈 环 节——

与谈人·耿佳宁

各位同学、各位老师、各位实务专家，大家下午好！我与商老师略有不同，商老师是自发性地、以学术为导向地进行关于金融犯罪，或者说以证券犯罪为代表的专业犯罪研究。而我最开始是以被"割韭菜"的心态购买证券，然后，发现跟着谁买好像都不对、都不行，从而发现其中有"猫腻"，市场似乎被操纵了，于是开始想弄明白我是如何成为一根"韭菜"的？到底是什么力量在操纵证券交易的价格？在这样的兴趣引导下，我开始进行以操纵证券市场为切口的研究。

商老师为我们展示了新型操纵证券市场行为。所谓新型，是指《刑法修正案（十一）》新加入的三项操纵证券市场的行为类型。与新型相对应的是传统的操纵行为，包括连续买卖、自我交易、约定交易。通过新旧行为类型的对比，大家首先想到什么？商老师给了我们提示，大家会发现新旧行为类型在现象上有所不同。传统的操纵行为给我们的直观感觉是，它直接作用于二级市场的交易价量，其力量很大，直接影响证券交易价量。这也是司法解释为什么规定，对于连续买卖要求在 10 个交易日占到 20% 的占比，即必须达到一定力量；如果达不到一定力量，是无法直接带来二级市场的异常波动的。与之不同，新型操纵行为好像并非直接作用于证券这种金融商品本身的价量，而是以投资者决策为中介，或是通过频繁报撤单营造出高流动性、市场很火热的局面；或是通过蛊惑信息发布一些假的重大利好；又或是大家所说的"抢帽子"交易，通过"黑嘴"发布股票必涨的消息，将股价推高后进行反向交易。以上三种操纵类型都具有一个显著特点，即以投资者为中介，通过信息影响投资者的判断，从而影响市场的价格发现机制。正常的市场价格是通过供求关系生成的，但在前述情况下，这种供求关系并非自然形成的，而是人为营造的。从中大家可以感觉到，新型的操纵行为与传统的操纵行为确实有所不同。

接下来，商老师继续带领我们思考操纵证券市场罪的法益是什么、本质是什么。关于法益问题，商老师指出，我们所提出的法益应当服务于构成要件的解释，大而化之地说操纵证券市场行为破坏了证券市场的管理秩序，虽然不能说是错误的，但并没有揭示出其实质内容。商老师认为，操纵证券市场罪是对证券市场效率的侵害，其中效率包括两个维度，一是价量形成机制，二是流动性。接下来的问题是，如何把这些内容贯彻到构成要件的解释中。对此，商老师进一步提出，操纵的本质是市场优势的滥用。

对于这个问题，我个人可能有一些其他考虑，也请各位专家帮我分析一下，看看有没有道理。如果现在有人进行信息炒作，其内容不完全是虚假的，而是不确定的，或者发布的信息本身没有问题，但发布的时机选取很巧妙，同时，此人又配合二级市场的他人进行买卖、对倒或者对敲以营造氛围，对此应如何认定？是否属于操纵行为？为了回答这个问题，我又想到另一个问题。连续买卖、对倒、对敲是否真的属于完全一样的操纵类型？在读《刑法》第一百八十二条时可以发现，利用持股持仓优势、资金优势、信息优势是规定在第（一）项连续买卖中的，而对倒和对敲行为，法条中并没有明确要求行为人具有上述优势。此时的疑问是，对于这些看似直接作用于二级市场金融产品的操纵行为，在其本质都是滥用市场优势的前提下，为什么法条有的要求具有"优势"，有的则没有？由此，我凝练出一个问题：操纵证券市场行为的本质是唯一的吗？是否有些行为类型的本质是欺诈，而有些行为类型的本质是市场优势滥用？

实践中存在不需要以市场反应为中介进行优势滥用进而影响证券交易价量的情形。商老师的报告中虽然没有提到，但我在学习他发表的文章时看到他提到"基准操纵"。所谓基准操纵，就是直接操纵基准，不需要借助二级市场的任何东西即可影响价量，这明显是一种优势滥用行为。

此外，还需要思考，连续买卖、对倒、对敲三种操纵行为究竟有什么区别？我们可以发现，在连续买卖交易中存在真金白银的交易，股票的产权和资产都真实地发生了流动，这也是为什么实践中有的连续买卖行为反而赔了很多钱的原因；而对倒和对敲行为则属于"左手倒右手"的行为。因此，是否发生真实交易在这三种行为类型中有所不同。连续买卖实际上存在真实交易，只不过这种真实交易伴随着操纵的故意，是一种非正常的交易；而对倒和对敲本身是"左手倒右手"的行为，并不是一种真实交易，没有发生实质意义上的产权转移。

质言之，连续买卖的交易是真实的，只不过行为人隐藏了反向交易的意图，即操纵的故意。但证券市场本身就是投机市场，投资者是抱着博弈心态参与市场行为的，投资者并非完全不能预料市场存在变化——追涨的投资者只不过认为自己可以抢在其他投资者抛售前抛完。既然连续交易是真实的，那么这些真实发生的素材本身就应是投资者做出决策时可以参考的内容。因此，只要没有明显超出投资者对市场的合理预期（包括投机性预期），就不应认为这种连续买卖行为具有操纵性。对倒和对敲行为则不一样。"左手倒右手"本身并不是真实交易，超越了《证券法》要求不得欺诈的限度，行为因此具有操纵性。但这又引出另一个问题，既然连续买卖是真实的，那么为什么还会被认定为操纵犯罪？在此，回到商老师提示我们的内容，除了通过对倒、对敲营造虚假的价量信号，还存在某种行为类型，其操纵性不来源于欺诈，而来源于优势滥用。也就是说，在具有资金、持股持仓或信息等优势的情况下，滥用此优势进行连续交易，排斥其他市场因素介入证券价格的形成。这也就是为什么连续交易除了形式上必须达到 10 个交易日内 20% 的占比，还需要具有优势地位。

在此回到我提出的第一个问题，如果行为人进行信息炒作，如"徐翔案""朱德宏案"等，其发布的信息并非完全虚假，只是其中部分信息属于不确定信息，但发布的时间点非常巧妙，以此进行炒作，同时还配合二级市场连续买卖，应如何评价这种行为？司法实践在处理时"明修栈道、暗度陈仓"：在构成要件方面，援引《刑法》第一百八十二条第（一）项利用信息优势连续买卖的叙明条款；而在衡量罪量情节时，却援引彼时司法解释"上市公司及其董事、监事、高级管理人员、实际控制人、控股股东或其他关联人单独或合谋利用信息优势操纵该公司证券交易价格或证券交易量"的规定，强调"利用信息优势操纵证券市场的行为与利用资金、持仓或持股等优势资源操纵证券市场不同，无须将行为人对涉案股票的连续买卖及交易数量占比作为认定犯罪的条件"。实际上，"徐翔案"中的交易量非常低，很难达到当年司法解释30%的标准。前述做法相当于在案件事实可被叙明类型涵摄但未达到相应立案标准，依叙明条款不能入罪的情况下，转而以兜底条款为据追究刑事责任，违反了兜底条款的限制解释规则。联系我们刚才的讨论，"徐翔案"中的信息并非完全虚假，故而不能像蛊惑交易那样单纯地以信息欺诈作为操纵性的归属根据。

此时的疑问变为："徐翔案"是否存在另一种归属根据，即商老师所说的滥用信息优势？我们认为，该案中真正拥有信息优势的主体是上市公司高管，他们希望高价减持，委托徐翔进行市值操作拉升股价。拥有信息优势的主体所进行的操纵才是具有正犯性的操纵，如果要追究刑事责任，应当以拥有信息优势的高管为切口，而徐翔这类外部人员只是从属于这些高管而已。然而，司法机关和行政执法机关在内外勾结的市场操纵案件中的通常做法是"重罚外部人员、轻罚或不罚内部人员、几乎不罚上市公司"。这恐怕是有问题的。外部人员并没有信息优势，严格而言他们缺乏"身份"。如果一定要给外部人员定罪，只有两条路径：其一，案涉信息是虚假的，从而依照蛊惑交易定罪；其二，外部人员具有资金或持股持仓优势，且交易数量占比符合司法解释的罪量要求，从而依照连续交易定罪。这两条路在"徐翔案"中都走不通，所以判决不得不采取机械的拼接法完成定罪。该案引导我们反思商老师讨论的操纵本质问题。不是所有可能与价量异常波动具有条件关系的行为全都要进行刑法意义上的归属，还需要进行规范考量。以上是我听取商老师讲座的学习体会和我的个人想法，还请大家批评指正。

与谈人·杨绪峰

谢谢商老师的精彩报告！谢谢耿老师的精彩评议！当受邀作为本次讲座的与谈人时，我略微惊讶，因为我对证券犯罪没有什么研究，但我很快就答应来与谈。因为我知道商老师在证券犯罪领域发表过很多文章，对这一块研究非常深入，形成了自己的特色与标签，而我在以往"刑法分则"的授课中从来没有专门讲过证券犯罪，对这类犯罪也缺乏深入研究，所以我认为参加这次讲座是一个非常好的学习机会，主要是抱着学习的心态听商老师介绍证券犯罪的。

从商老师刚才的报告来看，我认为商老师的研究具有非常典型的教义学特色。商老师的报告主要包括两个部分，第一部分界定证券犯罪的保护法益，这是非常关键的问题；第二部分在确定法益的基础上，重点讨论《刑法修正案（十一）》增设的三种操纵行为类型中虚假申报这种操纵行为的司法认定，提出了非常多富有创见的想法。我认为两个部分的介绍都非常清晰。在第一部分，商老师对保护法益进行了界定，认为法益是证券市场效率，我也认同这一观点。第二部分给我的印象更为深刻，因为商老师引入市场波动程度进行定量方面的判断，非常有新意，该部分也体现出商老师对于该领域研究的精深度。

关于保护法益，我虽然没有研究过证券犯罪，但之前写过一篇骗取贷款罪的论文。在听商老师讲座的过程中，我发现二者的很多问题都是相通的。我当时在梳理实务判决的过程中发现，很多要去贷款的个人提供了足额担保，但因为提供的材料存在虚假部分，因此被判处了骗取贷款罪。如果认为骗取贷款罪的法益是金融管理秩序，并且认为行为人伪造材料的行为影响了金融管理秩序，这会使得骗取贷款罪的成立范围变得很宽泛。因此，学界有观点主张对骗取贷款罪进行限定，并将其保护法益限定为银行或其他金融机构的信贷资金安全。即抛弃笼统的秩序法益观点，认为骗取贷款罪的法益是信贷资金安全。我认为，有关这一问题的思考与今天商老师进行的讨论有异曲同工之妙。刑法分则第三章第四节的标题为"破坏金融管理秩序罪"，但并不意味着需要将其下所有罪名的法益均界定为金融管理秩序。

对此，我想在商老师报告的基础上作一个小补充，可能刚才因为时间有限，商老师没有进行重点阐释。将证券市场效率作为证券犯罪的法益可能会给我们一种感觉，认为证券犯罪保护的是效率，而不是金融管理秩序。也就是说，对于效率与秩序二者的关系，我们可能会存在疑问。在《刑法修正案（十一）》没有增设新的操纵行为类型时，我们一直坚持秩序法益观，这种认定没有疑问，但较为粗糙。而在刑法增设了新的行为类型后，如果依旧采用这种粗糙的秩序法益进行犯罪认定，就会导致处罚范围过宽、逻辑不清晰，或者不符合罪刑法定原则等种种问题，故而需要加以限缩。根据我的理解，商老师对法益观点的解释不是替代论，而是粗中选细，在粗糙中选出最具体明确的保护法益。也就是说，证券市场效率与证券市场管理秩序二者并非互替或互斥的关系，不存在将法益界定为证券市场效率就要反对金融管理秩序的观点，毕竟该罪始终是规定在金融管理秩序这一节中。

此前，我在研究骗取贷款罪的时候也遇到了同样的疑问。有学者指出，既然骗取贷款罪规定在金融管理秩序一节，为什么要将该罪的保护法益理解为信贷资金的安全。而我在论文中给出的回答是，保护银行或者其他金融机构信贷资金安全这一法益本身，也起到维护金融管理秩序的作用，因为信贷资金的安全本身就是金融管理秩序中的重要一环。虽然它并非金融管理秩序的全部内涵，却是其中的重要组成部分。确保信贷资金的安全，自然就能更好地保护金融管理秩序。因此，将骗取贷款罪的保护法益界定为信贷资金安全，并不意味着完全排斥金融管理秩序的保护，只不过是从金融管理秩序中挑选了一个更加具体的利益予以保护，二者并不矛盾。这样就可以化解学界一些学者对此的诟病。我认为这样的处理思路用在商老师的报告中也很合适，因为证券市场效率本身也是金融管理秩序中非常重要的组成部分。我们只不过是从金融管理秩序中挑选出来一个更加具体的利益进行保护，于是将其限定为了市场效率，由此可以更合理地界定犯罪。这样的方法可以保证法益概念不被稀释、贬值。

这样一种处理思路在第三章第四节很多犯罪中都有所体现，比如高利转贷罪也是如此。我们不说高利转贷罪的保护法益是宽泛的金融管理秩序，而会说是国家信贷主体的利益，将法益进行限缩可以起到很好的界分效果、指引构成要件的解释。所以说，我认为商老师这一部分的论述所体现的这种处理思路非常精彩、恰当。

对于第二部分引入市场波动的内容，我认为写作难度很大，由于我对证券犯罪缺乏深入研究，所以不敢妄加评判，但我认为这一部分正是文章原创性和专业性之所在。一般人可能只会觉得原有法益不太合适，对于如何进行具体的司法认定、如何提供具体的定量方案，就很难拿出一套合适的解决方案，这也说明商老师不愧是对这个问题有深入研究的专家。以上就是我今天听商老师报告的一些心得体会，不足之处还请多多指正，谢谢大家！

与谈人·彭鹏

各位老师、各位同学，大家下午好！非常感谢学院给我们这次学习的机会。从一个实务工作者的角度来讲，我对操纵证券市场犯罪的办理经验还是非常少的。此类案件的量确实不多，根据 2023 年证监会公布的数据，110 多起行政立案中可能只有不到 60 起案件移交刑事司法程序。全国案件量如此之少，分摊到每个律所，或者每个律师手上的案件量就更为有限了，所以作为实务工作者，实际谈不上在这方面有什么高深的造诣或丰富的经验，大家都是在摸索中进行相关工作。不过，在办案过程中，我们也在不断接触相关的观点、证据以及办案机关的逻辑等，所以我认为商老师今天的讲座对我们启示很大。

商老师所讲述的两个部分，分别是从宏观角度和具体的司法实践角度展开的。对于宏观方面的法益界定，我认为如果市场效率理论可以坚持下去，对更多的从业者来说将是一件重大利好之事。当前的司法实践，就我们所感受到的情况而言，行政部门和司法部门对操纵证券市场类犯罪的认定重点仍落在行为人是否破坏了价格形成机制，即行为人是否通过交易行为让市场无法判断该企业的市值。但如果我们真的能将市场效率放在第一位，既要效率，又要照顾各方利益，那么肯定是效率优先的。我认为商老师关于本罪法益的界定一定是未来的趋势，也是我们需要继续探索、细化、铺开，让所有办案人员接受的一种观念。

另外，关于司法适用过程中的一些问题，比如违法所得计算时点的问题，比如出、入罪标准的问题，包括市场波动的影响问题等，都是非常专业的问题。根据目前我所了解的情况，以对市场的影响为例，无论是证监会的调查人员、公安人员，还是律师、法官，都很难有标准对其进行判断。目前的实践中，大多数都是委托第三方进行相应评估，而不同的机构标准还不一样，倾向也不一样。如果我们能在这一方面进行更深入的研究，对于司法实务中刑事辩护的指导意义可能更大。

另外，刚才耿老师在点评时又提到"徐翔案"。该案中徐翔的行为是为了公司的价值管理，但最后仅有徐翔获罪，这一结果值得进一步思考。各位同人在后续的研究中，可以对操纵证券市场的行为和价值管理行为进行深入研究。当前，我们很多上市公司动辄提起自己的市值，但到底有没有这样的市值，什么样的主体有能力和资格对其市值进行认定，以及公司为了增加市值所进行的交易行为是否符合犯罪构成，抑或属于正常交易，都非常值得大家研究。

个人认为，从证监会发布的案件数量和国家的政策来看，未来的证券市场一定是一片蓝海，非常值得大家研究。以上就是我的一点体会，非常感谢各位老师和同学批评指正。

与谈人·周致力

感谢主持人。听完商老师和三位老师的分享，我得到智识上的极大满足。基于时间和效率考虑，我将以提问的方式发表我的心得体会。这种提问方式并不代表我的真实心情，也不代表我的真实水平，只是以一种看似不同意的方法向商老师提出疑问或者请教。

第一个问题，关于商老师刚才提到的秩序说，其实我们青年学者几乎已经不谈了，目前通说应该是刘宪权老师一直坚持的市场优势滥用说。那么，优势滥用说和商老师提出的市场波动说是何种关系？二者在内容上有无交叉之处？以及二者在顺序上是否有先后之分？例如，先判断是否滥用了市场优势，下一步再进入市场波动的判断？个人粗浅的理解是，两者是否有某种同义反复，或者陷入解释学循环，请商老师稍后为我们分析。

第二个问题，如果将市场波动界定为操纵市场犯罪的本质，这将引发一个非常严肃的程序法效应，即证明问题。当前实践中，包括"徐翔案"，在认定案件性质时靠的基本上是一纸认定函，就是证监会关于某某案件构成操纵犯罪的认定函。这种处理方式引发的问题是把所谓的市场是否波动、市场是否被操纵全部交给认定函来评判。由此产生的错位是，一位刑庭法官，对证券金融领域不一定有足够的知识或经验，面对证监会这一权威监管机关的认定，他能否做出否定？如果证监会认定造成了市场波动，而该法官要否定证监会的这一认定结论，就必须自己证明为什么没有造成波动。认定函不说理、人员不签字、人员不出庭，这种"三不现象"导致证监会出具的认定函在刑事法庭几乎无法质证、发问，无法通过刑事诉讼的方式对它进行基本的观点碰撞。由于认定函是公安部发给证监会而后由证监会回函的，故而只要公章是真的，刑庭法官就认为该问题足以认定了。我再补充一句，如果将市场波动作为标准将会引发实践负面效应。比如非法集资类的案件，按理说也会出现认定函，因为涉及银行专业，实践中其实也有银监部门出具了认定函，但它为什么不像证监会的认定函一样造成那么多问题？这是因为，是否有中国银行保险监督管理委员会批准的吸收资金资质，通过比对银保监会的目录、查看是否有相应牌照就可以进行判断，其并不需要法律人进行实质判断。但商老师所讲的证券犯罪中，无论是价量影响还是市场波动，都需要进行实质判断，这就使得刑事法庭自身无法解决法律之外的事实，只能靠证监会的认定函进行认定。如果商老师提出市场波动说，那么也需要针对实践中产生的上述问题为实务工作者指出一条明路。

第三个问题，欺诈说、滥用说和市场波动说是唯一，还是二元或三元对应关系？在此我举一个实务中的真实案例。我们办理了一个邮币卡诈骗案，本案行为人模拟交易所系统建立了一个电子化交易平台，将几分钱的邮票炒到几万元，法院认为这属于诈骗。该案邮币卡的买卖与二级市场股票的玩法一样，那么这种行为为什么不叫"操纵"？为什么属于"诈骗"？诈骗罪中，几百亿的金额对应的是无期徒刑，但其内在的构造和实质其实就是"操纵"。操纵毫无疑问具有诈骗的属性，但操纵犯罪中的"骗"与普通诈骗罪中的"骗"在要素内涵上究竟有何不同？我认为，二者应当是存在差别的。诈骗罪中的"骗"其实是一种对大脑认知的欺骗，它制造了虚假的、错误的信息，使得被害人产生认识错误，产生了对交易的错误判断。而操纵犯罪中的"骗"，欺骗的是人的心理。因为所有人都知道邮币卡市场、证券市场有人在操纵、割韭菜，但大家都认为被"割韭菜"的是别人，而自己可以成功"搭便车"。所以，邮币卡案构成诈骗罪的观点无法说服我，包括说因为这是邮币卡，不是证券，所以不能认定为操纵犯罪，而属于诈骗罪。我一时语塞，竟无法反驳。但实际上按照北大彭冰老师的观点，证券概念其实完全可以泛化理解。回到商老师今天所讲的主题上来。我一直在困惑，二者的欺骗要素、产生认识错误的流程，究竟有什么核心差异？

很期待接下来几位老师的回应以及各位同学的观点，谢谢大家！

主讲人·商浩文

谢谢耿老师、杨老师和两位主任的精彩发言，我收获良多。刚才几位老师提到的问题，大家回去后都可以写文章。比如刚才耿老师讲的，第一百八十二条中利用信息优势连续买卖和蛊惑交易都利用了信息优势，而区别到底在哪里？因为不同的认定方式决定了之后的立案追诉标准也会不同。杨老师所讲的，对于经济刑法中秩序法益的理解，他提出一个合理思路，这对我们思考相关问题有很大的借鉴价值。彭主任、周主任讲的那些问题，大家都可以回去仔细思考。

下面，我尝试简单回应一下几位与谈人提出的问题。

第一，关于周主任提出的滥用市场优势与市场波动的关系问题，我认为二者是手段与结果的关系。行为人之所以能对市场交易价格和交易量产生影响，是因为其具有市场优势并滥用了这种优势。此外，正常的交易市场也可能会有市场波动，只不过操纵下的交易市场，其波动将偏离正常范围。

第二，对于如何判断市场波动的问题，目前我所提出的市场波动说也仅是我的一个学术观点，实践中如果接受这种观点，那么确实应当强化相关鉴定行业或者专家证人方面的力量配备。当前行政认定函确实在证券犯罪中扮演了非常重要的角色，而之所以司法人员在相关案件中高度依赖行政认定函，其核心原因可能是他们在对抗力量上存在很大不足。不过，今年三四月份时，京沪深三地检察机关举办了一个在全国较有影响力的一个证券期货相关会议，在会议交流中，检察机关人员、证券机构人员表示，现在他们可以对行政认定函进行独立判断。但这对判断能力有较高要求，如果缺乏相应的知识储备或配套制度，即使具有判断权也难以真正落实。当然，大家都知道刑事认定具有相对独立性，不可能完全依赖于行政认定，在对内幕交易案件进行统计的过程中我们也发现，目前已经有司法机关没有采纳证监会和证券监管机构的认定函，也就是说，已经有司法机关尝试性地进行了这样的工作。

第三，操纵类犯罪中的"骗"与诈骗罪中的"骗"有什么区别。我个人不成熟的看法是，操纵类犯罪中，如耿老师所言，里面的一些信息不一定是虚假的，只不过是行为人对信息的发布时点进行了巧妙地选取，也就是说行为人并没有"骗人"；而财产犯罪或者经济犯罪中的"诈骗"，利用的就是错误信息。

——提问环节——

Q1：刚才老师说操纵实质是手段，法益是结果。二者关系如何？有没有可能二者其实是一个东西，或者说是一体两面的关系？

商浩文：犯罪侵害的本质是法益，而刑法保护法益，所以就犯罪的本质而言，本质和法益是一个概念。而在刚才的讲述内容中，我们只不过是说，市场滥用是行为手段的本质，最终对法益造成侵害，我们是这样的一个逻辑。

Q2：对于市场效率的观点，如何用于解释"抢帽子"交易？如果其发布的是真实信息，对于价格失真和流动率降低如何去证明？即如何说明其行为的两重危害性？

商浩文：在"抢帽子"交易中，证券机构中介人员、具有影响力的大 V 等，他们在发布信息时其实也利用了民众对于他们身份上的认识优势，这就是为什么别人推荐民众不买，而他们推荐民众就会买。所以这种行为可以被认定为滥用市场优势。即使是真实信息，如果他们不发布，民众不知道这个信息，就不会去买相关股票。因此，他们的发布行为必然影响正常的买卖关系，产生价格失真。

Q3：您刚刚提到上市公司回购股权，这是典型的它具有优势地位的体现，它买卖股票的行为会影响股票的波动。2023 年发布的上市公司股份回购规则第二条规定上市公司回购股份的情形之一，也就是第（四）项，是"为维护公司价值及股东权益所必需"。它在解释第（四）项的时候举了两个例子，一个是"公司股票收盘价格低于最近一年股票最高收盘价格之百分之五十"，另一个是"连续二十个交易日内公司股票收盘价格跌幅累计达到百分之二十"。那么根据我的粗浅理解，当公司股价较高时，为了回购股权，要将股价拉下来，这是证监会规定的合法行为。而公司的行为想引起的效果就是产生一个大额的市场波动，那么这种市场波动能否作为认定公司违法性的实质依据？与此相关的一个问题是，一个产生巨额波动的市场，波动之后是否一定比波动前效率更低？

商浩文：我先回答后面这个问题。无论有无操纵行为都有可能会产生市场波动，我们允许市场的正常波动，只不过操纵行为会导致更大的波动幅度。这就会涉及你所说的第一个问题，上市回购行为之所以股价下跌得这么快，肯定有一些因素在其中。而之所以要回购，是为了稳定股价，稳定股价的目的可能也是为了让单个股票的波动率不要过大，让其回归正常的波动指数。

主持人·毛逸潇

经过商老师的精彩讲授和大家非常充分的研讨，相信大家收获了很多知识。让我们再次以热烈的掌声感谢商浩文老师，感谢耿佳宁老师、杨绪峰老师、彭鹏主任和周致力主任！本次讲座到此结束，感谢各位朋友的参与！

污染环境罪中的因果关系认定

——兼评《刑事审判参考》第 1463 号判决

主讲人： 张志钢（中国社会科学院法学研究所副研究员、中国社会科学院大学法学院副教授）

与谈人： 陈　冉（北京理工大学法学院副教授）

金　燚（北京邮电大学人文学院讲师）

徐永伟（中国政法大学刑事司法学院讲师）

薛铁成（中国社会科学院法学研究所博士后）

邹玉祥（中国社会科学院大学法学院助理研究员）

主持人： 郭英明（中国政法大学刑事司法学院博士研究生）

主持人·郭英明

诗兴不为风雪阻，夜窗挑尽读书灯。在这个京城冬夜，我们迎来了"斜阳侧帽·学者论道"青年学者讲座 2023 年秋季第七期。该讲座是中国政法大学刑事司法学院王志远副院长发起、由斜阳侧帽读书会主办的系列讲座。王副院长特别重视青年刑法学者的成长与硕博同学的学习，这一系列讲座为学者之间、师生之间的交流互动提供了宝贵的平台。

我们看到窗外银装素裹，特别感谢各位老师不畏严寒，顶风冒雪来到中国政法大学，联袂为大家带来精彩讲座。这个天气刚好也与我们今天讲座的主题不谋而合，突然的强降雪、降温，让我们越发重视自然环境对人类社会的基础性作用，反思长期以来我们在环境治理方面的问题。而从刑事实体法方面如何实现对破坏环境行为的规制和预防，实现刑法的行为规范价值，正是刑法专业研习者在环境治理领域的使命担当。

本期讲座我们有幸邀请到中国社会科学院法学研究所副研究员、中国社会科学院大学法学院张志钢副教授作为本期讲座的主讲人，张老师本次讲座的题目是《污染环境罪中的因果关系认定——兼评〈刑事审判参考〉第 1463号判决》。请允许我先对张老师做一个简单的介绍：张老师的本科、硕士均就读于中国政法大学，博士后也是在中国政法大学深造，所以张老师回到中国政法大学讲座，应该是非常熟悉和亲切的，法大的师弟师妹们对今天的讲座也极为期待。张老师博士毕业于北京大学法学院，后于德国马普外国与国际刑法研究所作访问学者，精通德语，深谙德国刑法之道。张老师在刑法学研究过程中，对环境犯罪进行过深入研究，相关研究成果也很丰富，可以说是国内精研于环境刑法的专家之一。近年来我们在中德刑法交流中关注到，环境犯罪是目前中德刑法学界共同重视和关注的领域，我记得 2017 年张老师曾翻译过德国刑法学家托马斯·魏根特的《德国刑法向何处去——21 世纪的问题与发展趋势》，其中表示德国对环境刑法问题已有体系化思考，这对我们开展环境犯罪研究启发很大。张老师翻译的德国克雷尔教授的《德国环境刑法》，作为环境刑法领域的第一部中文译著，为我们观察德国环境刑法理论与实务提供了重要的比较法参考。相信张老师今天晚上的主题报告也是干货满满，极具启发性。

同时，今天我们也荣幸邀请到刑法学界几位青年才俊担任与谈人，其中有北京理工大学法学院陈冉副教授，北京邮电大学人文学院金燚讲师，中国政法大学刑事司法学院徐永伟讲师，中国社会科学院法学研究所薛铁成助理研究员、博士后。四位老师都对环境犯罪问题有过专门关注和细致考察，相信在接下来的与谈交流环节，诸位专家学者之间就环境犯罪的具体问题切磋琢磨，将碰撞出新的思维火花。

接下来有请我们的主讲人张志钢老师作主题报告。

——主 讲 环 节——

主讲人·张志钢

非常感谢志远老师提供的这个交流平台，让我有机会回到母校，重温当年的学习生活。我记得在我读书时，校长说要建设一个小而强、特而美的校园，看来这个目标正在一步步实现，学校的硬件和软实力都在不断增强，希望学校越来越美。

我最近一直在关注环境刑法这个领域。一位前辈曾经说过，研究环境刑法需要一种情怀，这让我备受鼓舞。今天来到这里，虽然天气寒冷，但看到大家还是如期到来，我很感动。今天我准备针对前期研究积累的困惑提出一些问题，希望能够和各位老师交流。因为诸位在环境犯罪领域都有着丰富的研究积累，我相信通过大家的交流，一定能够帮助我进一步推进这方面的研究。

首先看环境刑法，尤其是污染环境罪，从近十几年的刑事立法和司法实践变迁来看，大致可以总结为一句话，即该罪名经历了两次立法修改，三次司法解释。第一次立法变动是 2011 年《刑法修正案（八）》中，将"重大环境污染事故罪"改为"污染环境罪"，删除了"造成重大环境污染事故，致使公私财产遭受重大损失或者人身伤亡的严重后果"这一要件，目的是降低入罪门槛。法定刑未发生变动，仍然是两档，即三年以下有期徒刑或者拘役，并处或者单处罚金；后果特别严重的，处三年以上七年以下有期徒刑，并处罚金。第二次立法变动是 2020 年的《刑法修正案（十一）》，进一步增设了处七年以上有期徒刑的四种情形，使该罪的法定刑从两档变为三档。这里注意一个措施的变动，三年以上七年以下有期徒刑对应的表述从"后果特别严重"变更为"情节严重"。从整体上看，这反映了我国刑法立法的一种趋势，即刑法管得越来越宽，处罚越来越重。污染环境罪的立法变迁可以看作是这一趋势的缩影。

再说司法解释，2011 年污染环境罪立法修改后，司法实务面临的重点是如何解释严重污染环境罪。针对严重污染环境罪的内涵，司法机关分别于

2013 年①、2016 年②和 2023 年③十年内三次进行司法解释，这一现象十分少见。若严格计算，实际上还有 2006 年发布的《最高人民法院关于审理环境污染刑事案件具体应用法律若干问题的解释》（法释〔2006〕4 号，已失效），但为简便起见，我们仅讨论前述三部司法解释。2013 年司法解释第一款对严重污染环境列举了 14 种情形，既包括造成重大财产损失和人身伤亡，也包括未造成损失但已严重污染环境的情况。比如"非法排放、倾倒、处置危险废物 3 吨以上"或"排放、倾倒、处置的重大污染物超国家标准 3 倍以上"等，均可入罪。但同时，该解释也保留了对造成财产损失和人身伤亡情形的规定，比如"造成财产损失 30 万元以上"或"乡镇的饮水中断 12 小时以上"等体现结果要素的情形。2016 年司法解释基本维持 2013 年司法解释的模式，将严重污染环境的情形从 14 种扩大到 18 种。2023 年司法解释对该模式进行了微调，但总体上仍保留此解释模式，也说明该模式在司法实践中取得了重大成效。

回顾重大环境污染事故罪和污染环境罪惩治在司法实践中的成效，我们可以发现：根据 1997 年至 2010 年的统计数据，全国每年重大环境污染事故罪的案件数仅为个位数，平均每个省不到 1 件。2010 年之后有所增长，但是基本上也维持在两位数。2013 年司法解释发布后，该罪名案件数急剧增加至 100 多件；而随着 2015 年环保督察的开展，该罪名案件数急剧增加到 900 多件。2017 年至 2020 年，每年案件数维持在 1000 件到 2000 件。根据最高法院最新统计数据显示，2018 年至 2022 年，全国法院审结的环境资源类犯罪案件有 11 880 件，其中涉及污染环境罪的案件有 11 860 件，规模大约为每年 2000 件。案件数量激增的重要原因即 2013 年司法解释的出台，国家开始逐步加大环境保护力度、调整严重污染环境罪的定罪模式。2023 年司法解释也延续这一路径，入罪模式由"结果入罪"转变为"行为入罪"，如该解释第

---

① 《最高人民法院 最高人民检察院关于办理环境污染刑事案件适用法律若干问题的解释》（法释〔2013〕15 号）。——编者注

② 《最高人民法院 最高人民检察院关于办理环境污染刑事案件适用法律若干问题的解释》（法释〔2016〕29 号）。——编者注

③ 《最高人民法院 最高人民检察院关于办理环境污染刑事案件适用法律若干问题的解释》（法释〔2023〕7 号）。——编者注

一条第一款所列举的 10 多种情形，基本按照排放地点、排放量超标、排放的程度等行为要素认定，实现了"行为入罪"模式。采取该种模式，也就是把该罪认定为行为犯，行为人只要实施特定的行为，基本上就不需要再认定结果，不需要认定后续的因果关系和结果归属，而是直接成立犯罪，且是犯罪既遂。比如"排放、倾倒、处置含铅、汞、镉、铬、砷、铊、锑的污染物，超过国家或者地方污染物排放标准三倍的"，按照此种标准入罪的案件占每年 2000 件的 80% 左右，使得此类案件和醉酒驾驶型危险驾驶罪面临几乎同样的"见光死"的困境。这类案件进入刑事诉讼程序后，就成为一项简单的数学判断，刑事辩护律师几乎没有什么辩护空间。正如我之前所提及的，司法解释留有余地，即主要按照行为入罪的模式，但也包含以结果入罪的模式，这也引发了学理上对于该罪名的定性争议：该罪是行为犯还是结果犯？或者说是危险犯，还是实害犯？而这种理论上对罪名性质的争议不应该通过司法解释来规定。将体现结果或行为的不同要素杂糅在严重污染环境罪这个概念下，会导致在逻辑上不可能并存的情形被包含在一个条文中，从而增加认定犯罪的难度和复杂程度。

以上通过梳理两次立法变动和三次司法解释，回顾了我国污染环境罪刑事规制的变迁过程。接下来是今天要重点解读的案例。首先需要明确一个前提，即在污染环境罪中，如果是纯粹以行为入罪，则没有必要讨论结果、因果关系和客观归属等问题；但如果是结果入罪，则需要对结果和因果关系加以认定。我们今天讨论的案件就属于后者，其涉及"造成他人死亡"这一严重后果，有必要在这种特定语境下探讨因果关系。我们先对案情进行简单的回顾，2015 年 2 月，被告人董某某将应由黄骅市津东化工有限公司处置的废碱液交由没有资质的被告人刘某生处置。后刘某生联系被告人刘某辉租用被告人李某钟停车场场地，挖设隐蔽排污管道，连接到河北省蠡县城市下水管网，用于排放废碱液。2015 年 2 月至 5 月，董某某雇用被告人石某国等，将 2816.84 吨废碱液排放至挖设的排污管道，并经案涉暗道流入蠡县城市下水管网。同时，从 2015 年 3 月起，被告人高某义等明知被告人娄某无废盐酸处置资质，仍将回收的废盐酸交由娄某处置。娄某又将废盐酸交由无资质的被告人张某等人处置。张某、段某松等人又联系李某钟，商定在其停车场内经案涉暗道排放废盐酸。2015 年 5 月 16 日、17 日，石某国等人经案涉暗道排放 100 余吨废碱液至城市下水管网。同月 18 日上午，张某等人将 30 余吨废盐酸排放至案涉暗道。当日下午 1 时许，停车场及周边下水道大量废水外溢，并产生大量硫化氢气体，致停车场西侧经营饭店的被害人李某被熏倒，经抢救无效死亡。经鉴定，本案废碱液与废盐酸结合会产生硫化氢，并以气体形式逸出；李某符合硫化氢中毒死亡。最高人民法院将被告人董某某等 19 人污染环境案纳入环境资源典型案例，并收录至联合国环境规划署数据库中。该案涉及非法处置危险废物，多个被告人分别违法排放废盐酸和废水并产生化学反应，导致他人死亡，后果特别严重，对该案的从重处罚也体现出对非法处置危险废物这类犯罪严惩的司法导向，因此该案有重要的讨论价值。

该案涉及累积因果关系的判断问题，即多个被告人没有约定好就同时实施了危害行为。每个人的行为本身不足以导致被害人死亡，但他们的行为合起来就会导致死亡结果的发生。此时各个行为人是否对结果负责，答案可能是每个行为人的行为都与结果存在条件关系，但每个人都不足以造成最终的结果，因此都仅认定为犯罪未遂。累积性因果关系在司法实践中最常应用的案件类型就是污染环境罪。在多起污染环境案中，每个被告人虽然都无法单独造成对环境的严重破坏，但多个被告人的行为合起来就会导致严重后果。这种情形下，需要对因果关系进行细致的分析和认定。

目前，德国将累积性因果关系进一步细分为累加因果关系和协同因果关系（或协同效应）。累加因果关系，重点关注的是"相加"的判断。以一条河流为例，假设这条河上有多个排污单位，而这些单位排放的危险物质或化工废渣具有同质性。正如我们今天所讨论的案例那样，这些排污单位都向河中排放废碱液。每个排污单位都会严重恶化水质，但如果将所有排污单位造成的碱化影响相加，将会达到一定程度，导致水污染，即水质严重碱化。我们可以简单地将这些导致水质恶化的结果相加，就像用 Excel 计算求和一样，基本上就能实现线性因果关系的证明。协同效应则是一条河流上同时存在多家排污单位同时向河流排放不同种类的危险物品，而这些物品可能产生复杂的生物化学反应。这种反应造成的破坏力可能远超简单的组合计算，其危害程度可能成倍增加。在这种情况下，因果关系不是呈现出线性，而是在多条排污行为汇集成一条最终的因果链条之前，是一个混乱、无序的状态。它使我们无法判定每一方贡献的因果力，也就很难在实践中证明因果关系。尽管学理上区分了累加因果关系和协同因果关系，但这两种模式在现实生活中并不总是明显区分开来，它们可能同时发生。这就造成在司法实践中，很难准确判定污染环境罪的因果关系，每一种原因到底贡献了多少，基本上没有办法查清，这才是真实的污染环境罪的认定状态，这也要求我们探究以怎样的刑事政策来认定这类排污行为。对于累积性危险行为的认定，德国采取了一种立法模式，即当行为人的行为导致污染，是因为其他人同时向水源排放危险物质时，足以认定其构成犯罪，特别体现在《德国刑法》第 324 条。

回到本案的判决结论，董某某一方和张某一方大量排放污染物，导致严重的环境污染和一人死亡后果。尽管双方之间没有犯意联络，但各自都构成污染环境罪。对于这个判决，可以从不同角度考察。从定性的角度来看，污染环境罪采取行为入罪的模式。在本案中，董某某排放了 2000 吨废碱液，张某排放了 100 多吨废碱液和 30 多吨废盐酸，这两种物质都被列入我国危险废物名录。根据司法解释，董某某和张某都构成了污染环境罪，这一点没有疑问。然而，有疑问的是，司法判决认定董某某和张某之间没有犯意的联络，但在最终的认定过程中，根据共同犯罪原理，认定两人对被害人李某的死亡结果负有责任。这个案件的一个争议焦点是被害人李某的死亡是由董某某一方还是张某一方负责，即两方对于被害人死亡是否存在因果关系。针对这个问题，法院内部出现了三种不同的意见，即董某某和张某两方均与李某的死亡没有因果关系，张某行为切断董某某行为与死亡结果的因果关系以及双方行为都与死亡结果有因果关系。

第一种观点认为，董某某和张某二者均与李某的死亡无因果关系。从条件关系来看，由于双方行为均无法单独引起被害人李某死亡结果的发生，因此二者的行为与死亡结果没有因果关系。单纯从因果关系认定的角度来看，我们需要进一步限制和规范董某某和张某这两种排污行为的责任归属。所以第一种观点并未得到最终的支持。

判决书用大量篇幅来表述归责的问题：一方面，判决书从相当因果关系的角度来界定和限制因果关系；另一方面，它将张某的行为视为一个独立的介入因素。这一判断基于两点：第一，张某的排污行为是独立的，他们之间没有约定；第二，作为化工行业的从业者，董某某应当预见到在案件中可能存在其他排放行为。基于这一认定，判决书得出结论，即董某某的排污行为并没有被张某的排废盐酸行为切断，反而促进了因果关系的产生。判决书认为，董某某作为化工行业的从业者，应当预见并能够预见在城市地下可能存在其他物质，而自己排放的废碱性物质与其他物质混合后具有危险性。因此，张某的排放废盐酸行为并非异常因素，也不是介入因素。因此，判决书认定后续行为不仅没有中断，反而促进了先前行为与死亡结果之间的因果关系。法院基于以上两个论点否定了第二种观点，并认可了第三种观点，即认为两方行为都与死亡结果有因果关系。这导致了一个判决上的奇特结论，即判决不认同董某某和张某构成共同犯罪，但判决书在最终处理上认定董某某和张某都要对被害人李某的死亡结果负责。这样的处理表面上并不认同共同犯罪，但实际上是按照共同犯罪处理的。当然，并不是说只有在这个案件中才会出现这种情况，这种现象在污染环境犯罪领域可能一直存在。特别是针对这种彼此独立的多个行为，有机效应导致环境严重受损的后果，最终责任按照共同犯罪来相互归属的现象，可能只在环境刑法中出现。

法院在处理该案件时，着重考虑了第二种和第三种观点，这在德国的理论和司法实践中也是长期存在的。第二种观点认为，董某某的排污行为无须对被害人李某的死亡结果负责，只有后续行为人张某才应对此负责。这可以对应德国的少数理论主张，即部分结果归责。该理论反对整体结果归责，因为这可能违反责任自负原则，即使不认定共同犯罪，也会按照共同犯罪的原则处理，从实质上让一个行为人对其他行为人的行为负责。第二个反对理由是违背微罪不罚的原则，即整体结果归责不区分各个行为的重要性，只要对最终结果有贡献，就应对整体结果负责。虽然该案中双方均有大量排污行为，但如果在这种情况下再加入一个第三方企业，刚成立一天排放了极少量的盐酸，它也需要对最终导致被害人死亡的结果负责。如果按照这种归责模式，凡是对被害人的死亡结果起到促成作用的行为都应对其负责，这会违背微罪不罚原则，并进一步导致司法实践中处罚前置的倾向。

然而，部分结果归责存在一个明显的问题。为什么在这个案例中，我们要让张某对被害人的死亡结果负责，而不是让董某某一方负责呢？我们可以说，两方都只是导致死亡结果的部分原因，为什么只有张某负责？这会造成不公平。张某可能会认为，他只是压死骆驼的最后一根稻草，为什么最终只有他负责？如果没有前面的排污行为，就不会有这个问题。这种不公平显而易见。还有另一个问题，我们如何区分先排污行为和后排污行为？实际上，在司法实践中，排污行为有可能有先有后，还有可能同时进行，这存在认定上的困难。如果采取部分结果归责，最终会导致谁达到阈值，无论其实际作用大小，都将对案件的结果负责，这显然不符合公平正义。

最终，法院以相当因果关系来排除或确定董某某及张某行为与结果之间的因果关系时，认为董某某作为行业从业者，应当预见城市地下往往存在其他问题。这种观点偏向特殊认知，即作为行业从业者，应当负责这条河，应当预见这条河流还有其他排污，从而应当合法排放，以免发生更大程度的损害。这就产生了另一个疑问，为什么在判断因果关系时，采用了针对行为人个人的更严格的标准，而不是一般人的避免义务？董某某作为专业人士，可能预见到河流中存在其他的排污，不能信赖其他人的排放行为均合法。但即便如此，行为人是否必须预见到他的排污与其他人的排污之间可能产生化学反应呢？他的预见义务是否需要达到此种程度？是否需要强加如此严格的注意义务？虽然判例没有明确说明，但可以明确的是，本案虽然讨论的是因果关系的范畴，但这个案件的一个特殊之处在于，在基本犯构成的前提下，讨论了行为与加重结果即"致人死亡"这一第二档量刑结果的因果关系。

我认为，不应将《刑法》第三百三十八条污染环境罪第（二）项中的"情节严重"，作为一个加重的需要归责的结果，这会导致实践中需要花费很多精力来确定因果关系，而应将其视为客观处罚条件。这可能会受到我刚才提到的整体结果归责的批评，但部分归责也可能遭遇不同的结果而造成新的不公平。与其这样，不如参考我们国家刑法中已有的条款，如《刑法》第二百九十二条第二款，聚众斗殴导致人员伤亡这一法律拟制条款，聚众斗殴的基本犯罪是一个抽象危险犯，加重情节是作为客观处罚条件处理的。这可能避免引发一系列复杂问题，这种观点或多或少有些激进，但我想解决的问题是，如果按照重大财产损失或人身伤亡的这种结果模式或加重结果模式来归责，一方面可能会违背共犯处罚原则，另一方面也可能回到之前所述重大环境污染事故罪的归责模式，这可能会使认定更加困难。

以抽象危险犯及其归责来理解本罪，是一个不断发展的过程。这个概念，它的起源可以追溯到《德国刑法》第三百二十四条关于水污染的规定。但更早是为了应对德国在 20 世纪 70 ~ 80 年代面临的严重环境污染情况。那时德国的莱茵河就像一条臭水沟，尽管德国在环境保护方面已经采取了战略措施，公民的环保意识也相对较高，但仍然存在倾倒生活垃圾到河流中的行为。为了加大刑事处罚的前置力度，在司法实践中将一些倾倒生活垃圾到莱茵河的行为纳入水污染犯罪的规制范围。抽象危险就是从这种行为类型中归纳出来的。德国刑法学界在提出概念之初也比较保守，并在反思中不断修正，一方面，累积犯这种累积性的不法行为需要严格限定；另一方面，累积犯虽然是抽象危险犯中的重要类型，但关于抽象危险犯类型的划分本身只具有描述意义而不具有规范意义。而描述的类型太多，基本失去了概念的涵摄能力。因此不需要将其划分为多种具体类型，只对具体罪名的构成要件要素进行解释就足够了。

需要强调的是，累积犯理论在一定程度上摒弃了对结果的进一步判断，不需要进一步判断结果，因果关系也就不需要进一步判断。我一直强调抽象危险犯是一种特殊类型，因为从结构上看，它是完全的行为不法，仅判断行为不法就可以证明构成犯罪，即行为不法本身就是构成犯罪的充分条件，不需要再附加其他条件。只是这个整体危险行为并非泛泛而谈，它需要一个具体的罪名支撑，累积犯作为特殊的抽象危险犯，在分则中如果有相应的条文，往往是具有行政属性的行政犯。而且这个行为模式不仅是行政不法，还需要在刑法分则中进行特定行为模式的限定。当然，如何划分行为模式，首先是违反行政不法，但违反到何种程度才构成犯罪，可能最终是一个立法决策的问题。此处理论界有诸多讨论，我就不再赘述了。就累积犯面临的过度犯罪化问题，我认为这个问题并不仅限于累积犯，而是普遍存在于所有抽象危险犯中。回到我们的教学案例，两个排污者造成了被害人的死亡，判决的结论基本上是认为这两个排污者都对结果有所贡献，因此承担整体责任。此时无论将责任算在哪个行为人身上，都可能不公平。

以上就是我对这个案件的讨论，没有一个具体的结论，更多是提出延伸问题，让大家思考。尤其是关于因果关系的认定，我的结论比较激进。所以，虽然冠以因果关系认定之名，但实际上我认为这个案件最终不需要判断因果关系就能解决，以免因为因果关系衍生出无法解决的新问题。这是我的基本结论，但可能会有很多批评意见。如果要进一步延伸这个理论，我认为，既可以借鉴结果加重犯的行为危险性，或者说构成要件的特殊关联性，又可以借助风险升高理论。因为这两种排污行为本身就增加了结果发生的危险。从这两个角度来看定罪，可能是一个可行方向。具体如何论证，我还没有想好，我将这个问题提出来，请各位老师发表自己的观点。

这个案件涉及很多问题，触及面很广。判决中虽然没有按照共同犯罪处理，但董某某一方和张某一方都涉及多个行为人，每一方内部是按照共同犯罪处理的。既然将这两方按照污染环境共同犯罪来处理，我对此衍生出一个疑问：为什么没有按照单位犯罪来处理？审判参考中没有提到单位犯罪，但据我了解，最高人民检察院目前正在研究制定相关司法会议纪要解决这个问题，即在污染环境犯罪中，往往处罚的是自然人，单位犯罪几乎没有，即使处罚单位，更多的也是民营企业，国企基本上不会被触及。

我今天的报告内容，有些观点尚待完善，更多是提出疑问。希望各位老师继续讨论和延伸。

——与 谈 环 节——

与谈人·陈冉

张老师报告中提到的问题给我很大启发。我曾在 2017 年参与一个关于环境污染犯罪的项目，当时我们对北京、河北和天津的案件进行调研。司法实践中与张老师今天报告分享的案例类似的有很多。我们至少遇到过两三个类似的案例，也详细探讨了环境污染犯罪的因果关系的认定，包括刚才提到的单位犯罪问题。我对此特别有感触，因为当时我们几乎没有找到单位犯罪案件的数据。张老师今天提出的问题确实是实践中的问题，结合之前的研究，有两点和大家分享。

其一，污染环境罪的共同犯罪认定有一个特殊性，除了张老师提到的案例，我也碰到过类似案件。有一个案件，两家药厂位于同一片水域。上游的药厂排放了废水，而下游的药厂则排放了另一种废水。在排放过程中，并不知道会产生硫化氢气体等问题。它们只知道自己是生产药品的，但并不了解具体产生的污染成分。结果，两家药厂的废水混合在一起产生反应，导致了事故。幸运的是，没有人员伤亡，但导致当地土壤重金属超标。案件在认定中面临的问题是，能否认定共同犯罪，重金属超标到底是谁的责任。另外，由于修复费用非常高，已经达到该罪三到七年有期徒刑这一档法定刑的标准，因此谁承担刑事责任是一个重要的问题。在这个案件的判决中，法官明确表示不构成共同犯罪，但认为这两家药厂都应该承担责任，法官认为修复费用应该在民事案件中处理，刑事定罪处罚只考虑排放是否超标，凡排放超标的，每个主体承担各自的责任。

此外，这类案件涉及的问题不仅是因果关系，还涉及单位内部的自然人是否构成共同犯罪。比如，有一起案件，有个老人每天晚上十点左右打开厂房门，让那些运输废水的人偷偷进来，将废水排出去。这个老人的行为被认定为污染环境罪，负责生产的人和负责环保的科长被认定为实行犯和组织犯的共同犯罪。后来，有老师写了一篇文章，专门讨论"基层人员是否构成污染环境罪的共犯"。因此，在这个案件中，我想和大家分享一些感受，目前的污染环境罪研究是外热内冷的。就像张老师提到的，在德国把一块垃圾扔进莱茵河，就可能构成污染环境罪，但这种规定在我们这里，可能大家都不能接受。所以，环境保护是一个从意识到政策的确立过程，只有意识到位了才能逐步落实到刑法和刑事诉讼法中。在这种背景下，就引发了一个问题，传统刑法教义学中两个人不小心打死一个人的情况，或者两个人都投毒的情况，这种重叠的因果关系，用来分析污染环境罪中共同结果的归责问题是否合适、合理，我对此存有疑问。

其二，我想与大家分享的是涉及污染环境犯罪本身的一个特点。我认为，在我们用传统刑法理论思考污染环境犯罪时，需要注意它是一种技术性很强的犯罪。大多数污染环境犯罪案件都涉及大型企业。当我们进行行政处罚时，处罚的对象通常是企业，而不是个人。然而，在依据刑法定罪和量刑时，我们反而针对的是自然人。二者之间的差别令人困惑，污染环境罪中企业排污才是治理的重点。在环境犯罪领域，美国发布的合规指南提到一些从业者应该遵守的规定。在张老师今天提到的这个案例中，我们的法官非常出色，他认为作为行业内从业者，董某某应该能够预见到危险性，使用了这种预见标准作为判断标准，这是值得肯定的。但其中涉及技术性问题。张老师也提到为什么在这种情况下不采用一般人的预见标准，而要采用主观标准。以医疗领域为例，一位在《柳叶刀》杂志上发表过文章的医生，他的水平肯定比一般三甲医院的医生高。在手术过程中，他明知道可能会出现问题，这时我们不会按照一般医生的标准，而是要求采取符合其本人认知水平的主观标准，这涉及技术性行业中标准的选择。对这些特殊从业者，政府一般会颁发相应的资质。例如，从事危险废物处理或生产工作的人会被授予相应资质，美国环境保护局（U. S. Environmental Protection Agency，EPA）每年都更新并提供相关标准。因而在从业者与其他企业处理排污问题时，相应的条款都已明确规定，比如以何种程序、何种标准进行净化处理。因而按照具体的操作流程，行为人是否有预见到危险的可能性是可以判断的。就此与张老师商榷一下。

与谈人 · 金燚

对于张老师提出的一些问题，我想简单回应其中的三个要点。

首先，张老师提出为什么法院不认为这两个团体之间构成共同犯罪，却按照共同犯罪的原则来处理，这一点我非常赞同陈老师的观点。法院可能考虑到民众的一般法感情，他们认为出现死亡结果，就必须有人负责。这种观念可能会对司法形成一种外界压力从而导致入罪冲动。从实践需求的角度来看，不得不对两个人都定罪，都要承担责任。但司法实践中的这种操作，实际上是将问题抛给学术界。作为学者，必须为这种判罚结果找到合理的理论支持来解释这个结论。当然，张老师也提出了自己的创新观点，即我们不再需要考虑因果关系，只需将其作为客观处罚条件，这是一个非常简洁且稍微有些激进的结论。在我不多的了解中，处理因果关系方面，一些学者提出了其他一些相对温和的措施。例如，可以运用日本学者提出的流行病学因果关系，或者借用民事法规中的间接反证等理论，或者推定因果关系等。污染环境的管理涉及许多技术领域的知识，作为法律人，我们可能不太了解技术，判断起来会更加复杂。很多时候，我们可能直接采用专家意见，但这也会出现很多其他问题。因此，我们是否可以想到通过其他理论解决因果关系的问题，我认为这也是其中一种可能的出路。

其次，刚才张老师还提到一个观点，即我们是否可以运用风险升高理论。这是罗克辛教授提出客观归责后的又一大创举。他认为在判断结果归属时，我们并不需要完全达到百分之百的结果可避免程度，只要存在风险升高即可。这种观点有一定的解释力，但风险升高理论并没有得到所有学者的认同，同时面临很多质疑和批评。有人认为它实际上是将一个结果犯变成危险犯，我个人也比较赞同这种质疑观点。只要一种行为创造并提高了风险，无论结果是否具备回避可能性，我们都可以将损害结果归责于行为人。出于政策上的要求，采取这种归责的路径，是否在某种程度上将结果犯转变为危险犯？这种解释与张老师提出的将结果作为客观处罚条件的观点，是否在某种程度上不谋而合？因此，用风险升高理论进行解释时，可能还需要进一步思考为什么存在风险升高就能归责的问题。

对于特殊认知方面的问题，张老师提出了一个非常有意思的观点，即为什么我们要对行为人赋予如此高的预见和注意义务，这实际上是对具有特殊认知的特定个人提出的要求。在思考这个问题时，我认为需要区分为不同领域来判断这个标准是一般人标准还是个别人标准。例如，在化工行业或环保行业从事工作的人，他们的一般人标准肯定不是与普通人或非该行业从业者相比较的标准，而是与同行业其他人相比较的标准，这是一般人标准的含义。换句话说，一个化工行业的从业者相对于普通人来说，他的认知肯定更多，但他的认知并不算是特殊的认知，因为他的参照物是同行业的人。只有对损害结果具有比同行业的人更特殊的认知时，他才具备特殊认知。因此，这个预见义务对于本案行为人来说到底是高还是低，可能还存在一些讨论的空间。

最后，关于累积犯的理论，我之前读过张老师关于累积犯的理论文章，从中学到很多知识，对累积犯有了更深入的理解。累积犯说确实可以解决污染环境罪的司法解释中存在的一些矛盾之处，既将其认定为行为犯，又规定为结果犯，并将它们放在同一个立案标准上。这种割裂的状态在学理上确实引发了一些问题。当然，如果我们统一将污染环境罪定义为累积犯，或者以后规定为行为入罪的模式，那么这些问题都可以得到解决。但是累积犯说也存在疑问，一般来说，累积犯的每一个规范违反行为都相对较轻微，那么如何与行政违法行为进行界分呢？特别是在我国当前行政违法与刑事不法两个制裁体系完全分离的情况下，我们是否应该将过多的轻微违法行为入罪，从而扩大轻罪犯罪范围？当然，这是另一个需要讨论的问题。目前也存在诸多讨论，究竟我们应该扩大轻罪立法，还是理性对待将轻微行为入罪的冲动。我国与德国在这方面有所不同，我国属于"小刑法"的状态，即厉而不严。而德国处于"大刑法"的状态，即严而不厉。在这个问题上，我认为还有需要进一步思考的地方。

以上是我对该问题尚不成熟的见解，欢迎各位老师多多批评。

主讲人·张志钢

接下来对陈老师和金老师的与谈内容进行回应。

就像两位老师所说的，今天我提出的问题比解决的问题要多得多。污染环境罪在司法实践中很多时候是立法和实践先行的，很多立法和实践的做法是我们的理论无法回应的。司法实践中存在大量问题，我们的理论无法解决或无法圆满解决。这是我对两位老师关于法教义学问题的回应。

关于累积犯的适用，我认为应该建立在一个较小的范围内。至于在累积犯领域如何区分行政违法和刑事不法，我刚才只是简单提及并没有解答，这更多是一个立法决定的问题。如果说在累积犯领域存在刑罚过度扩张和处罚前置的情况，其实抽象危险犯也存在这样的问题，只是累积犯相对于抽象危险犯来说更夸张。累积犯的应用场景在现实生活中往往是一个很小的危险行为，如何将这样的危险行为划分出来，在一定程度上需要求助于行政处罚。但如何区分行政处罚和刑事处罚，最终可能需要立法确定。就像我刚才举的例子，当排放危险物质超过30吨时，大家认为这是一种形式入罪的问题。在日本的司法实践中，虽然他们认定这是刑事不法，但却进行行政处罚。累积犯可能更多地体现在行政犯领域，需要行政执法先行。至于如何将一定程度的行政违法提升为刑事不法，这可能不是司法实践问题，而是立法问题。但在我国，可能会成为一个司法解释问题。这是我对累积犯的一点看法。

关于特殊认知的问题，正如金老师所言，我们需要明确特殊认知的具体程度。对于从事化工行业的人来说，如果他们达到行业内的平均认知水平，并且在技术方面非常精湛，了解的信息也非常广泛，可能超过一般行业从业者的水平，此时需要具体看特殊认知达到何种程度。报告的案例中曾提到一种观点，即认为化工行业的专业人士应该预见存在其他排污单位排放其他危险物质的情况，并且应该预见到不同种类的危险物质排放可能会发生导致人员死亡的结果。他们将这种预见义务无限地向前延伸，这在一定程度上与特殊认知相关，但又不完全相同。可能我刚才的质疑没有表述清楚，如果将认知延伸到排放的污染物质会发生化学反应并导致人员中毒身亡的程度，实际上在一定程度上是认定了董某某对被害人死亡的结果负有责任。因为预见义务和预见可能性是过失的最低限度标准，至少他认为董某某在这一点上有过失，在该案例中既认定为过失，又要根据共同犯罪进行处理，当然这可能涉及其他问题。关于陈老师刚才提到的医疗和环境作为技术性非常强的领域，确实与技术标准和行业标准相关。作为外行，我们对特定专业的技术标准可能了解不足。尽管我们在刑法上对归责原则进行总体描述，但总觉得不够完善。

关于污染环境犯罪，在司法实践中确实存在很多问题。陈老师刚才也详细提到这一点，即我们更倾向于认定存在自然人共同犯罪，而不将犯罪归咎于单位。这是一个现实问题，如果要克服这个问题，只能通过强制性的规定来明确，即一旦类似排污行为发生，可以对大型企业进行调查。英美部分国家已经付诸实践，类似于我们现在强调的合规，未来可能会出现一种环境合规观，这个制度完全有可能存在。

以上就是我对两位老师与谈的简单回应，谢谢大家！

与谈人·徐永伟

今晚听了张老师的讲座，我受益匪浅。张老师提到的主题中有两个关键点，一是因果关系，二是环境犯罪。在因果关系这个主题中，以张老师报告中提到的案例为起点，可以延伸出无数个变式案例：前一行为人的排放行为是合法的，后一行为人的排放行为是过量的、非法的，最终二者结合造成严重污染的后果；前后两个行为都是合法的，被许可的，但二者排放的污染物相互作用，最终造成严重污染的后果……这种多人参与犯罪的情形会在结果归责的问题上产生多种不同的变体。情形Ⅰ：后参与者的故意行为排除前参与者过失行为的结果归责；情形Ⅱ：后参与者的过失行为独立地造成损害，排除前参与者过失行为的结果归责；情形Ⅲ：前参与者高度控制流程，使后参与者的损害效果被前参与者利用，结果归责由前参与者直接承担；情形Ⅳ：前后参与者都故意介入流程，但无法确定谁的行为可以独立导致损害发生；情形Ⅴ：所有参与者都欠缺故意，各自参与且无法独立导致损害结果，在共同作用后会产生损害效果，这与张老师报告的案例一致。对于这种情况，过失参与的行为人只对自己行为所产生的结果负责，而不对其他人负责，应当回归到个人责任的适用。在过失犯理论中，有一个概念叫作过失同时犯，即尽管每个施工人员都独立为自己的行为负责，但他们仍然对共同的损害结果承担过失既遂的责任，这是比较奇怪的。在这个案件中，如果只是两个团伙承担过失既遂责任似乎还可以接受，但如果我们将后面的链条无限延伸，假设张某团伙之后又有许多工厂共同导致一个结果，比如A工厂、B工厂、C工厂分别排放不同的污染物质，这些污染物质导致结果的发生，然后再与前面的排污行为产生关联，这种情况下如果让所有工厂都对最终的损害结果共同承担过失既遂责任，就会比较奇怪。在这种情况下，我反而认为，在因果关系中，刚才金老师提到的风险升高理论恰好可以应用，起到一定程度的限制作用，这是我对多数人参与犯罪的结果归责的理解。

对于张老师最后讲到的累积犯和抽象危险犯的问题，我理解他更倾向于通过危险犯理论来解决问题，以避免因果关系处理的复杂性。在环境犯罪领域，立法和司法解释的规定证明我们对环境犯罪的容忍度较低。在这种情况下，通过设置抽象危险犯等方式来处理问题，以规避因果关系处理上的困难是可行的。然而，如果背景不是环境犯罪，而是其他犯罪领域，如果设置过多的危险犯，犯罪的范围必然扩大。比如在产品犯罪领域，过多的危险犯设置对产品技术的发展是不利的。在这种情况下，我们仍然需要回归到结果归责的范畴来考虑。对于以上提到的案件，我认为在不涉及危险犯的情况下，仍然存在适用过失共同犯罪的空间。但在这方面的理论和实践中，我们仍然没有取得大的突破。以上是我个人的理解，谢谢大家！

与谈人·薛铁成

与大家分享几点我的看法。

其一，刑法中的因果关系是给产生刑法结果找行为归属的媒介，我们在讨论刑法中的因果关系时，需要将产生结果的原因即行为与结果分开来进行讨论，进一步来说，有了刑法结果，才能更进一步地讨论结果归属的问题。但梳理相关理论，我们可以发现在界定刑法中的行为时，往往已经将结果因素纳入考量范围，通常会通过考虑行为所产生结果的社会影响或其他影响，来界定何种情况下的行为属于刑法中的行为以及刑法应该如何规制这种行为。正因这种情况的存在，司法实践中出现了因果关系判断不妥当的问题，甚至针对同一案件可能出现多种结论。因此，我赞同张老师的观点，特别是污染环境罪立法存在杂糅现象的当下，是否可以通过超越因果关系判断的方法来解决污染环境结果的归责问题，例如，运用抽象危险犯的理论或累积犯的理论进行解答。因为这种判断方法，已经超越了刑法中的因果关系判断。或者说，我们可以通过立法的方式，将污染环境罪要么视为行为犯，要么视为结果犯，通过犯罪的分类解决这一问题。

其二，刑法中行为与结果之间因果关系的判断结果只有两种：一种是具有因果关系，另一种是不具有因果关系。回归到今天的案例，我想说的是无论利用何种因果关系理论，对于这个案例都能得出排污行为与结果之间具有因果关系。因为不仅排污行为与结果之间存在"没有前者就不会有后者"的关系，而且每一个行为都对整体结果产生作用，都可以得出它们之间存在因果关系的结论。无论是用"具体结果的条件说"还是"合法则的条件说"都会得出排污行为与结果之间存在因果关系。有区别的可能只是追责的具体范围的变化，即可能会因为存在介入因素而阻断前行为与结果的因果关系，从而只需追究后行为人的责任。我对此产生一个疑问，既然我们无论是用何种因果关系理论判断具体案例，都会得出同样的结果，那么刑法理论界所存在的很多因果关系理论，包括新产生的判断因果关系的危险现实化和客观归责理论等是否是真的理论学说，这是一个需要被认真对待的问题。我认为，理论刑法中的因果关系理论应该是因果关系背后支撑的根据所在。只有找到第一性根据，才能解决更为复杂的问题。当前的诸多因果关系理论并非第一性的原理，而是我们根据经验、感觉甚至偏见得出的结论。每个学者都有自己的立场，所以我们能否找出不依赖于学者立场的理论，并将其发展下去？我觉得现在可能做不到，因为理论一直在发展，伴随而来的问题也越来越多，学术讨论越来越复杂，而我们始终找不到支撑我们这样做的原因。我们需要找到支撑这些理论背后的原理性规定。只有这样，才能更加轻松地应对这些问题。否则，我们所面对的问题只是表面现象，甚至只是基于经验得出的结论。

其三，对于这个案件，我认为因果关系的分析范围可能太大了。按照该案的判断逻辑，在实施排污行为时，行为人不仅需要使自己的行为满足排污条件，还需要考虑甚至逐一调查每个河道，检查是否有盐酸等污染物的排放，如此才尽到防止结果发生的义务。在这种情况下，可能存在一个问题，即假设无死亡结果的发生，那么行为人就不会承担刑事责任，因为此时不会启动调查程序，这是否意味着法律在鼓励我们的投机行为？只要避免了最终损害结果的发生，就可以去实施某种行为，我认为这种因果关系的判断范围太大了。如果这样做，可能引发另一个疑问，即到底是判断因果关系有利于我们追究和纠正违法行为呢，还是不去判定因果关系，更有利于改善当前的环境？这种立法模式背后，到底是为了鼓励我们投机，还是为了确保我们都成为守法的人？这也是值得思考的问题。

以上就是我的三点思考，谢谢大家！

主讲人·张志钢

两位老师提出的问题都非常深刻，对环境犯罪的研究也非常有见地。实际上，环境犯罪可以看作经济犯罪的一部分，这一观点得到大多数学者的认同。在一定程度上，环境犯罪和经济犯罪在归责和因果关系认定方面存在相似之处，它们都是随着工业社会的发展而出现的新问题。在归责和因果关系认定方面，可以说产品犯罪推动了环境犯罪的改革，其中德国的"羊毛案"就是这一进程的印证。在司法实践中，我们正在建立环境资源审判庭。而在德国，环境犯罪仍然在经济庭审理，这是因为二者都需要专业的技术人员来审理，涉及许多相通的归责原则，都在一定程度上突破传统的自然归责原理并涉及技术性规定，且案件数额通常较大，故将这两类罪名的案件放在一个庭审理。在一定程度上可以说，环境犯罪是一种特殊的经济犯罪，其归责原则和面临的问题是相似的。

薛老师提出许多问题，可以概括为超越因果关系还是否定因果关系。他的一系列追问在一定程度上超越了今天我们讨论的环境犯罪因果关系的主题，甚至超越了因果关系本身。他更多关注的是我们的理论应该解决什么问题，以及理论如何回应实践。我尝试回答他提出的一些问题。

我们研究因果关系也好，研究客观归属也好，正如我在介绍环境犯罪演进过程中提到的，对于两者的讨论一定是放在几个结果犯类型中。因为因果关系是一个不成文的构成要件要素，既然将它限定为不成文的客观构成要件要素，那么肯定要限定在特定的犯罪类型范围内讨论。如果我们想扩张或者想更简单地认定犯罪，就应该把这个构成要件要素删掉，因为对于犯罪成立来说，要素越少，越容易认定。从这个角度来说，在一定程度上因果关系的理论是用来限缩处罚范围的，它的理论使命就是这样。至于刚才薛老师提到的，为什么在解决某个案件的时候，不同的学者基于同一个理论得出的结论不一样，这可能就是因果关系复杂的地方。

因果关系的判断流程一般分为两步。第一步，因果关系的事实判断。我们目前通说的观点是条件说，但不管是采用否定的判断方式，还是采用越来越多学者提倡的合法则的条件说从正面认定因果关系，都是运用自然科学技术原理进行推论。在理论上这和证据认定的方法是一样的，即能够查清自然意义上是哪些原因造成这样的结果。第二步，因果关系的价值判断。基于怎样的价值判断标准来进行限缩因果关系。加入价值评价标准，一方面，不同学者虽然可能会使用不同的术语或概念，比如相当因果关系和客观归责理论，但其实后者并没从实质上摆脱相当性的判断，尤其对于风险的创设而言，并没有提出比相当性因果关系学说更好的判断标准。所以，同样采用相当性标准，评价同一个案件或同一个事实，不同学者得出不同结论，这一现象是正常的，因为其本身就带有价值评价的色彩。另一方面，一旦带有价值评价色彩，我们一定要警惕的就是，相当性判断也好，客观归责判断也好，在一定程度上它有可能限缩基于条件说作出的因果关系认定，并且它也可能扩张因果关系的认定，有可能最终扩张了刑法的处罚范围。就像我们讨论特殊体质的问题，实施轻微伤害使被害人死亡的案件，如果按照客观归责理论，容易直接在客观归属的框架下进行价值判断，很多时候轻微伤害本身就不构成刑法上的伤害行为，这个伤害行为本身就没有制造致人死亡的风险，这时候发生死亡结果，如果运用价值判断在理论上是扩张了处罚范围的。从源头上说，行为本身就没有制造风险，何必再接着讨论结果及因果关系的问题。当然，这仅是我的疑问，并不代表大部分学者考虑问题的角度。我想说的是价值判断不一定能得出统一的结论，即便采取价值判断的出发点是要限缩处罚范围，可能仍然得出扩张处罚的结论，这是我们需要警惕的。

另外，关于薛老师提到的超越因果关系还是否定因果关系，目前来看，我还是在围绕着因果关系进行讨论，而没有超越或否定因果关系本身。我更倾向于对目前司法实践中类似的案件从理论角度做出较合理的解释。

以上是我的简要回应。

与谈人·邹玉祥

我想和各位老师分享、交流我的几点体会。

第一点，我们今天讨论抽象危险犯、具体危险犯和结果犯的概念时，实际上是在探讨一个行为性质的问题。在我国刑法中存在着同一罪名下具有不同行为的情况，甚至有相同罪名下不同行为过于杂糅的情况。这意味着，当我们谈论一个犯罪行为或一个罪名是具体危险犯还是抽象危险犯时，这仅是在理想状态下的讨论，认为一个罪名的行为类型是固定的，不包含太多其他因素。既然所谓的具体危险犯或抽象危险犯指的是犯罪构成要件的行为性质，我认为同一个罪名可以涵盖不同性质的行为类型。换句话说，在污染环境罪中，除了最后一款涉及致人重伤或死亡的情况，其他情况可以视为具体危险犯，而针对最后一款，我们可以说它是结果犯。这样解读的理由是，在我们确定行为性质时，我们所确定的是对谁进行定性。尽管从理想意义上讲，故意杀人罪是一个结果犯，但如果某一天我们在故意杀人罪这个罪名中加入其他行为，我们未必能得出故意杀人罪一定是结果犯的结论。因此，这只是一个理想状态，理想状态与我们试图解决的问题可能会存在冲突。因此，我们可能需要做出一些妥协和让步，回归到理论本身试图解决的问题，或者像薛老师所说，找到理论的本源，即要解决什么问题，以及支持它的正当性是什么。因此，我认为目前存在一些困扰可以放宽一些，可以思考的维度更广一些，允许我们将污染环境罪视为既是结果犯又是抽象危险犯，或者既是具体危险犯又是抽象危险犯，我认为这是可以接受的。

第二点，关于特殊认知的问题。陈老师和金老师都提到特殊从业者的特殊认知问题。然而，我更倾向于张老师的观点，他从特殊认知的角度出发，指出一些重要问题。一般来说，特殊从业者的特殊认知指的是在特定职业中，个体对于某些特殊情况有独特的认知。例如，服务员在上菜时需要了解盘子里的食物是否有毒、是否被动过手脚、是否过期等。同样地，医生在给患者注射头孢等消炎药时，需要了解患者是否对头孢过敏。然而，在本案中，我们需要仔细看待法官想要论证的方向。法官关注的是，作为一个特殊行业从业者，行为人在向河流倾倒危险物品时，应该意识到河流是流动的，可能存在其他物质，并且可能有其他人在后续倾倒其他物质。实际上，这是一个特殊认知问题。我认为这种特殊认知要求可能有些严厉，本案法官认为张某的行为没有阻断前面行为的重要原因在于他没有意识到可能后续会有其他排污行为介入。这种特殊认知的义务设定是不合理的。所以，我个人认为，董某某的行为应被认定为未遂，而张某的行为应被认定为既遂。此外，我还对司法实践中的判罚根据比较感兴趣，比如为什么在实践中很少出现判定前面的排污行为为未遂的情况？这可能是一个有意义的问题，以上是我想表达的第二个观点。

第三点，我同样认同张老师关于累积犯的观点，认为应该对其进行合理的限制。他还提到，在我们国家的背景下，这可能不仅是一个行政执法标准的问题，还是一个司法解释的问题，我也非常赞同这一观点。事实上，我也思考过，环境污染犯罪是否可以适用累积犯的概念。个人认为，在这个问题上我们还有很长的路要走。合理性问题是难以解决的。个人认为，在我们当前刑事立法活跃化和积极主义刑法观的背景下，处罚范围将会扩大。实际上，在司法解释的适用过程中，很多罪名的适用范围也会不断拓宽，不断与行政执法标准接近，比如醉驾行为。未来当我们的环保意识达到一定程度，那时可能只要排放污染物超过 100 毫克或随地吐痰，都将构成犯罪。因此，将来一定会面临污染环境犯罪作为累积犯的合理性问题。此时可能面临的最大困难是，它能否与恐怖主义或核污染等高风险危害做等价值评价。要达到那个程度，我认为还需要很长时间的论证和探讨。

以上是我的一些学习心得，与大家分享，谢谢大家。

主讲人·张志钢

关于这个问题，我还没有完全消化邹老师讲述的内容。邹老师研究行政刑法，在行政违法与刑事违法关系方面做得非常深入。我能够理解邹老师的一些担忧，我们在限缩累积犯的认识方向上是一致的，但具体观点略有不同。累积犯的正当性确实面临很多质疑，除了可能违反微罪不罚原则，累积犯将许多轻微甚至只需要行政处罚的行为纳入刑法处罚范围。正如我之前所说的，一方面我们将其限制在较窄的范围内，另一方面它是立法政策的决定，需要通过立法来推动。作为学者，我们的任务在于使其解释逻辑更为顺畅。

另外，累积犯可能面临的最大质疑是违反责任自负原则。也就是说，对于造成整体危害的最终结果，尽管存在不同行为人参与其中，且都有各自对结果的原因力和作用程度，但为什么行为人仍要对整体结果负责，这违反责任自负原则，行为人可能为别人的行为"买单"。然而，现在将一部分达到一定质的程度的行政违法行为纳入刑法，虽然范围较窄，但可以解决我们目前面临的部分问题。同时，罪责自负原则中对于什么是"为他人的行为负责"的解释空间很大。这可能是在法伦理学和法哲学中需要进一步论证的问题，由于时间有限，在此不再展开论述。

——提 问 环 节——

Q：我想针对张老师刚提出的论证方向，简单谈一下我个人不成熟的想法。我认为，本案的事实因果关系是无法逐一查明的，尤其是污染物泄漏之前已经积累了足够多种类丰富的化学物质，自然环境本身也具备自净能力，我对这时认定事实因果关系存在疑问。

在这一点上，我更赞同劳东燕老师的意见，其主张把风险升高当作事实因果关系认定的理论，即就此事实没有办法查明的非决定性领域，通过概率法则替代罪责法则认定事实因果关系。另外，如果将结果作为客观处罚条件，可能面临一定的问题。在这种情况下，如果行为人实施的是一个刚刚达到入罪门槛的排污行为，但介入第二个独立的故意的不法行为，按照数字经济原理不会排除结果归属。具体而言，如果第二个行为人从排污管重新取出 100 毫升废水向被害人投毒造成被害人死亡，如果将其作为客观处罚条件，则可能因为存在条件关系，被要求对最终的死亡结果承担刑事责任。按照最新的司法解释，可能会被判处三至七年有期徒刑。因此，我认为按照客观处罚条件来认定可能存在问题。对此，我想请教老师的看法。

张志钢：谢谢同学的提问。这位同学实际提出两个问题，我尝试回答一下，开辟一个新方向。

第一个问题，本案的案件事实是清楚的。行为人是私自设立暗管，两家暗管因水流交汇导致结果发生。这里还有一个背景，当地市场仅有这两家企业。

你提的这个问题很好，风险升高理论面临罪疑惟轻原则的质疑。因为实践中一些事实很难认定清楚，而风险升高理论弱化了对事实认定的严格要求。如果现实中有不同的排污行为对结果分别贡献程度的事实认定不清，但能够证实每个行为确实提高了最终结果发生的危险，此时风险升高理论确实存在违反罪疑惟轻原则的质疑。

第二个问题，关于将污染环境造成严重后果对应的事实情节，在本案中就"造成一人以上死亡或者特别严重的伤害后果"这一法定刑升高情节作为客观处罚条件，不作为结果加重犯处理，我的想法是，案件当事人之所以上诉，是因为其认为死亡结果的发生具有偶然性，其在排污时没有预见会发生这样一个结果。因此，从这个角度我尝试将这一客观事实设置为客观处罚条件，看是否行得通。提出这一观点当然会面临质疑，一方面，其在一定程度上扩张了处罚范围，另一方面，其要求行为人负有死亡结果的避免义务，哪怕是最低限度的避免可能性。

主持人·郭英明

由于时间有限，我们今天的讲座暂且告一段落，再次感谢张老师的精彩报告，感谢各位与谈嘉宾的精彩发言，让我们对环境犯罪问题有了更前沿、更全面的认识，也希望讲座结束之后各位同学能够继续挖掘环境犯罪领域其他值得探讨的问题，我们下期再见！

未成年人犯罪的罪责基础与制裁特殊性

主讲人：程　捷（中国社会科学院大学法学院副教授）
与谈人：方　军（中国社会科学院大学法学院副教授）
　　　　朱光星（中国政法大学刑事司法学院副教授）
　　　　许博洋（中国政法大学刑事司法学院讲师）
主持人：李振民（中国政法大学刑事司法学院博士后）

主持人·李振民

各位老师、各位同学，大家晚上好。在这个鸟语花香的季节，我们迎来了"斜阳侧帽·学者论道"青年学者讲座第八期。此讲座是由中国政法大学刑事司法学院王志远副院长发起，"斜阳侧帽"读书会主办的系列讲座。王志远教授特别重视青年学者与硕博学生之间的交流与成长，希望通过这样一个系列讲座，为青年学者以及师生之间构建一个高质、有效的交流平台。

我们非常荣幸地邀请到中国社会科学院大学法学院程捷副教授作为本期讲座的主讲人。程老师本次讲座的题目是《未成年人犯罪的罪责基础与制裁特殊性》。在讲座正式开始之前，请允许我简单地介绍一下程老师。

程老师博士毕业于中国人民大学法学院，曾在台湾大学法律学院、慕尼黑大学法学院从事法学研究。程老师著作颇丰，近年来在《法学评论》《中国刑事法杂志》等法学刊物发表论文30余篇，独立翻译《德国刑事诉讼法教科书》。程老师发表了多篇未成年人犯罪领域的论文，是国内该领域研究的顶尖专家。程老师还翻译过一系列有关德国少年犯罪的文章，为我们观察德国如何处理少年犯罪问题提供了比较法上的参考。相信今天程老师的讲座会给大家带来极大的启发。接下来的时间交给程老师。

——主 讲 环 节——

主讲人·程捷

感谢李博士的介绍。在未成年人犯罪领域，我并不是什么顶尖专家，法大的苑宁宁老师、北师大的宋英辉老师，都是这方面的专家，他们的学术成果也更有影响力。我本人近两年比较关注未成年人司法和未成年人犯罪的问题。由于近期出现社会热点事件——"邯郸初中生被害案"，未成年人犯罪这一问题再次引起社会广泛关注。而相关的学术研究长期集中在理念之争，这种理念之争很难用教义学的方式得到确切统一的结论。坦率地讲，反思近年来的未成年人法学研究，我认为理论探讨有待深入，不能仅停留在理念之争上，否则很难真正说服司法者和立法者。

今天我报告的题目是《未成年人犯罪的罪责基础与制裁特殊性》。关于未成年人犯罪治理，我认为需要明确两个特点：其一，未成年人刑事司法不宜严格区分实体法与程序法。很多未成年人程序的设计也要回到实体法中找它的理论基础。以德国为例，它并没有所谓的未成年人程序法或者未成年人实体法，关于未成年人涉刑的内容均规定在《德国少年法院法》中。《德国少年法院法》兼具实体和程序规定，二者体量相当。其二，基于中国当下的立法条件，未成年人刑法暂时难以与成人刑法完全分离。我国并没有像《德国少年法院法》这样的专门在成人刑法之外为未成年人设置一套单独的司法制度。目前我国未成年人犯罪的处理，无论实体上还是程序上都依附于成人刑法的部分。所以诸如"邯郸初中生被害案"发生后，我们只能从成人刑法的刑事责任理论中寻找刑事责任年龄的根据。例如，"承担刑事责任"中的"刑事责任"如何理解？我们肯定不能另搞一套理论说"刑事责任"指的是具有少年犯罪内涵的刑事责任，而不同于我们同一条文适用于成年人时的"刑事责任"。所以就当下而言，我们还是要回到成人刑法的理论框架下，为未成年人犯罪的特殊处遇找到理论出路，这个是我们目前面临的窘境，但又必须去这么做。尽管我们呼吁单独制定少年刑法，但这不是短期内能实现的事情。

我本人的研究更多地集中在刑事程序法上，今天在座的各位老师，大多是研究未成年人犯罪的实体法，我希望通过与各位专家学者共同探讨，借助既有的刑法学、刑事诉讼法学的研究成果与研究方法，深化未成年人法学的理论层次。

一、本议题的背景和意义

（一）刑事责任年龄下调制度的目的解释

1. 构成要件的模糊性需要目的解释

2020 年，《刑法修正案（十一）》对《刑法》第十七条作了修正，规定在特定情形下，经特别程序，对最低刑事责任年龄作个别下调，此前已有相关文章围绕该条款展开讨论。第十七条的构成要件具有一定的模糊性，目前的研究大都认识到该条存在如下分歧点，需要进一步的目的解释。

第一，关于"犯故意杀人、故意伤害罪"的表述。条文中的"故意杀人"和"故意伤害"，是指具体的罪名，抑或不法行为（比如抢劫过程中作为手段的故意伤害或故意杀人行为），这一点存在争议。部分学者认为，"犯故意杀人、故意伤害罪"是指具体罪名。他们认为，刑事责任年龄的下调应被视为一种妥协，在考虑适用时应当尽可能保护未成年人。因此应尽可能地限制其适用范围，即只有在符合故意杀人罪、故意伤害罪两个罪名的情况下，才能考虑下调刑事责任年龄。另一部分学者则主张从体系解释的角度来理解该条款。这部分学者指出，关于《刑法》第十七条第二款中规定的八种犯罪是指行为而不是罪名，故新增的第三款规定中的"故意杀人""故意伤害"也应当是指行为而不是罪名。因此，只要是具有这种不法内涵的行为都可以被考虑在内，进行刑事责任年龄的下调。我个人比较赞同第二种观点，第十七条的表述不应仅指代具体罪名。从字面来看，若仅指代罪名，那么原文应表述为"故意杀人罪"和"故意伤害罪"。但原文中并非如此表述，表明其可能并不局限于特定的罪名。从体系解释的角度看，同一条文中前款与后款应当保持解释上的一致性。既然第二款在描述"已满十四周岁不满十六周岁"的行为情况时，并未特别强调罪名，那么在第三款中突然限制罪名，将会显得特别突兀，分别单独规定可能会更合适。因此，我认为第三款规定中的"故意杀人""故意伤害"仅限定为具体罪名可能并不符合立法初衷。这个问题在立法过程的一审稿和二审稿中也曾被讨论过。

然而，今天我们并不主要解决这个文义解释的问题，在此我仅想强调，构成要件存在模糊性。除了查找立法资料以及考虑文义解释和体系解释，我们还需要从规范目的的角度寻找实质依据。

第二，关于"手段残忍"的界定。目前多数研究聚焦于手段的残忍性，我认为手段的残忍性应当具体讨论：一是事前的残忍，即预备行为的残忍性，如在实施伤害之前，先用极其残忍的手段折磨受害者，但受害者并未因此受到重伤或者死亡，施暴者折磨够了，再对受害者施加伤害行为并致其重伤或死亡，这种情况能否被认定为"手段残忍"？二是事后的残忍。以我亲身经历举例：在我读初中时，我们学校的一名学生以邀请老师家访为名，将班主任骗到自己家中，将其砸昏，并在她昏迷状态下对其脸部划了100多刀。虽然这些刀伤可以被鉴定为重伤，但除了重伤，我们是否还应当考虑手段的残忍性？在昏迷状态下划刀的行为，虽然发生在伤害之后，但手段的残忍性是否也应该被考虑？这些都是需要界定的模糊性问题。关于残忍性的解释，当然可以从文义的角度进行解释，但也应从制度目的的角度进行考虑。

第三，关于"情节恶劣"的界定。有观点认为，如果已经存在故意伤害致人重伤或死亡的结果，那么再增加"情节恶劣"的条件似乎是多余的。又有观点认为，"情节恶劣"只是一个提示性条款，本身并无独立的规范意义。在刑法中，类似的提示性规定也很常见，如非法侵入住宅罪中的"非法"。因此，在立法讨论期间，有人大代表指出，并不是要在残忍手段之外再独立考虑情节恶劣。然而，立法者在制定法律后，就退出了法律适用的舞台，剩下的就是司法实践中的适用问题。此处涉及主观解释论和客观解释论的立场。"情节恶劣"是否应该作为一个独立的要件来解释，这需要结合前面的残忍手段、致人重伤和死亡的特点，以及规范本身下调刑事责任年龄的目的来考虑。

第四，核准的程序问题。众所周知，死刑案件是由最高人民法院核准的，而是否追究未成年人刑事责任的核准权也落在了最高人民检察院。最高人民检察院的核准作用是什么？核准什么内容，是核准罪责能力，还是核准案件的事实和证据？是否涉及诉讼要求和价值观的判断（比如保护未成年人与打击犯罪之间的权衡）？"核准"是否具有独立的意涵，还是仅核验前序的要件适用是否准确？这些都是需要明确的问题。个人认为，核准不应仅重复前面的诉讼程序，就像死刑复核不仅是重复之前的判断，这些都应该有一个独立的核准判断标准。否则就会出现疑问：为什么在十四周岁至十六周岁降低刑事责任年龄的情况下不需要核准，而在十二周岁至十四周岁的行为人却需要进行核准？这与规范问题本身相关，因此还是要回到为什么要下调刑事责任年龄的立法目的上来。

2. 文献中解释立场的"自说自话"

目前关于规范目的的研究较为分散，缺乏统一性。在关于降低刑事责任年龄的理由方面，不同的文章给出不同的解释。

第一种观点认为，降低刑事责任年龄是为了满足所谓的应报原则。此观点所指的应报与康德的应报概念并不完全相同，而是认为应报是为了满足被害人的情感需求。尤其是对未成年人犯罪手段残忍的案件，被害人的强烈情感反应被强调，但这种理解并不完全符合刑法中的应报概念。这种理解表明，一些学者并没有正确理解刑罚论中的应报概念，他们所说的应报实际上可能指的是报复或报应。也有观点认为，鉴于犯罪行为造成了严重的恶果，犯罪者应承担相应的后果。如果犯罪者年满十二周岁，我们将其称为"小魔鬼"，认为他们具有意志自治能力，因此应对自己的行为后果负责。这种观点可能更接近康德思想中古典主义上的应报。

第二种观点认为，下调刑事责任年龄是基于未成年人的认识和控制能力。某些案件中未成年人的行为手段残忍，造成了严重的后果，这表明他们已经认识到自己的行为，并且有能力控制自己的行为。支持这一观点的理由是，现代社会中，未成年人比以往更早熟，具备认识和控制自己行为的能力。然而，这种早熟是否真的意味着认识和控制能力的提高？从我的经验来看，这种早熟论是值得怀疑的。更容易接收大量信息并不意味着未成年人就具有控制能力和认知能力，接收信息多不见得使人的成熟度增加。从西方的电视剧中可以知道，西方国家的网络没有我们发达，但西方国家的年轻人独立更早。包括日韩在内的东亚国家，普遍宅男宅女比较多，社恐年轻人也比较多，主要原因就是社会化程度没有西方国家那么高。西方国家年轻人普遍有兼职打工、参加体育运动和社团活动的经历，跟同学和社会之间接触度较高，而我国的年轻人却喜欢以刷手机的方式社交。因此，接收信息多不代表社会历练多，社会成熟度是人通过独立生活、运动、作业操作、交往、参加集体活动及自我管理等获得的。人只有成熟了，才能认知到行为的后果进而进行权衡和决断。所以责任能力具备说也没有实证根据。

第三种观点认为，对触法未成年人处以刑罚，存在两种痛：一种是让触法未成年人的父母感觉到痛，进而严加管教。但父母的痛很难确定是否一定会转化为教育上更大的动力，这因不同家庭而异。另外，通过一个人去预防第三人的犯罪，目前缺乏理论支持，效果如何也难以确定。通过实证经验，观察发现大多数触法少年的父母其实未必特别在乎子女的痛苦。另一种是触法未成年人的痛，但这种痛的预防性更值得怀疑。将一个十二周岁至十四周岁的未成年人关起来，使其脱离正规的教育，可以预见他未来重新融入社会，走上正常的人生轨道将面临诸多困难。如果其犯被判决十年以上有期徒刑的重罪，即使获得减刑也要关押七八年时间。而当其刑满释放时正是二十岁左右，由于被关押，多年生长在全是触法未成年人或成年罪犯的环境中，难以想象他刑满释放之后会怎么样。或许他不再实施暴力犯罪，但也可能在社会中找不到出路。那么我们就要反思，这种所谓的"预防"到底是在预防还是在报应？

第四种观点认为，如果持社会防卫观点，那么对未成年人判处刑罚就不是刑事责任而是保安处分的问题。保安处分的依据是觉得行为人具有很强的攻击性，在社会中可能会攻击人，因而对其适用隔离措施。但《刑法》第十七条并非指向保安处分。保安处分的方式包括将行为人送进专门学校、患有精神疾病的送进精神病医院、实行收容治疗等，一些行政处分或者行政处罚也可以实现这种社会防卫。

第五种观点认为，该条款适用恶意补足年龄理论。恶意补足年龄理论是从英美法系传来的概念，不是国外普遍的制度，在大陆法系（比如德国法）

就没有这种制度。我对英美法系没有研究，但我深刻怀疑国内对恶意补足年龄规则的阐释是否符合立法原意。根据我曾看到的资料，恶意补足年龄应该是指，对于未成年人而言，刑事程序以外的教育可能是无效的，但这种无效的教育却让未成年人失去了刑事正当程序的保护，可能对未成年人造成更大的创伤。相反，如果将未成年人作为正常犯罪嫌疑人对待，根据美国的刑事诉讼程序，其能享受辩护权在内的正当法律程序的保障，能够实现对抗式的诉讼，即不能打着教育的旗号剥夺他的这些权利。例如，重罪的教育措施的干预性一般比较强，教育成果也不佳，反而不如适用恶意补足年龄，在补足年龄之后允许律师加入，让律师在法庭上进行辩护。当然我对恶意补足年龄制度的研究不深入，以上理解是否准确等待朱老师后续进行评价。

由上观之，基于不同的立场，就会在降低刑事责任年龄的理论基础上发现不同的结论。但究竟应该站在哪个立场来看待这个问题？我们需要重新找一个理论工具来解读，而且这个理论工具不能完全脱离程序法。另外，由于我国目前并没有一部独立的少年法，所以我们仍要在成人刑法的理论框架下重新思考未成年人犯罪的责任和制裁，为其制裁特殊性提供理论根据。

（二）司法机关积极适用效果的评价需求

1. 司法机关适用《刑法》第十七条第三款的表现

自《刑法修正案（十一）》下调刑事责任年龄以来，司法机关正在积极适用这一规定。近日，最高人民法院通报显示，截至目前，人民法院共审结已满十二岁不满十四岁未成年人杀人、重伤害犯罪案件四件四人，犯罪人年龄在十二岁至十三岁，被依法判处十年至十五年有期徒刑。对于"邯郸初中生被害案"，最高人民检察院审查后，依法对三名未成年犯罪嫌疑人核准追诉。对于司法机关适用这一规定的表现，我们如何进行评价？到底符不符合未成年人的罪责基础？判处如此重的刑罚是否具有正当性的根据？虽然从法律上讲，这样的判决是有合法依据的，但是否一定符合正当性的刑事政策？需要我们作进一步的分析。

2. 司法机关积极适用的动机

司法机关在追究刑事责任时的动机可能比我们想象的更复杂。例如，最高人民检察院在追究刑事案件时，其动机可能是基于特别预防的效果，也可能是基于一般预防的效果。一般预防可以进一步分为积极的一般预防和消极的一般预防。积极的一般预防是指通过司法追究来表达对社会规范的维护和对人民正义感的尊重。而消极的一般预防则是指对犯罪人的威慑，但对不满十四周岁的人实施威慑是否有用存在争议。

还有一个隐藏的考量，与死刑的情况相似，即为什么维持对未成年人的重判。重判的方式有时会掩盖对犯罪成因的科学探索。国家本应承担责任，了解未成年人犯罪案件发生原因，或许是由于家庭教育的缺失，或是学校教育的缺失，但是什么原因造成家庭教育或学校教育缺失，当地是否有儿童福利机构？所有这些犯罪成因都没有被考虑。似乎宣告判决就意味着未成年人犯罪的这件事就宣告结束了。但国家应该承担了解未成年人犯罪原因的责任，并考虑未来的社会福利和相应的配套措施，这需要国家投入资源，包括人力、物力和财力。这些投入的成本与一纸判决相比，要大得多。如果认为案件宣判，社会舆论不再关注，事情就结束了，实际上是将一个科学问题转变为情绪问题的回应。这是一种功利性考量，而非功能性考量。这种为了平息事端，使问题得到暂时解决的短期考量，是需要警惕的。

（三）立法的评价与完善

在讨论未来立法的评价和完善时，罪责这一概念是关键。我们使用的"刑事责任"一词在刑法理论中被称为"罪责"。罪责这一概念并非中国特有，比如，在《德国少年法院法》中，就存在以"罪责严重"为理由加重处罚的规定。以《德国少年法院法》第十七条第二款为例，该条款规定了判处少年刑罚所需满足的条件。第一种情形是基于少年的人格危险性倾向，如果教育措施和惩戒处分不足以克服这种倾向，可以判处少年刑罚。第二种情形是当罪责严重时，也可以判处少年刑罚。前者针对的是行为人的人格危险性，而后者似乎与我们当前讨论的降低刑事责任年龄的情况相似，尽管法律后果不同，但在构成要件上有类似之处。我们现在强调的是行为的不法内涵和手段的残忍性，这体现了行为的不法性或结果的不法性。而德国法在确定少年可以承担刑事责任时，使用了"罪责严重"这一表述，这与我们刑法理论中的罪责概念相符，似乎不需要考虑人格因素，罪责严重时即可判处少年刑罚。

少年刑罚在《德国少年法院法》中是一个重要概念，它包括徒刑和缓刑两种形式。在考虑适用少年刑罚之前，德国法还提供了教育措施和惩戒措施两种优先措施。这些措施旨在通过教育和辅导来纠正少年的不良行为。例如，如果少年的父母缺乏教育能力，法律允许将少年安置在一个有教育能力的家庭中。此外，还包括社会劳动和其他社会教育项目。如果这些教育措施未能产生效果，可以采取更为严厉的惩戒处分，如短期拘禁，这种惩戒措施具有一定的制裁性质，但与刑罚有本质区别。在德国，适用少年的刑罚的，最重可以判处十年徒刑。但实际上，德国只有大约7%的少年刑罚案件被判处实刑，大多数案件判处的是缓刑。

《德国少年法院法》第十七条第二款提到，在必须采取严厉手段时，需要满足两个条件之一：罪责严重或表现出危险性倾向。这里的"罪责"（Schuld）概念要作更进一步的分析，它在德国法律中也没有形成统一的解释。罪责的理由和根据是什么，这是一个值得探讨的问题。有一种观点认为，罪责是内在的，指的是未成年人对自己行为的选择和决断导致了罪责产生，这是一种主观性的罪责，不包括客观的罪责面向。然而，这种考虑可能存在循环定义的问题。少年由于发育不完全，对犯罪行为的认知可能不足，按照常理应该予以宽恕，而不是加重处罚。最终，尽管德国法规定了适用少年刑罚的两种情形，但如果将罪责解释为对法律的主观敌对状态，那么"罪责严重"与"危险性倾向"似乎又合二为一了。而这种敌对状态不能按照成年人的标准来衡量，因为他们尚未成熟。

因此，德国法律中关于罪责的讨论给我们的启发是，在考虑降低刑事责任年龄时，我们需要找到一个分析工具，既能确保未成年人得到应有的制裁，同时又与成年人的制裁有所区别。这是我们在完善未来立法时需要深入思考的出发点。

（四）未来的立法选择

未来的立法需要经过深思熟虑后做出决断，目前有两种可能的路径选择。一种路径是继续降低刑事责任年龄，如有人提议将年龄从十二岁降至九岁。那么产生的问题是，如果未来发生了八岁儿童犯罪的案例，是否还要进一步降低刑事责任年龄，甚至取消年龄限制？这是否是一个可行的方法？同时，我国参与《联合国少年司法最低限度标准规则》，应当遵守相关的国际义务，如果持续降低责任年龄，是否符合我们国家的承诺？另一种路径是通过对罪责的理解，重新审视《刑法》第十七条关于刑事责任年龄的条款。该条款目前用于决定未成年人是否承担刑事责任。未来我们可以考虑制定专门的未成年人犯罪处理法或少年法院法，将相关条文从现行刑法中移除，并重新定义责任年龄的内涵。此外，我们还需要重新考虑刑事责任年龄规范与刑事责任能力规范之间的关系，是否需要在现有规范中对这两者进行区分，这是值得深入思考的问题。

二、罪责与罪责能力重述

为了解释前述问题，我们需要反思罪责和罪责能力到底是什么，即罪责和罪责能力的概念。早期"以牙还牙，以眼还眼"的同态复仇中，只考虑伤害结果，而不考虑罪责。罪责概念起源于近代欧洲启蒙运动时期，康德提倡罪责的概念，强调惩罚一个人不仅要考虑他造成了恶害，还要考虑处罚他的主观依据。这是康德主体性法哲学思想的一部分，强调正义建立在应报的基础之上。应报的原因在于个体的罪责，并非仅在于行为造成的后果。罪责还应该与造成的伤害相均衡，这体现了古典自由主义的思想。在现代德国，宪法法院不再强调罪责，而是强调人性尊严，这与罪责概念有异曲同工之妙，都强调人的主体性和主观性。罪责概念不是今天讨论的重点，今天我们主要讨论的是几种罪责观。

（一）心理罪责论

最早的罪责观是心理罪责论，即罪责存在于人对自己行为的主观心理关系中。按照心理罪责论，即便是十岁的小孩，如果其行为触犯刑法，同时具有故意和过失，那为什么最终认定其没有罪责呢？显然，罪责的依据不仅是对行为的主观认识，还应包括其他因素。

（二）以意志自由为前提的规范罪责论

以意志自由为前提的规范责任论认为，个体之所以要承担责任，是因为个体具有意志自由，并在自由意志下做出犯罪的决定。精神病人和低龄未成年人被认为没有自由意志，因为他们对自己的行为没有认知，不能预见行为后果，因此不负刑事责任。这种观点认为，作为能够自由负责的行为人，他可以选择正当行为方式或犯罪行为方式，而他选择了犯罪行为方式，故应承担刑事责任。

这一理论的前提基础，即意志自由需要经过决定论和非决定论的讨论。非决定论认为人是绝对自由的，而决定论认为人的行为受先前条件和经历的影响。而从人的行为是否受外界影响来看，精神病人可能被视为"最自由"的，因为他们没有任何羁绊，没有良心的约束；低龄未成年人比成年人更自由，因为他们是小孩，社会对他们的期待很少。那么这就引出一个问题：如果罪责的基础是自由，那么自由如何量化？每个人的自由程度都不一样，如果不能精准量化，确定罪责高低的依据是否就变得不正义了？

此外，自由也很难被实证。实证科学研究显示，人其实没有什么自由。例如，通过催眠和脑部刺激的实验表明，人的行为可能只是潜意识的反映，而非自由意志的结果。脑科学证实了这一点，表明人的行为更多是伴随现象，即你之所以如此为之，是因为你本来就会这么做，而非自由意志的产物。

（三）性格罪责论

有人认为，在未成年人犯罪的案件中，这些犯罪的未成年人应被视作"魔鬼"。因为他们不同于一般小孩，他们从小就开始犯罪，逐渐堕落，因此对他们的惩罚是有根据的。他们犯罪是基于长期养成的习惯，这种习惯就是罪责的基础，即生活方式罪责论或性格罪责论。

然而，这种观点认为人的性格养成是自我决定的结果，即一个人先决定要成为怎样的人，然后朝相应的方向塑造性格。但经验很难支持这一点。正如网络上经常看到的一句话"反对他，后来又理解他，最后成为他"。我不喜欢那个人，但我最后成为他，这是我一开始决定的吗？不是的。所以性格养成论似乎是一种假设，是经不起推敲的。此外，很多犯罪与性格无关，尤其是在过失犯罪的情况下。犯罪可能是特定场景下的临时反应，而非性格所致。有些人可能在特定环境下，因为一时决断而犯罪，这与性格的关联并不明显。

性格罪责论与原因自由行为理论相似，但又有所不同。原因自由行为的处罚基础是犯罪行为，如酒后打人，惩罚是因为最后的犯罪行为，而非喝酒这一前置行为。性格罪责论则似乎过于前置性地评价一个人的性格，这与现代法治国家的正当性基础不符。

或许有人会说，刚才我们讲到《德国少年法院法》第十七条第二款规定，具有危害性人格或危害性倾向的少年可以被施加少年刑罚。但要强调的是，这里的危害性倾向与性格不是一回事。而且德国最高法院判例强调，少年刑法不是行为刑法，可以不考虑行为当时的罪责和不法，德国的少年刑法着重于教育的角度，而不是惩罚。因此德国的少年刑法不是基于性格对未成年人施加刑罚，而是通过性格找到适合他的反应方式。

（四）以自由意识为前提的规范罪责论

自由意识与自由意志不同，绝对的自由意志不存在，但我们承认人具有自由意识。自由意识是一种文化概念，不是行为当下的客观描述，而是人的观感和自我对自由的感知。在自由意识下做出不当行为，个体应受惩罚。

自由意识下的规范责任论认为，尽管人不是绝对自由的，但人可以有自由的感觉，犯罪人在有自由感觉的状态下做出坏事，应对其施加与自由感受相匹配的惩罚。这样的惩罚会让他感到公正和正确。然而，如果个体感到自己没有选择，感到窒息或压抑而做出犯罪行为，他们可能会认为惩罚不公正。许多犯罪者认为自己被冤枉，认为自己在没有自由的状态下犯罪，不应受惩罚。但刑罚的基础并不应仅基于个体是否感觉公正或正确，而是基于社会对正义的期待和一般预防的价值。刑法的功能不仅要让犯罪者接受刑罚，还要向社会公众确认规范的效力，确认什么是正确的行为。

自由意识下的规范责任论对自由的理解存在偏颇，它认为只有个体认识并感受到自由时，对其施加刑法才是正当的。这实际上是对行为自由和感觉自由的误解。无论个体是否感到自由，我们都要保护其行为自由，因为即使感到不自由，个体仍有行为自由的可能性。刑法承认个体的决定受各种因素制约，如果每个人都不受制约，社会将陷入混乱无序的状态，人们也难以实现共同生活。刑法的目的是在承认个体不自由的状态下，保护每个人的行动自由，这是刑法的目的。因此，不能仅因为未成年人没有认识到自己的自由，就认为不能对他们施加惩罚。惩罚的正当性不取决于他们是否感到公正，而是基于社会正义和预防犯罪的需求。

（五）社会罪责论

社会罪责论将自由的问题弱化，不直接探讨人是否自由，而是回避这个问题，转而关注为什么在相同的条件下，其他人能够遵守规范而犯罪人却不遵守。社会罪责论认为，一个理性的、正常的公民在面对犯罪场景时会选择符合规范的行为，而犯罪者选择了犯罪，因此应当追责。这种罪责是基于比较得出的，即犯罪者未接受社会规范的约束，从而产生了罪责。社会罪责论不深究个体是否自由，而是强调人应受社会规范的约束。

然而，社会罪责论同样存在缺陷。它没有考虑到个体间的差异，即不同人在相同情境下可能会有不同的反应。社会罪责论用一个普遍化的标准来判断罪责，而不是个别化地考虑每个犯罪者的情况。如果用客观化的标准来判定罪责，那么这实际上已经不再是罪责，而是不法行为的表现。在德国，有观点认为，可以不再讨论罪责，而只关注不法行为，将不法和罪责合二为一。这种观点认为，罪责应当基于行为对法律秩序的违反态度，而非个体的主观自由感受。

（六）罗克辛的修正社会罪责论

德国著名的刑事法学家克劳斯·罗克辛提出，罪责的根源不在于个体未受社会规范的约束，而是更深层的概念。罗克辛引入新的概念，即"负责"（Verantwortlichkeit），这个词在中文中有时被译为"答责"，但更准确的翻译应为"负责"，以符合德语原意。"负责"是一个中性词，与具有否定性评价的"罪责"不同。在罗克辛的理论中，"负责"是一个上位概念，包含"罪责"和"需罚性"两部分。关于罪责的部分，罗克辛并不完全否定人的自由决断，他认为罪责是辅助性的，不是最重要的。真正关键的是我们为什么要对一个人施加责任，这背后有一般预防和特别预防的目的。需罚性解决的是惩罚的必要性问题。通过惩罚，我们不仅可以预防犯罪者未来的犯罪（特别预防），还可以向社会大众宣示对价值的评判和对社会秩序的规范（一般预防）。罗克辛认为，如果仅从需罚性的角度出发，可能会不断降低刑事责任年龄，因为有预防的必要性。但他并没有完全放弃罪责，他认为罪责体现了社会大众对这种行为的谴责。

罪责与预防没有必然关系，它是一种否定性的价值评价。预防是为了宣示某种行为是错误的，框定预防的范围。罪责通过限制预防的外延，确保惩罚与造成的损害相匹配。在罗克辛的观点中，罪责具有限制性功能，积极预防并非其首要功能。他并没有清晰地解释谴责的具体理由，而是回避了为什么要谴责一个人的问题，是因为他的意志自由，还是因为他在自由意识下的一意孤行？或者是因为谴责反映了社会大众的情感，被害人的痛苦？他没有给出明确的答案。

然而，我们可以看到，谴责的内容似乎与不法行为的客观后果更为相似，即行为造成了多大的损害。罪责需要有客观化的依据，以发挥其限制功能。因为预防是无边无际的，每个案件都有不同的预防需求。要将预防措施限定在一定范围内，必须有客观的依据。罗克辛的理论中，罪责似乎呈现出客观化的趋势。但他没有清晰地解释罪责的具体含义，导致罪责概念在一定程度上变得空洞化。罪责到底是什么？如何限制预防的范围？这些问题并没有得到充分的阐释。

（七）雅各布斯的功能责任论

另一位德国刑事法大家京特·雅各布斯非常明确地表达了对罪责的观点。他认为，罪责的主要目的在于巩固或恢复因犯罪行为而受到破坏的法律效果和法律信任。换句话说，犯罪行为导致规范效力的弱化，挑战了法秩序，动摇了公众对法秩序的信任。罪责就是一种回应，它为了恢复法秩序，要求对破坏法秩序的犯罪者进行否定性的非难。我们并不关心犯罪者是否痛苦，我们关心的是公众对规范效力的忠诚和信任是否被破坏，它是否得以恢复，脆弱的规范效力能否通过施加罪责而重新得到巩固。

雅克布斯的观点表明，他可能越来越不考虑犯罪者主观上的自由或不自由，而是更加强调罪责的功能主义。罪责的功能是有目的的，就像刑法的目的是维护法律和规范秩序的效力。因此，我们给予犯罪者罪责，与他们是否改过自新或悔过无关，这是向公众展示，向规范表明立场，但并不是将其客体化。

要维护人们对规范的忠诚和规范效力，实际上需要承认每个人在权衡外部约束和个人动机后作出决定的价值观，这就是规范秩序的内化。如果犯罪者没有内化，就应该受到惩罚。对犯罪者进行惩罚有助于其他人将规范内化于心。人们关心的不是犯罪者破坏了法治，而是为什么大家都已经内化了规范，而犯罪者却没有。这样做可以使整个社会的价值观更加牢固，这也是德国法在未成年人问题上的初衷。《德国社会法典》（第八编），即《儿童与青少年专业工作法》，相当于我们所理解的未成年人福利法或未成年人保护法。该法律的第一条便明确指出，"通过对未成年人扶助或帮扶，从而培养他们自我决定、自我负责和社会共同生活的能力。"自我决定不是在非决定论下的意志自由，而是自己判断行为的是非。自我负责是认识到要独立承担责任。最重要的是具备社会共同生活的能力，即大家共同生活在一个相互认可的规范秩序之下。

现在很多德国文献均指出：刑罚的功能是规范的确证、规范的宣示和规范的内化，是社会控制的一部分。社会控制不是独裁者的控制，而是在共同价值观下的控制，认定罪责是为了加固共同的价值观。但有些人犯错不会动摇共同价值观，例如，我们能够包容七岁的小孩骂人或精神病人杀人，因为太小的孩子和精神病人不受规范的激励，所以讨论他们违反规范没有价值。这种观点可能导致刑法对一些严重犯罪行为的忽视，因为我们认为它们不会破坏正常社会成员的价值观。但反过来，如果我们非常坚定地树立价值观，可以对一些危害不大的行为加重处罚，《刑法修正案》中有很多这样的例子。这意味着有些行为实际上不需要刑法评价，但我们仍然使用刑法来评价，这可能是为了树立一种价值观，即象征性刑法。因此，雅各布斯的罪责概念也受到批评，被认为可能有过度适用刑法的风险。

尽管如此，我认为雅各布斯的功能主义的价值罪责观更适合解释为什么我们要为未成年人降低年龄限制，以及未成年人罪责的基础。这种观点既可以解释成人犯罪，也可以解释未成年人犯罪。

罪责能力与年龄并无必然联系。并不能简单地认为，到了十四岁就自然拥有罪责能力，而未满十四岁就一定没有。关于刑事责任年龄的条款，现行的法律采取了一种强行推定的方式：达到一定年龄即被认为具备责任能力，未达到则不具备。而德国的法律则有所不同。根据《德国少年法院法》第三条，年满十六周岁的人，如果能够认识到自己的行为并能够控制，就被认为具有刑事责任能力。这里明确指出，并非仅因达到某个年龄就自动获得刑事责任能力。在德国，主流观点认为，辨识和控制自己行为的能力需要积极证明。德国法律中有两个年龄段的区分：十六岁至二十一岁（未满二十一岁以前），该年龄段的人尚未成年，如果要让他们承担刑事责任，还需要证明犯罪者具有认识和控制自己行为的能力。这里所说的"认识"是指具有洞悉自己行为本质的能力，并在此基础上控制自己的行为。通常，这种能力被翻译为"认识和控制"，但这里的"认识"与平时所说的认识某人不是同一概念。德国主流观点还认为，检察官在起诉这个年龄段的人时，需要证明犯罪者确实具备这种能力。如果犯罪者能够反证自己不具备这种能力，即使达到法定年龄，也不能被起诉。对于已满二十一周岁及以上的人，则无须进行这样的证明。

认识自己行为的本质并控制自己的行为包含两个层面的含义：第一，他需要理解规范，而德国的主流观点认为，不同类型的犯罪需要不同程度的理解能力。例如，诈骗和杀人是两种不同的犯罪，对它们的理解能力要求也不同。如果一个人能够理解杀人行为的性质并承担责任，但对诈骗行为缺乏理解能力，即使他四十岁，也不能追究其责任。这种区分是有意义的，因为它关系到规范上的沟通可能性和可激励性。第二，从行为人内部来看，即使他理解了规范，但如果他无论如何努力也无法控制自己的行为，按照合法的方式去生活。比如，精神病人可能理解规范的内容，但在某些情况下无法控制自己的行为。尽管他们能够理解道理并在多数情况下控制自己，但在无法控制时，我们仍然会考虑降低或免除其责任，因为他们已经尽力了。这两个要素不能由犯罪者自己来证明，而应由司法人员来判断。司法人员理解法律规范秩序的本质目的，以及立法和司法的过程，因此最适合来凝聚社会的价值观。最终，这种社会共识性的评价应由司法人员来做出。目前，我们国家的做法是由最高人民检察院来核准，但我认为，法院可能更适合承担这一职责，因为最高检的主要工作职责是追诉，是否适合凝聚共识还有待讨论。

我们认为，罪责能力的内涵以及认识和控制行为的内涵较为复杂。而目前的鉴定方法，如通过鉴定他是否识字来判断罪责能力，并不是判断罪责能力的正确方式。

三、比例原则工具的提出

批判者认为雅各布斯提出的罪责理论有可能导致罪责的无限扩大，即为了实现预防功能和公共价值功能不择手段。雅各布斯最终回归到罪责与不法不再分割，罪责与不法融为一体的观点。这样理解罪责，可能会导致罪责概念空洞化。

罪责可以被视为比例原则在社会共同价值所维系的信赖秩序巩固方面的目标。按照雅各布斯的理解，国家要实现某个任务时，使用比例原则来理解似乎更为合适。比例原则的优点在于具有明确的阶层。一是判断目的是否合法，二是判断目的是否合适，三是判断维护目的的手段是否必要，四是判断手段与目的之间是否符合狭义的比例。我认为，比例原则似乎更易于操作，也更加明确。

尤其是未成年人刑法，因为未成年人刑法有明确的目的，即让未成年人进行规范学习。与成年人不同，未成年人学习规范的效果更为显著，最终目的是维护社会共同的价值。未成年人刑法的功利性更强，直接指向未成年人在成年之前要学会社会共同的规范。只有学习了共同规范，才能与成年人建立共同的规范价值秩序，以及对其的忠实感和信赖感。在这样的目的下，未成年人是否需要制裁成为问题。

目前许多专家认为，未成年人应受保护，不应受到制裁，我一直否定该观点。我坚持认为教育是需要制裁的，在规范学习的过程中教育与制裁并不决然二分，制裁本身也是教育的一种形式。但制裁不应过度，而应让未成年人了解规范的内容，理解自己行为对被害人造成的痛苦，以及为什么共同的规范秩序这样规定。教育一定要有强力做后盾，可以对未成年人进行制裁，但制裁手段要多样化，制裁要服务于教育目的；制裁应个别化，而不是"一刀切"。我们要求制裁的目的在于教育，要具有个性化。在德国，教育处分、制裁处分和少年刑罚是可以交错使用的。

我对分级处遇持反对意见，我认为教育措施没有分级，只有适合不适合。同时，我也不赞成刑事责任年龄过分降低，因为过分降低会导致司法者在判断时，过多考虑用强力制裁去维系社会规范秩序，却忽视了制裁究竟有无教育未成年人规范学习的意义。

回到"邯郸初中生被害案"，要不要对他们适用刑罚的重点应在于：一方面，这些未成年的行为人有无对社会共同规范秩序形成足够的动摇，以致非要动用刑法去维护规范效力的程度，但需要注意这种维护不是对我们情绪的维护，而是对于不能杀人、不能伤害别人的规范秩序的维护。刑法的任务在于公开宣示自己的任务，即维护规范效力，而非回应民众情绪。如果规范秩序的价值没有受到冲击和动摇，那么就应当坚守刑法谦抑的原则保持克制。另一方面，如果不需要动用刑罚去维护规范效力，对于未成年人犯罪的案件，我认为也是可以制裁的，但这种制裁必须服务于教育，具有促进未成年人规范内化的效果，并且制裁要符合必要性，制裁不必一定是刑罚这种方式。甚至能够不通过制裁就实现教育，那就不进行制裁。最后，为了维护规范效力，罪责不应超出不法的限制；对未成年人的教育也不能过度，国家追求目标也要符合比例性。

以上是我目前想法的简单介绍，不成熟的地方希望大家批评指正。

——与 谈 环 节——

与谈人·方军

特别感谢王志远老师的邀请，给我机会到这里来学习我的同事程捷老师的精彩报告。整个报告逻辑特别顺畅，报告的内容也很精彩，我赞同其中的很多结论。其中关于《刑法》第十七条第三款的解释，确实离不开对这条规定规范目的和立法目的的讨论。例如，关于"故意杀人""故意伤害"究竟指罪名还是行为，必须讨论规定的目的，我的判断与程老师的观点整体一致。

未成年人犯罪的极端个案很容易引起社会的关注，往往新闻一报道，就想着用刑法调整。我一直对《刑法修正案（十一）》降低刑事责任年龄的正当性持审慎态度。正如程老师提到的，立法对刑事责任年龄进行修改似乎缺少实证数据的支持。如果十二周岁到十四周岁的人故意杀人、故意伤害，情节特别恶劣的案件特别多，为什么自2021年《刑法修正案（十一）》出台到现在仅有最高法公告的四例呢？

法谚有云"法律不理会琐细之事"，即不理会那些很罕见的事情。我一直认为，降低刑事责任年龄是一种现象立法、情绪立法。我们是否真的仔细考虑了对不满十四周岁的人判处长期徒刑的影响呢？在一个人成长最关键、最需要正常的社会教育的阶段，在对形塑一个人社会化进程最关键的阶段，却让他们在监狱中度过，这对他们未来的再社会化非常不利。

程老师对刑法中各种罪责理论的梳理非常细致，并最终提出用比例原则替代罪责原则。对此，我想和程老师商榷一下。功能责任论认为罪责是刑罚的一种机能，体现在积极的一般预防上。实质上，罪责可以理解为面对合法规范时缺乏对法律的忠诚。功能预防论者试图通过探求罪责的目的来寻求正当化的依据。程捷老师的报告中提到雅各布斯和罗克辛两位学者。雅各布斯认为责任和预防具有共同的本质，责任是由一般预防确定的，强调以规范违反作为罪责的实质性理由，以培养人的法忠诚性作为刑罚必要性的标准。罗克辛提出了一个相对折中的方案，他认为责任由传统的罪责和一般预防必要性构成，打通了刑罚论和传统犯罪论的鸿沟。而罪责与预防必要性的共同上位概念即为答责性，只有同时符合罪责与预防必要性，才能处以刑罚。无论是雅各布斯的极端观点，还是罗克辛的折中方案，在考虑预防需求的必要要件时，不仅涉及刑事政策意义上的预防必要性，也体现了宪法意义上比例原则的思想。比例原则认为，如果适用刑法所收获的结果与其他法律的结果一致，那么应当优先适用其他法律来调整这种社会关系，以免冲淡刑法的保障法或第二道防线的角色。这涉及刑法是否可替代的问题，是宪法上的比例原则在刑法规范上的体现。如果认为对未成年人的教育帮助措施或教育惩戒措施可以起到与刑法制裁相同的效果，此时就不符合比例原则中的最小损害原则与狭义比例原则的要求，就不应适用刑罚。因此，用教育和制裁的比例原则取代传统的罪责原则，似乎仍未脱离功能责任论的讨论范围。

对于未成年人犯罪，我们始终在保护未成年人和防卫社会之间寻求平衡。德文中的罪责还有"债"的意思，就是"我欠你"的意思。在刑法判断中，满十四周岁和差一天满十四周岁的人在本质上差别有那么大吗？但却出现前者有罪责、后者没有罪责的结果。刑事责任年龄的降低可能是立法者自由裁量的问题，但这种自由裁量是否应有约束和限制呢？我认为很难在保护未成年人和满足社会心理需求之间寻求较好的平衡，试图通过讨论罪责的本质来寻找这样的实质性界限似乎也很难。通过这种方式讨论降低刑事责任年龄的正当性也值得商榷。

由于时间关系，我就分享这么多。有不正确之处，还请程老师和各位同事和同学批评。谢谢大家！

与谈人·朱光星

谢谢王志远老师邀请我参加此次青年学者讲座。也非常感谢程老师精彩的分享。通过程老师的报告，我们对程老师深厚的法学功底和其严谨的德国教义法学思维深表佩服。他对罪责这一概念进行了深入的剖析，使我获益良多。

关于未成年人犯罪，我也有一些比较浅显的心得体会与大家分享。我对程老师的大部分观点是非常认同的，我也一直对降低刑事责任年龄的立法是否经过了严谨科学的论证持怀疑态度。但我们也不能否认，学界确实有很多学者纯粹从法律移植、借鉴的角度指出，英美法系国家（如英国、美国、澳大利亚等），让七八岁的孩子承担刑事责任，为什么我们国家不可以？我觉得我们的立法之所以做出变动，可能是受到这种观点的影响。

但作为学者，我们应理性地看待这个问题。刑事责任年龄争议大的原因在于：第一，它与我国现有的未成年人保护理念形成直观冲突。众所周知，我们对未成年人犯罪的态度是教育为主、惩罚为辅，尤其是在双方都未成年的情况下，如典型的"邯郸初中生被害案"，我们的刑事政策明确要求实行双向保护。但刑事责任年龄一旦降低，是否真的符合对未成年人的保护，这可能会给人带来非常直观的理念上的冲击。甚至有学者指出，年龄的降低并不符合未成年人利益最大化原则。第二，未成年人行为的社会危险性如何评估，他的社会危险性是否足以达到动用刑罚的程度？现在的科学研究也一再证明未成年人的可塑性很强，尤其是在青少年时期，会受各种因素影响。社会学认为青春期是一个探索期，这个阶段的人还没有定型，我们应该以一种包容的态度来看待未成年人在青少年时期的各种探索行为，包括不当行为、违法行为，甚至犯罪行为。例如，青少年之间谈恋爱，男孩女孩基于你情我愿而发生的性行为，大多数实际上是青春期的性探索，但按照我们现在的刑法规定有很多是会构成性犯罪的。对于触法未成年人，他们的触法行为是否真的社会危害性足够大，以至于没有教育挽回的余地，以至于我们不得不把他们当作社会的对立面，把他们关起来，减少对社会的再次伤害。这是值得质疑的。

回归这个问题的本质，对刑事责任年龄界限的界定，其依据到底是什么？刚才程老师与我们分享了很多不同的理论。在未成年犯罪研究领域，西方的很多学者达成了共识，自工业革命以来，青少年营养丰富，生理发育成熟比较早，比如第二性征出现越来越早，但这并不意味着他们心智发育成熟也比较早。未成年人的生理发育跟心智发育不同步，更容易使他们从事违法犯罪行为。进而我们要反思，刑事责任年龄下调的依据到底是什么？

我以前在国外读博士时主要研究的是性同意年龄。与刑事责任年龄相似，它也是一个年龄界限。域外有学者认为，在所有国家的法律中，关于年龄界限的规定本质上都是一个非常随意的数字。换言之，我们很难像自然科学一样，对其进行非常充分和准确的科学论证。关于最低刑事责任年龄，《刑法修正案（十一）》之前规定的是十四周岁，现在部分情形下十二周岁至十四周岁也要承担刑事责任，而古代的刑事责任年龄曾出现过更低的七岁。但古代人比现代人发育成熟更早吗？我们肯定是不太赞同的。当今世界各个国家刑事责任年龄的规定都不一样，但我们也得不出这些国家的未成年人发育成熟比我们更早或更晚的结论。所以一个国家的立法者对这个年龄界限的设定具有一定的任意性，包括我研究的性同意年龄也存在同样的问题。

《刑法修正案（十一）》规定了负有照护职责人员性侵罪，提高了原先十四周岁"一刀切"的性同意年龄界限。这在某种程度上是我们借鉴西方国家的表现：在有权威关系存在的情形下，给未成年人的性同意设置一个更高的年龄界限。有些国家已经形成了比较成熟的制度，只是我们国家之前对此没有重视。直到"鲍毓明案"发生，才引起了立法者的重视，催生了负有照护职责人员性侵罪的诞生。

性同意年龄是立法者拟制未成年人到底何时能够做出成熟的法律意义上有效的性同意决定的年龄。由于性教育的普遍缺失，我们国家大部分十四周岁的未成年人可能对性行为及其后果缺乏了解。在媒体报道中，未成年女性进行堕胎手术，与成年女性寻求生育帮助形成戏剧性的对比，显示出对性教育不足的讽刺。立法者规定性同意年龄，但这并不意味着这些未成年人真的在达到所规定年龄的这一刻就具备了性同意能力，刑事责任年龄也面临同样的问题。

但我认为，即便立法者对刑事责任年龄的规定有一定的任意性，但它背后还是反映了立法者的某种价值观。法律规定至少是在某一时期、某一区域、某个司法管辖范围内的人们对于同一问题的最大共识。所以刑事责任年龄的下调可能确实与我们国家这些年社会对未成年人，尤其是低龄未成年人恶性犯罪案件的高关注度相关。

社会学家经常提到"社会建构"（social construct）这个词。长期以来，未成年人都是非常美好、积极向上的，随着这些年互联网的发展，少数极端恶性的低龄未成年人犯罪被广泛传播，以至于形成一种社会恐慌，使公众对未成年人的认知发生巨大转变。现在一部分未成年人的形象已经变成了"小恶魔"的形象。这种社会现象的演变其实在西方国家也有发生。也就是说，未成年人形象的转变其实跟社会建构是密切相关的，我认为立法者很难跳出这种社会建构的影响，所以从这个角度来看，在某种程度上能够理解立法者所作出的这种新的立法修订。但作为学者，我们依然不能够放弃对立法的反省和必要时的批判。

虽然我们应当坚持"法律必须被遵守"的原则，但我认为：其一，我们需要在司法层面尽可能地避免未成年人犯罪的惩罚不断扩大。应当继续坚持教育为主、惩罚为辅的刑事政策，并在涉及未成年犯罪人和未成年被害人的案件中实施双向保护，这是我们一直提倡的，现在更应继续坚持的理念。对一些极端恶性案件可能需要考虑严厉的惩罚，但大多数未成年人犯罪还是要尽可能地采取教育的手段。从功利的角度讲，长期关押未成年人大概率对社会没有积极影响，相反，会产生更多恶性的影响，所以我们应当坚持教育为主、惩罚为辅的刑事政策。其二，即便刑事责任年龄已经降低，我们仍应以不适用为常态，适用为例外。要尊重青少年的成长规律，对他们的行为持一种包容的态度。即便要适用刑法，也应用足、用好现有的如从犯、胁从犯的减轻、从轻、免除处罚规定，以及《刑法》第十七条明确规定的对未成年犯应当从轻、减轻处罚的原则，来达到对未成年人以教育为主、惩罚为辅的政策的坚持。

"最好的社会政策就是最好的刑事政策。"程老师刚才也重点强调解决未成年人犯罪背后的社会问题及其重要性，如家庭教育、社会教育、留守儿童问题等。我认为应当尽量宽容地看待未成年人犯罪，尽量减少对低龄未成年人动用刑罚。如今网络自媒体发达，一些报道对案件处理起到煽风点火的作用，但网上发声的人能否代表真正的民意？那些没有在网上发声的人，其意见是不能被激烈发声的人群代表的，而这是刑法学者们解决不了的问题。

最后我想说，今天王老师组织的讲座非常有意义。程老师从一个社会热点切入，给我们提供了这场学术盛宴，尤其是对罪责理论发展脉络的讲述，使我受益匪浅。再次感谢程老师、方老师，以及组织讲座的各位同学。

与谈人·许博洋

谢谢各位老师。今天能参加程老师的报告，我感到非常荣幸。去年博士毕业后，我进入法大刑事司法学院犯罪学研究所工作，一直从事青少年越轨领域的实证研究。听完程老师的报告，我深有感触。作为犯罪学学者和青少年越轨领域的研究者，我想和大家分享以下几点感受。

第一，我十分认同程老师的观点，我们绝不能单纯地对未成年人犯罪人基于"加重刑罚"的角度去进行制裁。既有实证研究的结果显示，刑罚的严厉性、及时性与民众的认知威慑之间并没有显著相关关系。即刑罚再严厉，民众也难以深刻触及威慑效应，更不能对个体自身行为产生控制力。所以从威慑理论的角度来讲，严苛的刑罚对绝大多数潜在犯罪人，特别是社会认知尚未发展完善的青少年个体而言，可能并没有显著的约束效果。另外，从标签理论的角度而言，很多学者指出对青少年越轨人、犯罪人要管理和处罚得越来越严苛。但实际上，这些严厉导向的措施都属于给青少年贴上负面标签的举动，会进一步提升他们的再犯风险，既有实证研究亦证实了这一规律。所以，单纯的强化制裁、强化刑罚都不太容易产生良好的社会效应，我们应当重视青少年犯罪领域的本土化实证研究，用更加新颖、翔实的结论来指导中国青少年刑事政策的优化。

第二，刚才程老师、方老师和朱老师都提到，民众对媒体所报道案件的感知与真实的犯罪情况往往不一致。媒体喜欢报道一些极端案件，这些案件实际是统计学上处于不足 5% 概率的离群值。这些案件频繁暴露于大众视野，会使公众误认为未成年人犯罪呈现越来越严重的趋势，但现实并非如此。最高人民检察院发布的未成年人犯罪案件"审查起诉"数量呈现上涨趋势，亦不能直接反映青少年犯罪越来越严重。实际上，从审判机关判决的罪犯人数看，未成年人犯罪数量是在逐年下降的。这给我们一个启示，在用犯罪数据说话时，尤其是媒体报道犯罪数据时，一定要客观全面，应拓宽数据报道的资料来源渠道。未来亟须公开和细化官方的犯罪统计，同时也要开展被害调查工作；用更多的官方数据和不同类型的犯罪数据得出更完善的结论，再向全社会进行通告，从而回应民众对一些恶性案件的偏颇认知。媒体也应承担起真实、全面报道案件的责任。

第三，从程老师所讲最高人民检察院核准的角度，我产生了一个想法。最高人民检察院核准极端未成年人犯罪案件时，其核准的内容是什么？是否只是把之前的案件再审查一遍？关于这个核准程序，实际上有一些未来值得建议的地方，比如用犯罪学中的犯罪性（criminality），即低自我控制理论、犯罪的一般理论来评估罪责。在核准时对这些犯罪人进行一个量表测量，同时和普通青少年指标比对，看是否显著低于常模指标，从量化的角度看是否需要调整刑事政策。从这个角度我们可以实现治理的优化，把这些结论用媒体官方通报的方式向社会公示，有助于消除民众对判决的消极情绪。

第四，我们可能会觉得青少年犯罪问题越来越严重了，要防止未成年人成为青少年犯罪人。实际上，从被害人的角度来看，提高自身被害预防的能力和降低自身的脆弱性，也能显著降低青少年犯罪的发生。但很多家长和社会媒体不了解"被害人学"，这个领域未来也有很多值得注意的地方。

第五，对未来研究的展望。很多时候我们陷入个案研究和群体研究的两难境地，有时深入研究某一类极端个案却忽略了对于群体层面现象的研究。未来对于未成年人犯罪，我们应同步加强个案导向的研究和整体导向的研究。未来从个案导向的方向进行青少年追踪研究是非常有必要的。对于整体导向研究，应当进行标准化的犯罪学的大样本的实证研究，形成全社会的综合性社会调查的模式。通过全样本的调查或大范围的调查，我们可以开展更高水平的整体性导向的科学研究，这非常有助于未来对青少年犯罪领域的了解。

主讲人·程捷

三位老师的观点我都认同，他们讲得都非常好。

我先回应一下方老师的观点。方老师主要是从罪责和比例原则的角度来探讨这个问题，我内心其实也没有确切的答案。方老师提出一个问题，即是否一定要用比例原则来回应。我与方老师的观点是一致的。我认为，罪责原则实际上是宪法比例原则在犯罪预防领域的体现，只是使用了不同的概念工具。然而，我之所以要寻找另一个概念工具，主要是出于以下考虑：如果继续使用罪责这个概念，人们可能会认为刑事责任年龄还可以进一步降低。我思考的是，罪责概念现在是否有些空洞化，因为现有的罪责概念与最初的定义有所不同，尤其是在未成年刑法中，能否采用一种分阶层的、更加明确的方法，而不仅仅是讨论预防。除了预防，我们是否还能讨论其他的价值因素？比如，必要性问题，以及在教育过程中，我们是否需要考虑过度教育的问题。如果仅依赖罪责和一般预防的价值来讨论未成年人的犯罪预防，上述这些问题可能无法得到关注。因此，我尝试使用比例原则来探索这个问题。当然，这只是一个初步尝试，我还需要进一步思考，我也会与方老师继续深入讨论。

关于朱老师提到的年龄概念，我印象非常深刻。我也想回应一下，为什么我反对一味降低刑事责任年龄。实际上，德国关于刑事责任年龄的规定具有一定的弹性空间。但他们的弹性规定仅针对不负刑事责任年龄的上限，而我们却一直在调低承担刑事责任年龄的下限，比如从十六周岁降到十四周岁，从十四周岁再降到十二周岁，甚至可能继续降低到更低。但德国人则是对年龄上限进行弹性调整，虽然德国规定十八岁成年，但十八岁到二十岁之间的人被称为"刚成年人"，意思是这部分人刚成年。正如朱老师刚才所说，在年龄上刚达到十八周岁的人怎么可能就完全成熟了呢？举个例子，前几年德国东部发生过一起案件，一名中国留学生在夜跑时被两名十九岁的德国年轻成年人杀害。两名罪犯最终被适用少年刑法，即被判处十年监禁，而非成人刑法的终身监禁，因为司法者认为这些犯罪人的人格特质仍停留在少年阶段。由此可见，德国的年龄制度确实存在弹性适用空间。

一个人是否真的成熟，需要通过一系列量表和客观证据进行现实的鉴定，这些都是科学方法。由于时间关系，我不再详细阐述。但我们回到从德国刑法比较得出的结论，关于年龄的立法技术确实可以有一定的弹性。但为什么德国不为承担刑事责任的年龄界限设定一个弹性制度呢？他们为什么不设定一个十二周岁到十四周岁的弹性区间，然后让法官来衡量是否有人可能在十二周岁时就已经成熟了呢？他们认为，如果下限也设定弹性，那么司法者将面临巨大压力。我认为这与性同意年龄的问题是一样的。并不是说已满十四周岁的人就一定很成熟，但如果一旦允许有弹性的年龄，允许完全相对的个案判断，那么司法裁断者判断的压力就会变得非常大。正如方老师所指出的，像"邯郸初中生被害案"这样的案例是少数案例，《刑法修正案（十一）》降低刑事责任年龄以来，仅有四个被最高检核准的案例。但一旦出现这种未成年人极端恶性的案件，往往会形成一定的社会轰动局面，对此司法者难以抵挡来自社会舆论的压力。当面对汹涌的民意，至少是网络上的巨大流量，司法工作者如何保持客观冷静的态度，来准确判断是否应该对未成年人科以刑罚？所以我认为，立法者应该要有守住第一条线的担当，否则所有的舆论压力都会转移到司法者身上，他们很难承受这种压力去理性判断。

《德国少年法院法》第三条规定，十四周岁以上的未成年人也不能直接认定他们具有刑事责任能力，还需要考虑他们是否具有认识和辨识能力。在司法实践中，在认识和辨识能力的问题上需要积极举证。除了年龄，还需要证明他们在个案中具有辨识能力，不同的罪行需要不同的认知和见识。但对于司法实践来说，鉴别工作到底做了多少？在德国实践中，尽管法律这么规定，但大多数法官也都认定有责任能力。因为法官也需要面对被害人，面对这个案件中的各种压力，不仅是法律上的压力，还有司法成本的压力。所以在每个案件中把希望寄托于检察官和法官的慎重考虑，这是不现实的。

所以立法者不能轻易后退。德国现在也有观点表示是否可以降低年龄限制，但目前学界和立法者一直保持淡定。不同的声音总是存在的。但立法一旦修改，想再改回来就不容易了，让司法者保持克制就更不容易了。这是我关于刑事责任年龄下调的一些看法。

我非常赞同许老师的观点，即在最高人民检察院审查此类案件时，应当通过量表或其他实证的方法确定是否要对未成年人处以刑罚。但这涉及程序设计的问题。我认为将这一程序交给审判机关为宜，因为法官有庭审程序和听证程序，而检察院目前的程序设计并不是公开的，由公诉部门核准未成年人只是一个决定是否批准的行政程序。我认为在此过程中，至少辩护人应该有机会对实证过程质疑，此外还应考虑是否可以请鉴定人等。我个人认为，我们目前对未成年人犯罪的处理，还不太强调探究犯罪背后的原因，实际上探究犯罪背后的原因是一种科学的态度，在这方面我们做得不足。

对于普通的犯罪人而言，其可能会辩称，犯罪都有其原因，自己是如何成为一个坏人的，有各种各样的社会不幸。但这并不是别人的责任。然而，未成年人有一个最大的特点——他们的表达能力非常有限。虽然他们不缺乏语言能力，但其观念与成年人还存在距离。前几天，我在北京电影节看了一部德国电影，讲述的是一个德国少年与母亲之间的冲突。少年深受同学意外死亡带来的影响（剧情并没有明确说明他是否暗恋那个女生，只说他们关系很好），受刺激后就不再说话了，只是一直穿着同学的衣服和袜子。因为那个女生死得很惨，被杀后又被扔进垃圾桶烧掉，所以少年的父母非常担心，甚至怀疑是不是自己儿子干的。在我们成年人的世界里，我们可能会说，这跟你有什么关系，不是你干的，于是心理上就能过得去。但对于少年来说，这是很难过去的心坎。他就一直不说话，非常消沉，甚至一度想跳楼。少年父母离异，母亲是音乐家，母亲非常想走进他的内心世界，但就是进不去。他拒绝沟通，因为他觉得母亲那么忙，根本就不关心自己。从这个电影中我们可以看到，未成年人的心理并不是成年人能够揣摩的，而未成年人也不一定按照成年人的预期去理解世界。在大人们习以为常的世界里，未成年人可能是哑巴。

我甚至认为，所有的未成年人犯罪，尤其是非常小的未成年人犯罪，其实也是未成年人发出的一种无声的呐喊。以"邯郸初中生被害案"为例，行为人中有两人是失学儿童，父母不关心，留守的祖父母也不一定了解他们的内心世界。他们被社会抛弃，被学校抛弃。人需要有价值感，而他们给自己塑造的价值感是什么呢？他们还那么小，潜意识里何尝不想引起大人的注意。在他们的潜意识里，引起大人注意的方法就是我要做一些让别人瞧得起我的事情，可能这件事就是欺负其他的孩子。欺负得越厉害，大人就越关注。所以对于这些未成年人，如果直接用行政性质的核准，就根本不了解未成年人的特点。他真正想说的话，真正想表达的东西，根本不会表达。

成年人有很多压力，我们需要一个宣泄口。未成年人同样如此，在学校里被欺负的孩子，往往是那些沉默寡言的孩子，不说话的孩子。因为他们不沟通，所以受欺负，他们既不会喊，也不会叫。一样的道理，当发生了未成年人犯罪的案件后，我不相信那些犯错的孩子会像成年人那样，积极为自己辩护、为自己发声，会说明自己犯罪的原因或争取大人的同情。

当我们决定对其追究刑事责任时，我们应当审慎地思考，我们是否将其当作出气筒了：因为这些孩子不是好孩子，他们是魔鬼，我们就惩罚他们。实际上，我认为每个孩子都像天使一样，那些犯罪的孩子只是堕落的天使。真正的魔鬼是让他们堕落的社会原因。我们不能无视魔鬼，只去惩罚堕落的天使。这不是社会应该对待未成年人司法的态度。

以上是我的回应，谢谢各位老师。

——提问环节——

Q1：如何理解刑罚目标中的一般预防作用和社会共同价值观的含义？以及是否能够形成一个统一的价值观？在罪责的问题上，主要人有基本的认知和控制能力就行了，还是要在此基础上增加规范沟通能力？

程老师：谢谢你的问题。共同价值观的内涵，是在立法过程中形成的、共同生活规范意义上的价值观，即用刑法规范来表达的价值观，而非抽象的道德观念。而刑法规范的破坏会削弱公众对法律秩序的信任。确认规范和评价规范，才能够有共同的生活秩序，社会才能形成一个整体，才能形成凝聚力。

关于规范沟通的功能，对于不理解规范的人，应当通过教育和适当的干预帮助他们理解规范，而不是简单的处罚。对于未成年人的处罚应在他们理解规范的基础上进行，以实现规范的内化和预防犯罪的目的。

Q2：是否应当给未成年人一段时间进行规范学习？

程老师：少年刑法的目的不是放任未成年人违反规范，对于故意违反规范的未成年人，当然应该进行干预，帮助他们理解规范的重要性，并在必要时采取惩戒措施。当未成年人达到一定年龄并已经学习了足够的社会规范后，就应该按照成年人的标准来要求他们，以维护社会的一般预防目的。对于未成年人的处罚应该是个别化的，根据具体情况来决定适当的制裁方式。

主持人·李振民

感谢程老师系统且富有深度的回应，我们今天的讲座就此结束，感谢大家的倾听，谢谢大家。

深度伪造涉性信息的刑法规制

主讲人：陈　冉（北京理工大学法学院副教授）

与谈人：李源粒（中国政法大学刑事司法学院讲师）

　　　　康子豪（中国政法大学刑事司法学院讲师）

主持人：郭展程（中国政法大学刑事司法学院博士研究生）

主持人·郭展程

各位老师、各位同学，大家好！欢迎各位来到"斜阳侧帽·学者论道"青年学者系列讲座第九期。"斜阳侧帽·学者论道"青年学者系列讲座是由中国政法大学刑事司法学院王志远副院长发起，由"斜阳侧帽"读书会主办的系列讲座。王老师一直特别重视青年刑法学者的成长和硕博同学的专业学习，该系列讲座为此提供宝贵的机会，在青年学者以及师生之间搭建起相互交流学习的桥梁。回顾前几期的青年学者讲座，内容丰富，兼具学术性和实用性，同时涉及面广泛，主题涵盖证券市场、药品安全、未成年人等不同领域，使慕名前来学习的师生收获良多。

本期讲座我们更是荣幸地邀请到北京理工大学法学院陈冉副教授作为主讲人。陈老师是中国人民大学访问学者，于2017年入选"北京市优秀人才计划"，在《中国法学》《法学》等权威刊物上发表论文40余篇，有着深厚的刑法学术理论功底和丰富的实践经验。同时我们也很荣幸邀请到两位刑法学界的青年才俊担任与谈人，他们分别是中国政法大学刑事司法学院讲师李源粒老师和中国政法大学刑事司法学院讲师康子豪。

陈老师本次讲座的题目为《深度伪造涉性信息的刑法规制》，主讲人陈老师和与谈人李老师、康老师都对网络犯罪和个人信息保护领域有着细致的研究，相信今晚的分享和讨论一定干货满满，能够碰撞出热烈的学术火花。

——主 讲 环 节——

主讲人·陈冉

这篇论文目前已经在 2024 年的《法学》期刊上发表。本文研究的起点可以追溯到 2017 年，当时我曾撰写过一篇关于大数据背景下隐私权保护的文章。那时北京三里屯发生"优衣库事件"，该事件中的男性将拍摄的视频发给朋友，进而造成大规模传播，使视频中的女子遭到"人肉"搜索。类似的事件使我感到女性常处于隐性的色情暴力之下，同时我关注到英美法系国家比较关注情色报复的问题，于是产生写这篇文章的想法，当时关注的重点在于隐私权的保护。此后，2022 年左右又出现了苏州大学的"造黄谣"事件，以及好莱坞明星被合成色情视频的案例。在这些案例中，女性经常被作为"情色报复"的对象，于是，站在女性权益保护的角度，我开始关注深度伪造涉性信息的刑法规制问题。今天汇报的内容主要围绕四个部分：第一部分是该问题的立足点，第二部分分析深度伪造涉性信息的保护法益及刑法规制的逻辑起点，第三部分检视传统刑法在规制深度伪造涉性信息时可能存在的局限性，第四部分提出规制范式的转变方向。

在第一部分"问题的提出"中，有一组数据值得注意，即在 2018 年调查的 5 个利用深度伪造技术的色情网站和 14 个 YouTube 频道中，高达 99% 的受害对象是女性。另有调查发现，在所有深度伪造视频中 90% ~ 95% 涉及色情内容。对过往研究进行检索发现，学术研究的视野主要集中在深度伪造的技术层面，而身为女性的我，则对该技术应用背景下女性法益的保障更为关注，这也是我研究的起点。

在研究过程中，我发现受害女性常被贴上"淫秽物品制造者"（或至少是参与者）的标签从而被污名化，而实施犯罪的行为人通常只被认定为传播淫秽物品罪等较轻的罪名。这种错位的评判，让我意识到需要从受害者视角来重新审视这一问题。其中，一位印度记者的感受令我印象深刻，她表示深度伪造视频的侵害远甚于身体暴力，令她产生呕吐反应，内心深受创伤，这更加凸显了本应被保护的对象反而变成"淫秽物品"这一法律否定性评价对象的错位现象。基于此，我在论文中探讨了深度伪造涉性信息的法律规制问题，包括现有刑法规定的局限性以及规制范式的转变。通过这一研究，我希望能够更好地保护女性权益，建立更加公正合理的法律保护机制。

接下来，我们需要探讨如何对深度伪造涉性信息进行规制，有哪些可能的路径。第一条路径：针对技术本身的规制路径。深度伪造是人工智能发展过程中产生的新技术手段，最直接的规制思路就是直接否定这项技术，即不允许其生成，从根源上杜绝针对女性的色情视频侵害问题。但这种直接否定技术的做法并不切实可行。一方面，从现行法律规定的角度来看，刑法分则中的伪造罪名大多都有特定的客体和对象，如生产、销售伪劣产品罪、伪造货币罪等，因而伪造技术本身不一定会构成刑法评价的对象；另一方面，深度伪造与传统的伪造手段存在本质区别，它通过循环建模、机器学习等手段能够达到前所未有的逼真效果。在隐私侵犯的方向上，它也会达到极致的仿真效果，那么极致仿真效果是不是就值得我们对它进行评价？这仍然是个难题。结合深圳市《生成式人工智能服务管理暂行办法》出台的背景和其规范内容，可以得出目前整体上对待技术的态度倾向于鼓励而非限制产业发展，因而在学术用语上也更多使用具有中立属性的"深度合成"来代替"深度伪造"。但在论文中我还是采用了"深度伪造"这一语词，出于刑法学研究中更加倾向于否定性评价的感性考虑。作为技术本身，单纯的深度合成技术，哪怕再仿真，哪怕可能引发严重法益侵害后果，我们也不可能基于风险刑法的预防思维直接将其否定。

因此，研究的重点转向第二条路径：针对涉性信息的保护。就性信息保护而言，现行刑法中仅有强奸罪、强制猥亵罪等条款，能否完全覆盖深度伪造中涉及的隐私权等法益侵害，值得进一步探讨。需要对深度伪造涉性信息中包含的法益进行分析，除了比较直观的隐私权保护，我还对制作伪造信息的整个过程，即从图像获取到图像生成进行了阶段化分析。这首先涉及肖像权保护的问题。在信息的前端保护中，侵犯肖像权的行为虽受到侮辱罪、诽谤罪等罪名的规制，但肖像权本身并非独立的刑法规制对象，因而存在保护的局限性。另外，在个人信息领域，单独获取"人脸信息"（比如小区人脸识别）即构成犯罪的情况在司法实践中几乎不存在，该类信息是否适合作为法益保护内容，在学术界仍有较大争议，而深度伪造涉性信息能否作为法益保护亦存在讨论空间。总的来说，无论是从肖像权还是从个人信息保护的角度来看，都无法忽视深度伪造涉性信息对受害人本质法益的侵害，即对性隐私的侵犯。

结合以上对深度伪造涉性信息规制的逻辑起点及该行为侵害法益的具体分析，我们可以对传统刑法规制深度伪造涉性信息存在的局限进行分析。

第一，通过对肖像权或个人信息权利的保护来实现对深度伪造涉性信息的前端预防存在局限性。深度伪造涉性信息具体包括三个阶段：第一阶段是对人脸信息的获取；第二阶段是制作虚假涉性信息；第三阶段是传播虚假涉性信息。在第一阶段，目前欧盟、美国等均有相关的隐私权保护规定，对前端人脸信息获取行为进行规制。但在国内司法实践中，这方面的保护存在一定不足。以杭州互联网法院审理的一个案件为例，被告公司将视频模板上的人脸替换成用户上传的人脸，在没有经过上传用户同意的情况下，生成并上传了一套仿古风的肖像视频，原告控诉该公司侵犯其肖像权。该案件在民事层面构成对肖像权侵权不存在障碍，但认定为刑法中的犯罪很难行得通，因为刑法中没有为肖像权保护设立独立的罪名，仅能在行为构成侮辱罪、诽谤罪时进行间接保护，但深度伪造行为并不一定涉及对形象的诋毁或影响社会评价的高低，而是在信息的真假上存在问题。以上探讨了将人脸信息作为肖像权保护在刑法上存在一定的阻碍，接下来我们探讨从生物识别信息保护的角度入手，看能否更好地解决这一问题。2017 年出台的《最高人民法院 最高人民检察院关于办理侵犯公民个人信息刑事案件适用法律若干问题的解释》中对侵犯此类信息构成犯罪的信息条数进行了限制。实践中也尚未出现单纯因获取单个人脸信息而构成刑事违法的案例。以我的亲身经历举例，我的个人简历信息曾被某网站非法使用并商品化，报警求助之后，警方表示这类案件很普遍，建议我通过民事诉讼维权。然而，在实际诉讼过程中，取证难、举证责任重等都是对维权者不利的障碍。经过数次努力，该网站仅删除了部分敏感信息，而未进行实质赔偿。可见，当前我国《刑法》虽然将侵犯公民个人信息罪放在侵犯公民人身权利、民主权利罪一章中，但其对公民个人信息仍然是一种量的保护而非质的保护。

第二，随着信息主动性的增强，个人隐私保护显得愈加力不从心。我们需要先思考什么是隐私？在传统社会中，隐私可能体现为不让他人了解的某些私密信息或物品。但在互联网时代，隐私的边界变得模糊，朋友圈日记、个人信息等都可能被轻易获取和使用。尤其是在当前信息产业化的背景下，个人对隐私的主动控制力正逐步减弱，几乎所有的个人信息都处于"裸奔"状态。与此同时，信息产业的发展确实需要大量开源数据的支持，很多互联网企业在满足监管要求时都面临窘境，因为大多数用户都不愿意授权企业使用个人信息。但企业又不得不这样做，否则无法完成产品研发任务。这使得产业发展与隐私保护之间形成一种对抗局面。从全球范围来看，欧盟作为隐私权保护的领头羊，在产业发展竞争中也面临不少压力。相比之下，美国在信息数据管理方面更为开放，赋予平台较大的豁免权。而日本为了确保数据开源，则对著作权保护做出较大程度的妥协。对于中国而言，我们目前正处于产业发展与权利保护的微妙平衡点上。互联网企业不断呼吁放松限制，现行监管政策还是较多地考虑了企业利益，但这难免会对个人隐私保护造成一定程度的冲击。

第三，涉"性""侮辱""诽谤"的价值判断对罪刑法定原则有一定挑战。什么构成性隐私的概念内容并不明确。我国在性犯罪方面的规制相对保守，比如在是否将男性作为强奸受害者的问题上一直存有争议。性隐私的概念界定存在模糊性。在虚拟隐私方面，如果仅展示个人面部信息而未涉及性器官等敏感部位，是否也可认定为侵犯性隐私，这存在疑问。经过检索发现，法国刑法中将真实隐私生活和剪接拼造行为进行区分，前者归入隐私保护，后者归入侵害他人形象罪。《德国刑法》分则第十五章规定了"侵犯个人生活与秘密领域罪"，该法第 201a 条之一："非法制作针对他人极其私密生活领域的影像记录，将构成侵犯私密生活的犯罪行为。"当前学者对该条款能否涵盖深度伪造技术制作的影像存在争议。美国于 2017 年颁布的《美国非自愿在线用户图形骚扰法》明确该法所保护的不包括所表述的图像为虚拟的性行为或者性特征。但在 2020 年，纽约州又转变了态度。可见，性隐私的法律保护仍面临诸多挑战。值得关注的是，德国专门规定以未成年人裸体为内容的录像是一种特殊的网络犯罪，反映出对未成年人性隐私的特殊保护。李老师对这个问题有更深入的了解，我就不过多讨论了。

基于以上考虑，我提出以下保护路径。

其一，在信息化的背景下，我们都不能回避信息存在和传播的问题。在前述问题点的基础上，再谈女性的性隐私保护，还是要考虑性隐私权和信息权的双重层面，其分别有两点需要注意：第一，刑法中是否需要规定性隐私，在刑法中有没有独立入罪必要性？参考其他立法例，在规定了侵犯生活秘密类犯罪，或侵犯形象类犯罪之后，都表现出有必要在刑法典中规定性隐私的保护，为什么？因为生活中最亲密的行为就是两性关系，但如果这种两性关系中的权益保障都让大家无法信赖，这一定是社会信任基础彻底瓦解的开始。所以性隐私的保护是整个社会信誉纽带的基础。第二，性隐私本身的概念设定。性是一种理念，它所保护的一个性隐私的内容，包含女性对自己的性形象的自主表达。以玛丽莲·梦露为例，公众看到她的时候，就知道她是一位性感女神，这就是她对自己的性形象的体现。有些女性很保守，不愿意以性感的形象呈现在别人面前，那么，强制地将其形象设置为一种性感的形象呈现在他人面前，就是对其性隐私的侵犯。所以性隐私的保护，不单纯是身体部位的或者动作的静态保护，更是对性取向、性幻想、性形象的全面保护。尤其在信息化的背景下，我们要面对的就是性的隐私跟信息隐私的一种交叉保护。

其二，在信息流动背景下性保护的远程化。如今谈到隔空猥亵，大家可能都会认为隔空猥亵儿童就是猥亵。但曾经这个问题最早抛出来的时候，有很多观点不认同。据有关学者的统计，对 2017～2019 年每年审结的"网络猥亵"一审案例进行检索，大量判决也肯定了脱离物理空间的猥亵行为，认为猥亵儿童罪保护的法益是儿童的性自主权、性羞耻感以及心理健康权等。因而，无论是否处于同一物理空间，只要儿童"性"的利益使其"人格尊严"受到侵犯，就可以认定涉及"性"的"猥亵"。

以隔空猥亵儿童的规制远程化作类比，我想对性隐私来说也同样存在类似的认识。从深度伪造涉性信息的危害来看，对女性而言，"性"的色彩较之一般的侮辱行为来说是更为浓烈的，且不论行为人主观何种目的，客观上的确对女性的性羞耻心造成侵害，抛开行为手段的评价，强制侮辱中对"性"的评价适用于此种行为是较为合适的。在深度伪造涉性信息的传播中，虽然行为人客观上对受害人的人身并未进行强制，但如果肯定网络暴力的客观存在，未尝不可将其认定为一种强制行为。虚假色情视频的内容，虽然并非行为人真实的色情信息，但其产生的危害不亚于行为人真实的性隐私暴露，而且客观上也是以性羞辱感对女性进行伤害，从这个角度来说，即便不采取专门针对性隐私保护的立法罪名设置，也仍然可以通过对网络暴力的立法和司法打击实现对"性利益"的间接保护。

其三，技术发展的信息场景化保护。我更倾向于所谓的场景化保护是立足于隐私背景下的信息场景化保护。在这种情况下，以动态评价机制配合相应的罪名设定和司法认定，效果会更为理想。

其四，性隐私保护责任的再分配。在责任分配的问题上，我认为应当区分主要责任和次要责任。在深度伪造涉性信息的问题上，首要责任人应当是虚假视频的制作者，次要责任人是平台。但实际的规制情况并非如此。一般来说，此类视频的制作者较为隐匿，很难锁定，侦查机关比较容易找到的是作为服务提供者的平台企业。诚然，平台具有风险防范可能，但这并不是将风险全部转嫁服务提供商或者平台，我国刑法规定的"拒不履行网络安全保障义务罪"，明确了"经监管部门责令改正而不改正"，这事实上就是对网络服务提供商责任边界的合理划定。其与制作者所承担的责任是不同的。受害人看似没有责任，但受害人却一直被捆绑在责任中，为什么？在深度伪造领域，由于决策的缺陷和结构性问题，如收集数据的实体不确定和汇总数据过程中的意外影响，个人往往不会有意义地同意收集、使用和披露其数据。这就导致"个人的同意与否"事实上影响并不大。用户下载软件时，客户根本不可能把所有服务条款都看完，也可能看不懂。所以，学界经常讨论什么是有效通知、什么是有效同意。2020年，美国纽约州通过了一项关于深度伪造的立法，其中规定，必须经过严格的程序获得的同意才是有效的。对比来看，我国软件在取得用户同意的问题上，都没有经过特别严格的程序。即便有立法例提出在深度合成的作品上作"不可删除的数字水印以及文本描述"，但这种"标识"义务，对于深度伪造涉性信息的创作者来说，并不能起到规制效果。因为深度伪造涉性信息的图文信息客观上已经产生了危害，是否标记并不影响其产生的危害性，自然对其法律责任也不应当产生影响。所以在应对深度伪造涉性信息的问题上，目前已有的规制措施、手段和力度，都值得进一步探讨。

今天的汇报就到这里，谢谢大家。

——与谈环节——

与谈人·李源粒

很荣幸能够参与此次讲座。

陈老师就这个问题已经发表了较为完整、思考深入、有框架、有条理、有体系的研究成果，我觉得自己受益颇丰，由此也延伸出了很多思考。陈老师的讲述已经是"珠玉在前"，我就针对自己了解的部分稍作补充，同大家分享一些我的思考。

首先，对于深度伪造涉性信息的刑法规定，陈老师提到德国对于儿童色情的规制，以及我国发布的"网络猥亵"的指导性案例。德国规制儿童色情的相关立法主要是《德国刑法典》第176条法规，这一部分法律经过了再三修改，近二十年间至少修改了5次。修改后的版本以第176条规定的基本行为为基础，这便涉陈老师刚刚提到的内容。一般情况下，我们认为猥亵的成立需要满足"发生身体接触"这一条件，而第176a专门规定了缺少身体接触但构成猥亵的行为，也就是所谓的"隔空猥亵"。这里面包括三类行为构成，其中"通过色情内容或类似言论对儿童施加影响"一类，与我们今天的主题关联较为密切。在修订这项规定之前，立法者进行了仔细的讨论，其中一位学者关注到游戏中的儿童色情问题。具体而言，如果一名成人和一名儿童使用两个成人游戏角色在游戏中发生性行为，经过对构成条件的逐一检索便会发现，这种情形既不违反第 176 条的规定，也不违反第 184 条对儿童色情制品的规定。但如果这两个角色，一个是成人角色，而另一个角色有着儿童外观，这种情况下，正如陈老师提到的那样，由于儿童此时相当于色情制品的共同制作人，因此亦不构成儿童色情制品的相关犯罪。但如果他们强迫儿童观看这段涉及虚拟儿童外观的色情视频，或者在一名儿童面前展示这段视频，则有可能构成缺乏身体接触的网络猥亵行为。

§176（猥亵行为）

以下行为将处以不少于一年的自由刑处罚：

对未满十四岁（儿童）的人进行性行为或由儿童对自己进行性行为；

指使儿童对第三人进行性行为或由第三人对其自身进行性行为；

为第 1 项或第 2 项行为提供或承诺提供儿童。

§176a（缺乏身体接触的猥亵行为）

以下行为应被判处六个月至十年有期徒刑：

在儿童面前从事性行为，或者让儿童由第三人在其面前从事性行为；

指使儿童从事性行为，但该行为不构成根据第 176 条第 1 款或第 2 款惩罚的行为；

通过色情内容（第 11 条第 3 款）或类似言论对儿童施加影响。

其次，前述讨论发生于 2017 年，那时深度合成技术还不发达，但深度伪造技术研发出来后，我们对这个问题会有更多的思考。比如，我们要求人工智能生成一段深度伪造的色情视频，视频中的人物并非实际存在，但十分逼真，那段视频是否可以定性为淫秽物品？而具体到涉性信息这一视角，如果这段视频是指向具体个人的，比如使用了某些人的真实素材，但仅命令生成式人工智能学习并生成一段人类外观的色情视频，这是一种轻微程度的指向；如果人工智能基于真实素材学习并生成了虚假的色情信息，但又配之以真实具体的个人信息，如姓名或者地址，这属于更高程度的指向；如果以生成与真实素材高度相似的深度伪造色情信息为目的，命令人工智能基于真实素材学习并生成得到色情信息，那么其指向程度又有所不同。这是我对这个问题的一些思考，即区别于一般的深度伪造，由于指向具体个人的深度伪造色情信息呈现出不同的指向程度，因此在规制上应当是有所区别的。

再次，除了上述第 176 条，《德国刑法典》还有其他条文与深度伪造涉性信息的规制相关。该法第 201a 条是与侵犯住宅罪平行设置的条款，出台于 2004 年之后，在 2015 年和 2021 年历经两次修改，该规定隶属于第十五章，关涉个人的生活和隐私，主要行为模式为对个人的住宅或私密空间进行偷窥或拍照等。据观察，还有一项条款与今天的主题有密切联系，即第 238 条规定的跟踪骚扰行为。这一罪名规定于第十八章，属于侵犯个人自由的犯罪，该章的其他罪名包括儿童贩卖、人口贩卖、强迫奴隶等。第 238 条的第 5~7 项，与我们今天讨论的如何规制深度伪造涉性信息相关联。第 202a、202b、202c 条规定的是侵犯个人信息系统，非法获取数据、截获数据，还有其的预备行为；散播或者公开形象和肖像权也与今天的主题有一定的关系；第 238 条第 7 款规定的冒充他人身份散播或公开可能使他受到蔑视或者公众厌恶的内容，也可能涉及我们所谈的内容。

§238

Abs. 1

对以违法手段跟踪他人，且可能严重影响其生活方式的行为者，可处以最长三年有期徒刑或罚金。这种行为包括但不限于：

频繁接近该人的居住区；

试图通过电信或其他通信手段或途径与该人联系，或通过第三方与其联系；

滥用该人的个人信息，包括：

a）未经其同意代为订购商品或服务，或

b）故意让第三方与其联系；

恐吓该人、其家人或其他亲近人的生命、身体健康或自由安全；

对该人、其家人或其他亲近人实施 §202a、§202b 或 §202c 中规定的行为；

散播或公开该人、其家人或其他亲近人的形象；

冒充该人的身份散播或公开可能使其受到蔑视或公众厌恶的内容（参见 §11 第 3 条）；

实施与以上 1 至 7 条类似的行为。

第 238 条第 1 款规定的是基本行为，第 2 款规定的是加重情节。其中第 4 项规定了"旨在数字侵犯他人的计算机程序"，即行为人非法获取他人的个人信息、个人数据、计算机数据，且使用了特别的计算机程序。那么，如果行为人使用了生物合成技术是否可以认定为使用计算机程序、算法呢？以及其获得的图像一旦被用于公开、散播、伪造身份，使某人遭受公众的厌恶，我认为也可能涉及对深度伪造的规制。

§238

Abs. 2

在第 1 条第 1 至 7 款中的特别严重案件中，追踪行为将被处以三个月至五年不等的有期徒刑。通常情况下，特别严重案件包括但不限于以下情况：

行为导致受害者、受害者的家属或其他亲近人的健康受损；

行为使受害者、受害者的家属或其他亲近人处于死亡或严重健康危险之中；

行为持续追踪受害者六个月以上；

在第 1 条第 5 款中使用了旨在数字侵犯他人的计算机程序；

在第 1 条第 5 款中获得的图像被用于第 1 条第 6 款的行为；

在第 1 条第 5 款中获得的内容（参见 §11 第 3 条）被用于第 1 条第 7 款的行为；

犯罪者年满二十一岁，而受害者不满十六岁。

最后，我非常认同陈老师的观点，即刑法在规制侵犯隐私权、个人信息、涉性信息等具体权利的行为方面存在不足。德国和欧盟在保护个人信息时，采取了"信息自决权"的模式，尽管这种方式一定程度上导致其产业发展较为落后。确立"信息自决权"旨在与隐私权的保护模式进行区分，隐私权的保护主要是通过划定隐私空间，肯定主体对隐私空间内的信息享有隐私权来实现的；信息自决权关注的则是主体发展的自由，即为了实现自由必须赋予主体一定的"我来决定它"的权利，呈现出以信息为导向的特点。"信息自决权"的属性使得对个人信息的保护具有前端性的特点，而正如陈老师所讲，我们很难在前端实现周全的预防和保护。在冒充他人身份的行为中，保护涉性信息可能涉及隐私权、肖像权、个人自由等多重权利，那么我们是否可以在前端和终端为身份、信息等对象提供更充分的保护措施？这个问题曾在一些学者的论文中有所提及，所以我今天在此与大家分享。谢谢大家！

与谈人·康子豪

非常感谢王志远老师的邀请，使我收获了一次很好的学习机会。陈老师的论文逻辑顺畅，体现了清晰的问题意识。下面我将结合本次讲座的主题分享自己的一些浅见。

第一，关于深度伪造这个逻辑起点，这部分陈老师向我们展示了就如何规制这类深度伪造行为的观点之争：第一种观点认为，应当完全"掐死"深度伪造行为；第二种观点认为，当深度伪造行为侵犯了刑法保护的利益时，我们再进行层次化的保护。我和陈老师一样赞同第二种观点，正如陈老师讲到的技术中立问题，这种技术客观上对人类发展有益，我们不可能完全遏制它的发展。

第二，目前根据我国刑法的规定，很难认定深度伪造本身是一种犯罪行为。我国刑法规定的"伪造类"犯罪所保护的利益均有一定的公共性。比如伪造货币、金融票证或国家机关公文印章等行为，只有当其侵害了公共信誉，才会将其作为犯罪处罚。我曾经认为个人信誉不至于通过"伪造类"犯罪进行保护，但这种观点最近有所改变。例如，罗翔老师曾表示，会有人通过深度人工智能技术将他的头像换到情感博主、心灵鸡汤博主的视频中，这使他感到非常困扰。像罗翔老师这类公众人物，如果将他的头像与其他博主的内容联系在一起，确实会淡化其作为法律博主的身份和形象，降低其在公众视野中的专业性。我认为，针对这类公众人物的深度伪造行为，确实有必要进行一般性的保护。但如何进行保护还需要进一步探讨。

第三，陈老师还分析了深度伪造行为可能会威胁的利益，她提出我国当前采取的从个人信息、隐私权等角度进行保护的方式存在不足。刚才李老师也提到，我国在个人信息保护方面远落后于欧美国家，而最大的问题在于不规制使用行为，像深度伪造涉性信息这种行为，实际上就是使用行为出现问题，行为人将深度伪造用于色情制品实际上已经影响了"信息自决"。我们之所以保护公民的个人信息，是希望借此使得公民能够支配其个人形象，因为个人形象是社会交往的基础。所以，目前我国不保护使用行为，实际上是个人信息保护领域一个很大的漏洞。

第四，两位老师还提到隐私保护和个人信息保护的区分，在此我不再赘述。我认为，产业部门和个人信息保护之间的冲突，主要原因在于我们并未真正区分个人信息和个人数据。李老师谈到的《德国刑法典》第202条的规定实际上是对电脑数据的保护，德国对个人信息的刑法保护规定在一个类似于"个人信息保护法"的法规中，所以这其实是一个法定犯。德国在保护个人信息和个人数据时，采用了不同的保护方式。与之相对应的，我国的侵犯公民个人信息罪是对个人信息的保护，而刑法规定的计算机犯罪实际上是对个人数据的保护。现在产业部门的一个忧虑是对于数据我们应当如何处理，这并不完全是个人信息的问题，而是如何处理从个人信息到个人数据的过渡的问题。有很多老师认为侵犯公民个人信息实际上侵犯了公共法益，这实际上混淆了个人信息和个人数据。个人数据并不属于个人，因为其已经被交给企业、国家，允许公共流通是必然的，然而个人信息则应当由我们个人去控制，因此，我认为有必要对两者进行区分。

第五，陈老师谈到性隐私的刑法规制模式的转变，根据陈老师的讲解，我推断陈老师实际上以个人信息的保护为基础，我认为，"性隐私"是一个集合性权利。美国非常强调隐私权，其规定的隐私权不仅包括传统大陆法系的隐私权，还包括个人信息权、肖像权等权利。而陈老师提出的"性隐私"，我认为应该也是一个与性相关的集合型概念，这就意味着应当对其区分层次进行保护，比如应保护公民的个人信息，还应保护公民的性羞耻心、性自决权。另外，深度伪造技术的应用导致增加"非接触式"的性犯罪，这也会冲击我国现有的性犯罪体系。我国的强奸罪、强制猥亵罪都是以"接触式"构建其行为类型的，尽管我们也在弱化强制手段的作用，提倡以意志为基础认定犯罪，但从整体而言，我国现有的对女性的"性"的保护实际上还是很难容纳非接触性的性侵害行为。

以上是我对该主题的一些浅见，请大家批评指正！

——提 问 环 节——

Q1："性隐私"是否需要细化？如果对性形象、性经历、性取向等"性隐私"所可以包含的要素同等保护，是否不够妥当？对于多元协同治理所针对的责任主体，除了深度伪造制作者与网络平台，对于需要被取缔的黄色网站而言，其是否有必要作为一个独立的责任主体而接受规制？

陈冉：将性隐私细化为性形象、性经历、性取向等要素是必要的，这一过程可以结合情节的严重程度加以进行。但是，对性隐私进行区分处理，是不影响性隐私作为一种法益而受到保护的。目前的信息服务平台包括网络接入服务提供者、内容生产者等具体类型，法律应当对所有类型的平台进行全面的监管。

Q2：个人信息会在何种时间、条件下转化为个人数据？

康子豪：可以参考民法学界的研究成果进行分析。在《中华人民共和国著作权法》上，存在著作权、邻接权两种权利，例如，在表演者对著作权人作品的一段朗读表演中，著作权人与表演者均有各自的权利。个人信息与个人数据之间的关系，或许可以类比为著作权和邻接权的关系。当然，个人信息并未承载财产权，而著作权是人格权和财产权的结合。所以，两组概念只能说具有一定程度上的近似关系，并不能绝对化地一一对应。个人信息与个人数据之间能否转换，转换程度如何，理论界还需要进一步地探讨。

Q3：在平衡个人性自决权和家长主义的考虑下，若进行刑事立法，深度伪造涉性信息犯罪应当设置为亲告罪还是非亲告罪？

陈冉：对于侵犯性法益的犯罪而言，是否应当一律否决亲告罪的路径可以讨论。以强奸罪为例，将强奸罪作为公诉犯罪是合理的，但是，近年来的"约会强奸"型疑难案件频繁出现，由此带来反思的空间。例如，男女双方约会并在女性饮酒后发生性关系，随后男方被控强奸。若男女双方和解后选择撤案时，警方往往认为强奸罪案件系应当公诉的案件，从而不同意撤案请求。可以认为，是否将某个罪名设置为亲告罪，往往是基于社会危害性大小与证据收集难度来决定的。应当以公诉的方式追诉深度伪造涉性信息犯罪，但应当保留私人诉讼的渠道，从而预留出基于被害人事后同意的出罪路径。

Q4：若进行刑事立法，深度伪造涉性信息犯罪是否需要以传播次数为要件或以与传播有关的情节为要件？应当受到刑法保护的"性形象"是否可以被明确定义？

陈冉：深度伪造涉性信息犯罪不应以传播为要件。传播本身涉及的是"公开"的效果，是对形象的影响。具体的分析需要结合传播行为与"公开"的关系。当然，是否将"传播"作为结果要件或客观处罚条件，确实是一个可以讨论的问题。"性形象"这一概念是比较难界定的。但在刑法上理解"性形象"概念，关键在于"自决"。若在案发时不存在被害人对其"性形象"的自主决定，则可以肯定应受刑法保护的"性形象"受到破坏。此外，对性形象的评价也存在一般人标准。总的来说，在涉性深度伪造犯罪的裁量中，应当结合一般人的视角和个人自决权，对刑法意义上的"性形象"是否被侵犯做出判断。

主持人·郭展程

不知不觉讲座已经进行两个小时了，本期的"斜阳侧帽·学者论道"青年学者讲座已进入尾声，相信各位同学一定获益良多，感谢王老师为我们搭建的学术交流平台，感谢主讲人陈老师，评议人李老师、康老师的精彩讲述和点评，感谢各位同学、老师的倾听，我们下一期青年讲座见。

罪刑关系的实然形态与犯罪治理的应然模式：以美国大规模监禁为镜鉴

主讲人：劳佳琦（北京师范大学法学院副教授）
与谈人：吴雨豪（北京大学法学院助理教授）
　　　　彭雅丽（中国人民大学法学院助理教授）
　　　　涂欣筠（中国政法大学刑事司法学院讲师）
主持人：曹岚欣（中国政法大学刑事司法学院博士生）

主持人·曹岚欣

　　各位老师、各位同学，大家好！欢迎各位来到"斜阳侧帽·学者论道"青年学者系列讲座第十期《罪刑关系的实然形态与犯罪治理的应然模式：以美国大规模监禁为镜鉴》。本期讲座的主讲人是北京师范大学法学院劳佳琦副教授。劳老师本硕博均就读于北京大学法学院，是北京大学—加州大学伯克利分校联合培养博士，伯克利法社会学中心访问学者，主要研究领域为刑法、犯罪学、刑事政策和刑事执行法学。我们今天还有幸邀请到北京大学法学院吴雨豪助理教授，中国人民大学法学院彭雅丽助理教授，中国政法大学刑事司法学院涂欣筠讲师作为本期讲座的与谈人。期待线上和线下的老师、同学们围绕今天讲座主题进行深入的探讨和交流。下面，请劳老师作主题报告。

——主 讲 环 节——

主讲人·劳佳琦

今天我们以美国大规模监禁为引，从实然和应然的角度来讨论罪刑关系和犯罪治理。

不管是从大众的理解还是从主流学者的叙事逻辑出发，大家对罪刑关系的认识大多是"罪为因，刑为果"：如果犯罪态势恶化，刑罚的投入就应该增加；如果犯罪态势减弱，刑罚的投入就应该减少。即二者之间应该是一种高度线性相关的关系。然而回顾美国大规模监禁过去半个世纪的发展过程，其罪刑关系非常复杂，并不贴合大众的想象和学界主流的叙事。以美国大规模监禁为镜鉴，讨论目前国内对于罪刑关系和犯罪治理模式。

以美国 50 年以来的大规模监禁为罪刑关系样本，我们提出三个问题：第一个问题，20 世纪 60 年代美国犯罪态势开始不断恶化，70 年代刑事政策出现持续的惩罚性转向，此种罪涨刑增的现象是否理所当然？第二个问题，在刑事政策持续趋严 20 余载后，在 20 世纪 90 年代，美国的犯罪率从 20 世纪 90 年代开始出现全面下降趋势。美国犯罪率大幅度持续下降是否归功于大规模监禁的刑事政策？第三个问题，在犯罪率持续下降的时期，美国的监禁率却持续上扬，直到 2008 年金融危机后才开始出现缓慢下降的趋势。为什么美国的监禁率在犯罪率持续下降这么久后才出现下降趋势？我们将通过这三个问题对罪刑关系的复杂模式进行展现。

20 世纪 60～70 年代美国的社会背景非常混乱，民权运动、越战、美苏冷战等事件互相交织。美国的犯罪率从彼时开启了全面上扬的趋势，民众出现了集体性的恐慌情绪。作为民主国家，政府理应回应民意，因此政府顺应民意而采取严刑峻法来打击犯罪。这是美国学界关于 20 世纪大规模监禁为什么兴起的主流叙事方法。但高犯罪率一定会导致高监禁率吗？反对者从两个角度对此提出有力的质疑。

从纵向视角来看，纵观美国历史，犯罪率的上涨并非第一次。在 19 世纪和 20 世纪早期，成千上万来自爱尔兰、南欧及中欧的移民到美国大陆寻找新生活。除了少数人留在美国南部和中西部的农场，绝大部分人涌入位于美国工业带上的各大城市。在这些移民之中，贫苦的青年男性是主体，他们国籍不同，信仰各异，聚居于美国工业城市的贫民窟后，为了讨生活，争夺街道的控制权，结成帮派互相争斗。工业革命带来的社会和经济变迁作为大背景又放大了这种不安定。宗教和种族分裂、年轻人过剩、巨大的经济风险和社会变革，这些因素的混合不可避免地掀起了美国社会的第一次犯罪浪潮。但在当时，美国的刑事政策并没有出现明显的惩罚性转向和大规模监禁的倾向。

横向来看，20世纪60年代开始，犯罪浪潮几乎席卷了西方主要的发达国家。在面对日益严峻的犯罪问题时，最终只有美国转向严刑峻法，少有同侪国家采取类似的做法（英国有跟随美国亦步亦趋之嫌，但其刑事政策严厉化程度远不如美国）。数据统计显示，1960~1990年，美国、芬兰、德国的暴力犯罪率均增长了二到三倍，其中的凶杀率均增长了一倍，但就监禁率而言，美国增加了三倍，芬兰下降了60%，德国则相对稳定。

美国作出该选择的原因非常复杂，我们在这里简单地探讨一下。

主要原因之一是舆论。在犯罪态势恶化的时候，民众就会下意识地要求政府采取严刑峻法，这并非新事。然而，在20世纪60~70年代，两个巧合的出现如同催化剂，加速与强化了美国民众把对于犯罪的恐惧转化成对政府刑事政策的不满：其一，美国犯罪率全面增长的时期正好处于美国刑事政策比较轻缓的阶段。这期间，美国减轻了对许多犯罪的刑罚，最高法院做出一系列判决来限制警察的权力，保护刑事被告人的权利。很多民众将犯罪率的上升归因于执政当局对犯罪态度的软弱（soft on crime）。其二，全美犯罪率迅速增长又正好发生在约翰逊总统大力推行伟大社会项目（The Great Society Program）的阶段，该项目秉持"最好的社会政策就是最好的刑事政策"这一精神，但是受越南战争的拖累导致效果不彰。这一巧合令当时的美国民众得出这样一个结论：试图通过增大公共投入、发起各种社会福利项目以期从根本上解决犯罪发生的原因，这种治本策略并不能有效减少犯罪。犯罪的根源在于犯罪者个人的堕落，而不在于社会环境的不公。不少反对者甚至认为，正是这些社会福利项目催生了犯罪率的增长，因为它们培养了病态的人格和依赖文化。在这两个巧合的推动下，美国社会刑罚民粹主义高涨，要求严刑峻法成为一种政治正确。

主要原因之二是党争。自20世纪50年代起，犯罪问题就牢牢占据美国公众话题的中心位置，随着20世纪60年代犯罪态势的恶化，其重要性更是不言而喻。能否在犯罪问题上给出令选民满意的方案是成为执政党的关键。当时，执政的民主党对于犯罪问题的认识与公众的情绪明显不太合拍。一些民主党人认为，民众对于犯罪的恐惧是误导性的犯罪统计数据与政治作秀的产物，犯罪问题给公共安全带来的实际威胁远比媒体和保守派人士所宣称的要小；另一些民主党人虽承认犯罪问题的严重性，但他们认为犯罪问题主要是种族和公民权利的问题，仍然主张运用治本策略来控制犯罪。民主党分裂而不合时宜的立场被解读为应对犯罪态度软弱，引发民众强烈不满。共和党趁机反其道而行之，在各类选举中大力将犯罪问题种族化和政治化，承诺以严刑峻法来应对犯罪，讨好广大选民特别是南方白人和北方工薪阶层的白人。这一策略非常奏效，共和党迅速在各类竞选中取得了优势地位。在民意压力和对手竞选策略的影响之下，民主党候选人为了赢得选举也纷纷投身于严打犯罪的"军备竞赛"中。两党以严刑峻法为卖点竞相讨好选民，美国刑事政策持续出现惩罚性转向，铺就了通往大规模监禁的道路。

因此，大规模监禁现象形成的原因既有自下而上的情况（普通群众逼迫政府），也有自上而下的情况（两党为争取民众支持而进行的刑罚军备竞赛）。应该更为严厉地惩罚犯罪这种社会共识的塑造其实是双向互动的。达成这种共识之后，大规模监禁就拉开了序幕。

自20世纪90年代开始，美国出人意料地出现犯罪率"大跳水"（The Great Crime Decline）。美国各地均持续经历了令人欣喜的犯罪"退潮"，几乎所有类型犯罪的犯罪率均一致呈现出不断走低的趋势。美国联邦调查局公布的数据显示，1993年至2018年，美国暴力犯罪率持续下降51%，财产犯罪率持续下降54%。对于这一意外之喜，各路专家纷纷尝试给出解答。一些人认为，美国犯罪率持续、全面、大幅的下降应归功于大规模监禁，前者充分证明了扩大监禁规模在犯罪控制方面的有效性。

然而，美国学界的主流意见认为，美国犯罪率的持续走低是诸多因素复杂互动导致的结果。迄今为止，被认为对美国犯罪率下降有显著贡献的因素包括但不限于：警力的增加，警方治安策略的提升，监禁规模的扩张，枪支管控法律的严格化，允许携带隐蔽武器法律的通过，死刑适用的增加，堕胎合法化，毒品市场的变化，人口结构的老化，90年代经济繁荣带来的收入提高、消费者信心、通货膨胀等。20世纪90年代后期美国犯罪率的持续大幅下降并非由单一因素导致，社会因素、经济因素、人口学因素、政策因素等诸多因素相互交织形成的合力促成这一广泛而剧烈的变化，大规模监禁即使是导致犯罪率下降的因素，也不是唯一因素。

就大规模监禁而言，相关研究显示其在降低犯罪率方面起到的作用并不大。大规模监禁主要通过隔离和威慑两大机制试图取得减少犯罪的效果。所谓隔离机制，就是通过将犯罪人关押在监狱之内，客观上阻断其在监禁期间回归社会继续犯罪的可能性。所谓威慑机制，既指通过监禁使得犯罪人饱尝刑罚之苦，促使其审慎进行得失权衡，从而在主观上打消其出狱后继续犯罪的念头；又指以监禁犯罪人的方式"杀鸡儆猴"，让其他潜在的犯罪人深刻了解犯罪的代价，从而在主观上抑制其他人实施犯罪的冲动。前者是特殊威慑，后者则是一般威慑。简而言之，隔离机制致力于使人不能犯罪，威慑机制致力于使人不敢犯罪。隔离机制减少犯罪的效果实现于监禁期间，而威慑机制减少犯罪的效果（特别是特殊威慑）则主要实现于监禁结束以后。有关研究表明，隔离可能起到一定的实际作用，但威慑的实际效果并不大。而且这两项机制的实效总量也不是很高，在乐观的估算下占犯罪率下降总实效的25%，在悲观的估算下可能只占不到3%。

对于美国犯罪率大跳水不能归功于大规模监禁另一个有力的证据是，与20世纪60年代犯罪浪潮席卷西方发达国家类似，20世纪90年代起犯罪率的"大跳水"也并非美国独有，而是西方发达国家的普遍情况，但这些国家并没有像美国一样大幅度地提高监禁率。例如，加拿大的监禁率远低于美国，而且数十年来增长很少，其犯罪率自进入90年代后却和美国一样出现了全面显著的下降：财产犯罪率于1991年达到峰值，为每10万人发生6160起案件，之后持续下降，2013年这一数值降至每10万人2342起；暴力犯罪率于1991年达到峰值，为每10万人1084起，之后持续下降至2013年这一数值仅为每 10 万人 766 起。同样地，西欧国家在进入 20 世纪 90 年代后，其暴力犯罪率特别是致死的暴力犯罪率都呈现出明显的下降趋势，然而，这些西欧国家的监禁率无论是变动幅度还是既有规模均更接近于加拿大，而远小于美国。这些发现跳出了聚焦美国的视野局限，对大规模监禁刑增罪落的归因逻辑提出了最为有力的抨击：若将 20 世纪 90 年代起美国犯罪率的全面下降主要归功于大规模监禁政策，为什么其他没有采取大规模监禁的西方发达国家也会同步出现类似的犯罪率"大跳水"？这一问题是美国大规模监禁政策的拥护者无法回避也无法回答的。

这些发现也揭示了这样一种可能性：自 20 世纪后半叶以来，西方国家犯罪潮汐的涨落似乎有个统一的大趋势，是某种历史规律的体现，并不受某一国家特定刑事政策的左右，其关键成因尚未进入我们的认知范围。但有一点可以肯定的是，我们无法将 20 世纪 90 年代后美国犯罪率的"大跳水"主要归功于大规模监禁。简而言之，刑增未必罪落，罪落恐有他因。

来到第三个问题，为什么美国在 20 世纪 90 年代犯罪率持续走低的情况下，监禁率还在走高？迟迟不肯回落？就社会整体而言，从政治精英到平民百姓，刑罚宽缓化的意愿都是不足。民众本身是高敏感度低信息度的群体，对于犯罪现状的主要了解渠道是大众传媒。比如，电视新闻报道的犯罪案件类型多是极端案件，因此大众不会因为统计上的犯罪率全面性下降而感到安全，反而会因为极端案件和传媒的特殊报道而感到不安。而基于选民投票而上台的政党政客乃至检察官，为了规避竞选风险而不会积极地采取不符合公众认知的刑事政策。

除了没有足够的意愿驱动，美国刑事司法的两大特点决定了其不具备根据犯罪率及时下调监禁率的能力。美国的刑事政策有两个特点与中国差异很大：一是去中心化，二是地方化，在对比两国刑事司法体系的时候一定不能忽略这两个特点。

与我国刑事司法体系迥然不同，美国拥有 51 个独立运行的刑事司法体系。除了联邦政府的刑事司法体系，美国 50 个州也拥有各自独立的刑事法律、刑事法院系统和监狱系统。联邦政府的刑事司法系统与各州的刑事司法系统并不是领导与被领导的关系，甚至不是平行关系，而是补充与被补充的关系。在刑事司法领域，各州为主，联邦为辅。概而言之，去中心化的特点意味着美国刑事司法缺乏强有力的主导，联邦弱势，各州各行其是，难以及时针对犯罪态势的变化做出相应的刑事政策调整。

与去中心化相关，美国的刑事司法历来具有地方化的特点。美国各州在刑事司法方面拥有极大的自主权。在各州之内，各个郡县在刑事司法事务上同样拥有极大的自主权。事实上，郡县一级的刑事司法体系是美国监禁人口最主要的产出地。这一特点决定了我们在研究美国刑事政策时仅将关注点从联邦层面转移到州的层面是不够的，需要将目光进一步下移到美国三千余个郡县。显而易见，3000 余套刑事司法体系的运行显然比 51 套刑事司法体系更难取得协调一致，美国刑事司法体系深层次的松散混乱与各行其是为全面迅速推行以降低监禁率为主旨的刑事司法改革设置了重重困难。与此同时，地方化的刑事司法体系更容易受刑罚民粹主义的影响与裹挟。相较于联邦层面，地方选民与地方刑事司法体系的联系更为紧密，对后者关键职位人选所产生的影响更为直接。所谓"去中心化"，是指美国的刑事司法体系并不是统一的，各州自成一派，联邦也不高于各州，不存在统一的中央政府来调控，各州自行其是；所谓"地方化"，是指美国刑事司法权力的运行基石主要在郡县，各个郡县在刑事司法事务上拥有非常大的自主权，而美国有三千余个郡县，统一管理难度极高。这种特点与美国的选举制度相结合，非常容易导致刑罚上的民粹主义盛行。此外，还有一个有趣的制度设计，各郡县定罪量刑的犯人都会被送去州立监狱关押而不是地方看守所，州政府而不是郡县承担了所有的监禁费用。正因这种免费午餐式的制度设计，各地方的司法长官得以源源不断地将犯人输送到州立监狱服刑而不用考虑成本。这种制度错位也使美国的监禁率易升难降。

关于美国大规模监禁的问题，我们可以做一个小结：我们对于罪刑关系可能需要重新认识，罪刑关系并不是我们原本主观想象的那种线性模型，更不是单向的因果关系，其在实践中的运作逻辑极其复杂。罪与刑之间相互影响，而且还存在罪刑之外的其他影响因素，我们有必要用一种复杂的数据模型思维来代替原本简单的线性关系的想象，原因如下：其一，线性模型与现实不符，这是最直接的原因；其二，线性模型的思维有很大的危害，当犯罪态势恶化时，这种思维会习惯性地用重刑治理，但这种思维实际上是盲目的，采取的措施也未必有用；而如果犯罪态势开始下降，线性思维又会阻碍决策者及时调整刑事政策方向。

如果进行更深层次的思考，我们还需要重新认识罪和刑本身。就罪而言，罪到底是主观的还是客观的？从犯罪行为的角度来看，一个行为一定是客观的，但行为之所以为罪是被主观定义的。对于犯罪势态的统计和评价，其实是可以根据主观认识的不同而操纵改变的，罪与非罪之间可以彼此转化，甚至于犯罪问题可以沦为政治的工具化手段，美国共和党就曾经通过诸多手段、话术来操控主流舆论，营造出犯罪势态恶化的舆论环境，进而推行自己的政治主张。诚如鲁迅先生所言："我先前总以为人是有罪，所以枪毙或坐监的。现在才知道其中的许多，是先因为被人认为'可恶'，这才终于犯了罪。"就刑而言，我们如何理解重刑？其实它有很多维度，有一种说法叫作"过程即是惩罚"，人只要从始至终经历了刑事司法程序，对其可能就是毁灭性的打击，最终的实体刑罚可能不会起到决定性的作用。比如，犯罪附随后果，可能犯罪人的实体刑罚很轻，但因为遭受刑罚所承受的犯罪附随后果，可能对他的负面影响比实体刑罚还要严重。

最后，我想分享几年来刑事司法领域实证研究所得的两点思考。第一，先有利益，后有立场。在刑事司法的各个环节，每个部门以及部门里头的个体都遵循着趋利避害的天性，部门和部门之间利益不同，个体和部门之间利益不同，个体和个体之间利益不同，在面对同一个问题时就会很自然地采取不同的立场。这一点无法通过加深认知等方式加以改变。第二，只有视角，没有事实。在现实场域里，所谓观点不同，事实上是观测点不同所导致的。不同的人通过不同的视角切入，看到的事实往往不尽相同。很多时候即使标榜客观中立的学者也并不拥有上帝视角，其对事实的探知依然具有局限性。这最终导致看似同一个话题下的讨论其实根本不是同一个东西。

——与谈环节——

与谈人·吴雨豪

非常感谢主持人，也非常感谢劳老师带来的精彩演讲。劳老师是我学术道路上的领路人。今天在罪刑关系这个问题上，劳老师结合了历史和时政的宽广视角对其进行探讨，这也体现了劳老师一直以来在学术研究上视角广阔的特点。

罪刑关系的问题，无论是在理论意义上还是在实证意义上，都非常值得思考。劳老师从历史和理论的视角进行解读，以美国为样本，发现罪与刑之间的不断互动。但从实证的视角来看，罪刑关系中存在着一个很明显的反向因果的问题，这也使我们的犯罪学研究在罪刑关系的数量关系上不断遇到困境。

从规范的视角来看，我们往往说"罪是原因，刑是结果"，定罪决定量刑。但现在教义学中又引申出了"量刑反制定罪"的概念，这在规范意义上就是另一种罪刑关系了，也就是所谓的反向因果的关系。其实，在刑事政策上罪刑关系也会出现这样的现象，这取决于我们观察和理解刑事政策时的视角：假如我们站在一个治理者的角度用正向思维来理解，刑事政策就是所谓的"刑因罪而动"，刑事治理投入的刑罚资源数量取决于国家整体的犯罪情况，那么此时犯罪就是原因，刑罚就是结果；但如果我们转换视角，从犯罪人的角度来理解，思维和逻辑也会反转过来，这时就会涉及犯罪学中一个非常经典的理论命题，它与刑法学联系也十分密切，那就是刑罚威慑理论。刑罚威慑理论认为，犯罪人在做犯罪决策的时候，会首先考虑犯罪所面临的刑罚后果是什么样的，这也是从贝卡利亚时期就产生的讨论。因此，无论是在规范意义上还是实证意义上，罪因刑果与刑因罪果这两种逻辑都可能成立，这就使得我们在罪刑关系分析时会面临很多问题。

以大规模监禁为例，大规模监禁究竟能不能真正起到犯罪治理的效果？李维特老师曾经做过一个关于大规模终身监禁能否威慑犯罪的研究，其中使用了一个很有趣的变量。在实施大规模监禁的过程中，如果法院认为存在过度拥挤的情况，就会认为这种监狱治理侵犯了基本的人权，于是法院就会提起诉讼，那么这样的诉讼就是该项研究所重点使用的一个完全的外生变量。有关诉讼如果胜诉，法院对于该诉讼结果的强制执行必然导致大规模终身监禁的监禁率下降，此时再去观察外界的犯罪率是否下降，这就是在计量经济学中会经常探讨的经典的罪刑关系问题。

当我们考虑罪与刑的时候，我们经常从客观的角度出发，而不会从主观的角度出发去考虑。在座的各位老师和同学，如果大家仅着眼于规范法学的研究方法，那么所关注的便只是写在书本中的罪刑关系，但在实践中真正影响民意的，或者影响公众对犯罪态度的重要因素，往往来源于人们主观的罪恶心。这也是从贝卡利亚时期就存在的看法，即潜在犯罪人在做决策的时候，其最主要的依据是他主观感受到的刑法，而不是写在书中的刑法。

大家试想一下，我们经常说，拐卖妇女儿童罪规定了三年以上十年以下这一档有期徒刑，但实际上，犯罪人不会像法学生一样把有关刑法规定了解得这么清楚，其实很多时候他的决策依据仅来源于他脑海中的一个模糊印象和主观感受。这种评估罪刑的主观化会衍生出刑罚威慑的边际效应递减现象。由刑罚治理者严格依照数量关系所设定的刑罚配置体系，在犯罪人的视角会发生严重的失真。例如，在立法者看来十年有期徒刑是五年有期徒刑的两倍，前者是严厉程度双倍于后者的刑罚，但在犯罪人看来可能没有那么大的差别，最终在威慑力上可能会产生事倍功半的效果。

从另一个角度来说，我们对犯罪的理解也是主观的。例如，美国在实施大规模终身监禁时，一个重要的制度背景就是美国当时在犯罪传播学上创造了"超级掠夺者"的概念，专门用于形容从小就具有犯罪倾向的人，进而使得社会公众认为未成年人犯罪是一个非常严重的问题，以至于当时很多未成年犯罪人都被判处了不得减刑假释的终身监禁。

同样的道理也适用于我们自身的法治治理。例如，尽管客观数据显示未成年人的犯罪率呈下降趋势，但由于一些恶性事件的曝光度增加了，使公众产生了相反的感受，进而影响我们的刑事政策，比如刑事责任年龄下调等。

与谈人·彭雅丽

非常感谢劳老师精彩的演讲和吴老师精彩的发言。今天我非常开心来到这里。大家可以发现，劳老师的讲座与各位通常接触到的法教义学类的讲座非常不同。正如吴老师所说，劳老师的主题研究视角较广，从历史学、时政、政治学以及犯罪学等多个视角展开。这也是我更加熟悉的模式，因为美国的刑法或刑事政策研究往往与政治和其他学科联系紧密。我主要从刑事政策与政治博弈的关系和对客观数据迷惑性的思考两方面进行发言。

美国的刑事政策往往是政治博弈的结果。以毒品战争为例，美国大规模监禁的重要背景之一是美国的"毒品战争"（War on Drugs）。美国的一些刑法学家认为这是一种"锁喉"（Chokehold），是一种对非裔美国人的新型压迫形式。在致幻效果类似的前提下，持有粉状可卡因（powder cocaine，因此定罪的主要为白人）的与持有裂解可卡因（crack cocaine，因此定罪的主要为非裔美国人）的刑事处罚存在巨大差异，裂解可卡因的处罚远重于粉状可卡因。随后这种做法遭受广泛批评，其处罚比例才由 100∶1 调整为 18∶1。值得思考的是，在刑事政策的制定过程中类似上述入罪标准的差别化是否真正秉持了种族平等原则。在一些刑法学家的眼中，这一政策的制定与推出不过意味着在美国的政治牌局上打出一张新的种族歧视牌，是一种对非裔社区的系统性不公。在"9·11"事件之后，美国联邦调查局的重点转向了反恐，这样的态势意味着整个司法系统重新调整其工作重点。无论政务官或事务官都希冀从中获得更多的政绩或政治资本，对政绩的需求就影响了施政方式。

相较于政策的具体内容，政策制定背后的原因更值得我们关注。如两位老师所言，美国部分刑事政策的制定基于对犯罪的主观想象和恐惧，当局为了回应民众的呼声，推出一些政策以获取政绩。美国在刑事政策制定上存在先天的短视化局限，而我国的政治体制则更具优越性，具备克服政策局限性的现实条件。审思之，对于我国而言，关键在于如何发现基于政治博弈所制定政策的局限性、非预期的负面后果，同时给出克服方案。

一些好的政策也可能意外产生负面后果。例如，美国米兰达警告规则旨在保障被告人在接受审讯前了解其权利，如保持沉默权和获得法律援助的权利。然而，其非预期的负面后果是检察官可能为了确保定罪，而倾向于在初步指控时提出更为严厉的罪名，增加辩诉交易的筹码。这样的做法有时可能导致对被告的不公正待遇，以及法庭上正义实现的困难。

类似地，我国司法行政系统的大整顿旨在减少渎职越权等现象，出发点是好的，但也产生了一定的非预期的负面效果。例如，监狱官员在面对不完全明确的规范和标准时可能过于谨慎，这种状况导致他们在应用假释制度时过于保守，从而使得我国的假释率显著低于预期。在识别政策局限性的前提下，如何克服其局限性成为关键。因而，为了降低寒蝉效应的影响，当前各地监狱系统都在积极推进假释分数评估系统的制定工作。以上是我要讲的有关刑事政策和政治的关系。

关于客观数据的迷惑性，其实是对刚才吴老师与谈中一个要点的回应。吴老师提到，将客观转成主观之后会遇到一些问题。数据当然是客观的，但是我们会发现我们也经常被数据所迷惑。例如，青少年犯罪的数量逐渐下降，此为客观的描述。但究其原因，可能在于当前的刑事司法系统限缩了少年犯的范围，当前统计数据的样本选取仅限于罪行最严重的那一批人，所以数据呈现出下降的趋势。但这可能并不意味着在样本选取范围一致的前提下，青少年犯罪的数量下降了。

以上是我的两点分享，谢谢大家。

与谈人·涂欣筠

特别感谢劳老师，雨豪老师还有雅丽老师莅临中国政法大学。劳老师给我们带来了十分精彩、生动的讲座。正如雨豪老师所言说，劳老师从法社会学、历史和犯罪学的视角，用生动形象的语言将美国犯罪率和监禁率的整体的变化过程与各种相关因素展现了出来。这点非常值得我们学习，无论是写作还是讲演都要向劳老师学习。主办方邀请我们四位参加本次讲座，可能基于我们的研究背景都是犯罪学，并且都有过留美经历，对于美国的犯罪问题有深切的感受。以下结合我的研究经历与体会与大家作一分享。

其一，关于美国的高监禁率。美国绝大多数州规定有终身监禁，并且如劳老师提到的，美国许多州曾经在一定时期废除了假释制度，导致终身监禁不可假释。此外，在司法实践中终身监禁成为美国法官对死刑案件的替代选项。美国法官在判处刑罚时要考虑死刑的适用问题，基于对死刑适用的严格把握这一立场，在考虑是否判处死刑时，可能退而求其次用终身监禁或不可假释的终身监禁来替代死刑，也会在无形中增加美国监禁刑的使用频率。

其二，关于我国监禁率影响因素的补充。劳老师作为一个华人学者采取了广阔的视角去研究美国的犯罪率和监禁率的问题，给我们的研究也提供了思路。据我观察，很多美国学者在研究相关问题时可能会囿于自身的种族立场或政治立场。作为外来的旁观者，我们反而更能价值中立地去看待问题。虽然与西方国家的研究背景不同，但正如雅丽老师所举反腐与假释率关系的例子，我国犯罪率的变化也受一定因素的影响，如政策变动等都可能导致监禁率乃至犯罪率的变化。

以醉酒驾驶的犯罪率问题为例，在最高人民法院出台新的司法解释之前，醉驾的认定标准是统一的，即血液中的酒精含量达到 80 毫克/100 毫升。但各地实际的执行情况依然存在一定的差异。比如在部分城市醉驾的缓刑率较高，而在北京市部分醉驾的情形更有可能不适用缓刑。所以仍然存在特定的影响因素导致各地方采取了不同行动。例如，在调研中我发现，经济发展水平的区域性差异以及司法机关所在地区不同，都导致监禁的适用问题包括犯罪的认定以及刑罚的执行存在区别。

虽然美国的问题是基于其自身国情的一种经验，但也值得我们国家学者去思考如何利用他国经验，服务于我国相关问题的研究。我认为，这是劳老师的研究给我们带来的重要启示。

我就讲到这里，谢谢大家。

——提 问 环 节——

Q1：我国的量刑规范化和美国的量刑指南相似，但有所不同。我国是否要借鉴美国的量刑指南制度？是否会在未来给予法官更多的自由裁量权？未来我国的量刑规范化会如何发展？

劳佳琦：美国的刑事司法体系并不是 1 套，而是 51 套，而且这个体系是以地方为主，以联邦为辅的。所以，美国联邦提出的量刑指南仅是提供给各州参考的，并没有任何强制力。而且，即使采用美国联邦量刑指南的各个州，其间的差别也非常大。所以，我国不能与美国直接类比。我国在进行量刑规范化改革时，不能照搬美国的规定，也没有必要向美国的实践靠拢。对于自由裁量权和量刑规范，吴雨豪老师有一篇发表在《法学研究》上的优质论文可供参考。

Q2：我们应当如何评估犯罪治理机关的治理效果？

劳佳琦：以醉驾犯罪为例，我们没有关于该罪的全面的统计数据，但是随着时间推移我们发现这一犯罪出现了"越打越多"的情况。许多时候，各机关只有视角而没有事实，会从自己的角度给出主张。例如，检察院会在工作报告中强调自己的结案数量，强调本部门打击的犯罪数量，以此证明本部门的治理是有效的。可以说，所有的部门往往都可能采取有利于己方治理效果的评估方式。但是，我们肯定能找到相对中立的方法进行客观的评估。在醉驾行为被犯罪化之后，最高检的相关人员想出了一个评估方法：让执法机关在某条马路上拦车检查，统计"醉驾车"的数量，并在之后对比不同时期固定时长内的"醉驾车"占比，从而得出结论。我认为，这就是一个客观的评估标准。

Q3：目前有观点认为，刑罚可能趋向于成为表达民众情绪的途径，而非控制犯罪的途径，由此，可能出现情绪化、严苛化的刑罚导向。这是否会导致社会走向更严重的分裂，而非走向团结？

吴雨豪：在法理学或教义学层面上，刑法既是命令规范又是制裁规范。立法者规定新罪名的目的，就是让社会公众树立"该行为违法"的意识。许多行为被犯罪化的逻辑都是如此，比如帮信罪、高空抛物罪等罪的设立。刑法更被立法者关注的是命令规范的侧面，这就会一次又一次带来许多问题。例如，犯罪量在行为入刑后迅速扩张，帮信罪中"大学生扎堆被起诉"的现象等。所以，立法者在立法时应当长远考虑，而不能仅是回应民意。我们在立法过程中需要进行科学评估，许多这样的评估就需要由学者根据数据来完成。

Q4：第一，在犯罪率并没有增加的情况下，关于犯罪的新闻报道会不会对社会产生复杂影响？第二，美国监狱运营的私有化是否是监禁率不下降的原因？

劳佳琦：极端案件的报道确实会影响人的行为。以我个人为例，我对美国犯罪的了解同样使我的行为受到影响。例如，我看了美国大规模枪击案的新闻报道后，正逢国庆节旧金山渔人码头举行放烟花的活动，我就联想到大规模聚集活动很可能导致大规模枪击案的发生概率激增。所以，我选择待在家里听烟花的声音而不是搭车去旧金山凑热闹。比如，某些美国媒体会给连环杀手起外号并进行传播，这其实是不应被鼓励的，因为，这会使杀手心生成就感，还会使更多人对杀手进行模仿。

美国有公立和私营的监狱。在美国，利益集团确实会阻挠刑罚宽缓化的政策转向。根据私营监狱的报表，宽缓化确实会在降低大规模监禁率的情况下影响私营监狱的营收。但是，需要注意的是，利益集团不仅只有私营监狱，公立监狱及其相关方也是重要组成部分。因为，如果宽缓化的刑事政策得到扩张适用，监狱的员工就会失业，地方上依靠监狱所获得的财政收入和就业就会锐减。这些都是阻止刑事政策宽缓化转向的重要因素。

Q5：在美国大规模监禁的背景下，处于弱势地位的种族或其他群体是否更愿意接受监禁，而不愿意在监狱外生活？

吴雨豪：这种情况一般不会出现在美国。"想接受监禁"的现象只会出现在下面这种极端情况中：行为人是美国某帮派的成员，在接受监禁出狱后可能会在帮派内部因为"蹲过号子"的经历获得极高的地位。只有在这样的情况下，被监禁才能给予个体以正向收益。美国还存在"自掏腰包蹲监狱"的制度，即国家是不会承担个人的监禁费用的。对个人而言，一般不可能出现那种想要进监狱的情况。很少人会"想"进监狱的。

主持人·曹岚欣

本期的青年学者讲座到此结束，让我们再次以热烈的掌声感谢劳佳琦老师、吴雨豪老师、彭雅丽老师和涂欣筠老师！